酒店法律与法规实务

主　编　林明辉　刘　晔
副主编　佴　澎　谢洪忠　班先海
　　　　胡　晓　牛楚涵

西南交通大学出版社
·成　都·

图书在版编目（CIP）数据

酒店法律与法规实务 / 林明辉，刘晔主编. -- 成都：西南交通大学出版社，2024.8. -- ISBN 978-7-5774-0051-8

Ⅰ. D922.294

中国国家版本馆 CIP 数据核字第 2024LV7847 号

Jiudian Falü yu Fagui Shiwu
酒店法律与法规实务

主　编／林明辉　刘　晔　　　　　　责任编辑／罗爱林
　　　　　　　　　　　　　　　　　　封面设计／墨创文化

西南交通大学出版社出版发行
（四川省成都市金牛区二环路北一段 111 号西南交通大学创新大厦 21 楼　610031）
营销部电话：028-87600564　　028-87600533
网址：http://www.xnjdcbs.com
印刷：四川森林印务有限责任公司

成品尺寸　185 mm×260 mm
印张　14.75　　字数　310 千
版次　2024 年 8 月第 1 版　　印次　2024 年 8 月第 1 次

书号　ISBN 978-7-5774-0051-8
定价　46.00 元

课件咨询电话：028-81435775
图书如有印装质量问题　本社负责退换
版权所有　盗版必究　举报电话：028-87600562

前 言

随着旅游经济的蓬勃兴起，我国酒店行业迎来了发展机遇，获得了良好的契机，吸引了更多的外商投资，越来越多的经济型酒店加快了发展速度。同时，我国酒店业在快速发展中也面临着许多挑战。随着法律法规的逐渐成熟和完善，公民的维权意识不断增强，存在的法律纠纷问题逐渐凸显。帮助酒店管理者形成法律法规意识和思维，正确处理酒店、员工和客人三方之间的关系等问题迫在眉睫。

酒店法律与法规实务是一门理论性与实践性较强的、不可或缺的专业基础课，倡导学以致用、加强能力培养、突出创新意识，力求提高学生分析问题和解决问题的能力。本书基于现代酒店运营管理的实际情况，引用酒店在实际经营过程中遇到的经典案例，并结合理论知识，全面、系统地将两者有机结合起来，使学生通过学习能够在今后的工作中懂得如何保障客人以及酒店的合法权益，懂得如何正确地处理未来在工作中涉及的有关法律事务。

本教材共有十二章和两个附录。第一章系统地论述了旅游、酒店、酒店法、酒店法学的概念，酒店法律关系及酒店法的形成；第二章主要概述了酒店法的渊源、基本内容和作用；第三章主要概述了酒店与客人之间享有的权利和履行的义务，及两者的产生和终止；第四章主要介绍了酒店的设立、分类和酒店集团；第五章引用大量资料链接概述了酒店星级评定的条件、评定规则、要求、申请材料和检查工作；第六章主要概述了旅游饭店行业规范的出台、主要内容和意义；第七章主要讲述了酒店合同的基本概念及酒店采购、客房租赁、劳动合同的内容；第八章主要讲述了酒店法律责任的概念和酒店的民事、刑事、行政责任，及违反相关法律需要承担的责任；第九章主要讲述了酒店安全管理，包括：治安管理、食品安全、消防安全、反恐、传染病等管理；第十章主要讲述酒店侵权责任及赔偿制度，包括：侵权责任与违约责任、赔偿责任、投诉与诉讼等内容；第十一章主要讲述酒店管理涉及的国内法和国际法，以及它们之间的关系；第十二章主要讲述了酒店行业涉及的涉外诉讼及相关法律适用范围。

本书旨在帮助学生未来从事相关工作遇到相关法律问题时能够冷静面对，所以突出实务教学，通过大量案例的形式呈现相关教学内容，让学生设身处地思考解决问题，学会正确运用法律保护自身合法权益。

本书在编写过程中查阅了大量相关法律资料、文献，得到国内外同行专家的热心指导，在此一并表示感谢！

由于编者和水平有限，主要用于课程推进使用，加上尚无同类教材以供参考，本书难免存在不足之处。敬请专家、读者批评指正，以便将来不断完善。

林明辉
2023 年 12 月 25 日

目 录

第一章　酒店法概述

第一节　酒店法的概念及调整对象 …………………………………… 002
第二节　酒店法与酒店法学 …………………………………………… 003
第三节　旅游和酒店业的发展与酒店法的形成 ……………………… 004
第四节　酒店法律关系 ………………………………………………… 014

第二章　酒店法的渊源、基本内容和作用

第一节　酒店法的渊源 ………………………………………………… 020
第二节　酒店法的基本内容 …………………………………………… 021
第三节　酒店法的作用 ………………………………………………… 026
第四节　酒店法规对于酒店经营管理的作用 ………………………… 028

第三章　酒店和客人的权利与义务

第一节　酒店和客人权利义务关系的产生及终止 …………………… 031
第二节　酒店对客人的权利 …………………………………………… 033
第三节　酒店对客人的义务 …………………………………………… 037

第四章　酒店的设立与管理

第一节　酒店的设立 …………………………………………………… 055
第二节　酒店设立管理 ………………………………………………… 062
第三节　酒店集团 ……………………………………………………… 068

第五章　旅游饭店的星级评定制度

第一节　饭店星级评定制度 …………………………………………… 072
第二节　星级饭店划分条件 …………………………………………… 075

第三节　酒店星级评定规则 …………………………………… 076
　　第四节　星级评定检查工作 …………………………………… 079

第六章　旅游饭店行业规范

　　第一节　酒店行业规范的出台 ………………………………… 083
　　第二节　旅游饭店行业规范的主要内容 ……………………… 084
　　第三节　实施旅游饭店行业规范的意义 ……………………… 091

第七章　酒店服务合同

　　第一节　酒店服务概述 ………………………………………… 094
　　第二节　酒店服务合同的订立 ………………………………… 095
　　第三节　酒店服务合同的效力和履行 ………………………… 098
　　第四节　酒店服务合同的变更、终止和解除 ………………… 101
　　第五节　酒店服务合同违约责任 ……………………………… 102

第八章　酒店的法律责任

　　第一节　酒店法律责任概述 …………………………………… 106
　　第二节　酒店的民事责任 ……………………………………… 106
　　第三节　酒店的刑事责任 ……………………………………… 108
　　第四节　酒店的行政责任 ……………………………………… 109

第九章　酒店安全管理

　　第一节　酒店治安安全管理 …………………………………… 110
　　第二节　酒店食品安全管理 …………………………………… 112
　　第三节　酒店消防安全管理 …………………………………… 114
　　第四节　酒店反恐规定管理 …………………………………… 117
　　第五节　酒店一般传染病管理 ………………………………… 119

第十章　酒店侵权责任及赔偿制度

　　第一节　侵权责任概述 ………………………………………… 127
　　第二节　侵权责任与违约责任 ………………………………… 136
　　第三节　客人受损害的赔偿责任 ……………………………… 139
　　第四节　旅游投诉与诉讼时效 ………………………………… 142

第十一章　国内法与国际法

第一节　法的一般分类 …………………………………………… 145
第二节　国内法 …………………………………………………… 146
第三节　国际法 …………………………………………………… 151
第四节　国际法与国内法的关系 ………………………………… 154

第十二章　涉外诉讼

第一节　涉外诉讼概述 …………………………………………… 158
第二节　法律的适用范围 ………………………………………… 163

附录 1　相关问题分析 ……………………………………………… 165

附录 2　有关法律、法规 …………………………………………… 171

参考文献 …………………………………………………………… 227

第一章 酒店法概述

【案例导入 1-1】

在福州某三星级酒店大堂,中午 12 点刚过,总台方向传来阵阵"女高音"顿时引起了大堂经理小施的注意。她立即快步向总台走去。发出"女高音"的原来是一位住在本酒店 809 房的年轻女客人,她还在喋喋不休地向总台款接员小游发泄她的不满:"我明明告诉你们是要住一天的,怎么一天不到就不让我进门了?"小施马上向服务员小游了解情况。原来这位住 809 房的卢小姐是昨天下午 5 点入住的,今天上午上街采购,过了中午 12 点才回酒店,打不开房门,就在总台大吵大闹。总台服务员已经告诉她下午若要住,必须重新办理加收费用手续。但卢小姐一口咬定酒店是"宰客",不到 24 小时收 1 天的房费,与商店卖东西短斤少两没什么区别,并声称下回再也不住该酒店了。

思考

1. 该案例有哪几处问题?
2. 其法律依据是什么?

【案例导入 1-2】

2011 年 1 月 7 日,在上海某五星级酒店工作 16 年的总培训师华×下班时,被保安发现手提包内有 4 包牛奶和 10 余袋某牌茶包。华×在安保部陈述称:"牛奶是早餐时发的,1 包是自己的,另外 3 包是同事给的,准备路上吃。茶包是 VD 房(客人已退房尚未清扫的房间)内客人遗留下的,我违反了规章,没有交到客房部办公室。"酒店员工手册上有明确规定,私自带客人或酒店的任何物品离开属特别严重违纪。

1 月 14 日,酒店以华×违反员工手册的规定为由,做出开除和解除华×劳动合同的决定,并向酒店工会发出了告工会通知书。同日,工会主席在该通知书上签署属实意见。在酒店出具的职位变动表中,华颖离职的事由为开除,最后工作日为 2011 年 1 月 14 日,当天华×在该表上做了签收。4 月 7 日,华×不服酒店处罚向劳动仲裁委申请仲裁,后起诉到法院。8 月 8 日,上海市静安区人民法院判决对华×之诉不予支持。

思考

1. 酒店开除华×的法律依据是什么?
2. 法院为什么对华×之诉不予支持?

第一节　酒店法的概念及调整对象

一、酒店法的概念

酒店法有广义和狭义之分。广义的酒店法，是指与酒店经营、管理活动有关的各种法律规范的总和，也就是调整酒店活动领域各种社会关系的法律规范的总称。社会关系，是人们在社会生产过程中彼此产生的联系。以酒店活动为主线而产生的各种社会关系，是酒店法的调整对象。

广义的酒店法所调整的是酒店活动关系的一系列法律规范的总和，而不是单一的法律或法规。这些法律规范包括国家有关部门制定的有关酒店方面的法律、法规及各省、自治区、直辖市制定的有关酒店方面的地方性法规。此外，还包括我国参加和承认的国际有关公约或规章。

狭义的酒店法是指国家或地区所制定的酒店法律、法规。

二、酒店法的调整对象

酒店法的调整对象包括纵向关系、横向关系和涉外关系。

（一）纵向关系

1. 酒店与行政部门之间的关系

国家行政管理部门对饭店的经营管理活动负有监督、管理的责任。这种关系具体表现为领导与被领导、管理与被管理、监督与被监督的关系。前者主要表现为权力的行使，后者主要表现为义务的履行，双方的主体地位不平等。

2. 酒店与相关部门之间的关系

饭店在经营管理过程中与许多部门都发生关系，如旅行社、交通运输、供水、供电、供气等企业和部门。饭店同这些企业和部门之间的关系既有横向的法律关系又有纵向的法律关系。

（二）横向关系

1. 酒店与客人之间的关系

这是饭店法所调整的最主要的社会关系。酒店同客人之间的关系是一种横向的法律关系，酒店同客人之间的法律地位是平等的，他们之间的关系一般以合同的形式予以确立，各主体在享有权利的同时承担义务，也就是说，酒店与客人在履行义务的同时也享有相应的权利。

2. 酒店与相关部门之间的关系

酒店与相关部门之间既有横向的法律关系也有纵向的法律关系，此处不再赘述。

（三）涉外关系

这种法律关系包括外国旅游者和旅游组织在中国的法律地位，中外合资、合作酒店中的中外各方的合作关系等。这些关系一般由我国法律进行调整，但涉及我国参加的有关国际饭店的公约、条约以及国际惯例除外。

第二节　酒店法与酒店法学

【案例导入1-3】

一天上午，酒店大堂结账处有许多客人正在结账，1108房间的刘先生也来到前厅结账，这时结账处接到楼层服务员报告："1108房间少了两个高档衣架。"收银员小陈立即微笑地说："刘先生，您的房间少了两个衣架。"谁知客人好像早已有所准备，立刻否认带走了衣架。

收银员小陈马上意识到出了问题，便立即通知了大堂经理，大堂经理在前厅处找到了刘先生。"刘先生您好，麻烦您过来一下好吗？"客人随着大堂经理来到了大厅的僻静处。"刘先生，您没拿衣架，那么有没有可能是您的亲朋好友来拜访您时顺便带走了？"大堂经理婉转地向客人表述酒店要索回高档衣架的态度。刘先生说："没有，我住店期间根本没有亲友来过。""请您再回忆一下，您会不会把衣架顺手放到别的地方了？"大堂经理顺势提醒刘先生。"以前我们也曾发现过一些客人住过的房间的衣架、浴巾、浴袍之类的不见了，但他们后来回忆起来或是放在床上，或被被子、毯子遮住，或裹在衣服里带走了，您能否上去再看看，会不会也发生了类似情况呢？"大堂经理干脆给了他一个明确的提示。

刘先生立刻回道："一个破衣架，你们真麻烦。"客人觉得越拖延下去对自己越没有什么好处，便不耐烦地说。大堂经理说："实在是很抱歉先生，我们酒店里明文规定酒店物品丢失是要照价赔偿的，请您谅解。"但刘先生的态度依旧十分恶劣，拒不赔付衣架费用。

思考
酒店应该怎样利用法律来维权？

一、法律

法律，是指由国家制定或认可，体现统治阶级意志，以国家强制力保证实施的具有普遍约束力的行为规则的总和。

法律有广义与狭义之分。广义的法律，是指法的整体，包括法律、有法律效力的司法解释及其行政机关为执行法律而制定的规范性文件等。狭义的法律，是指拥有立法权的国家机关依照立法程序制定的规范性文件，包括法律、法令、条例、规定、规则、决议、决定、命令等。如《中华人民共和国消防法》《中华人民共和国消费者权益保护法》《中华人民共和国食品卫生法》《中华人民共和国治安管理处罚法》《中华人民共和国突发事件应对法》《中华人民共和国安全生产法》《中华人民共和国民法典》等。

法学，是以法律为主要研究对象的学科，是社会经济、政治、文化有了相当的发展，出现了较完整的法律规范体系后，才逐渐形成和发展起来的。酒店法和酒店法学是两个不同的概念，它们之间既相互联系又有所区别。酒店法是一个部门法，它是以酒店社会关系为调整对象，体现国家意志，对当事人具有约束力。而酒店法学是一个法学分科，它以酒店法为研究对象，对当事人没有约束力。酒店法的规范和实践为酒店法学的研究提供课题、条件，而酒店法学的研究又促进酒店法的健全和完善。

二、酒店法与酒店法学之间的区别

酒店法是一些法律规范的总和，是法律的一个部门，简单地说，它是法。而酒店法学是社会科学的一部分，是一种法学理论，是法学的一个分支学科。

酒店法是具有法律约束力的法律规范。酒店法学则没有法律的约束力，它是一种学术理论，并非酒店的行为准则。

酒店法学主要研究以下几方面的问题：

（1）酒店法各主体的法律地位；

（2）酒店法各主体之间的关系；

（3）酒店法各主体的权利和义务；

（4）各国酒店立法的情况；

（5）国际酒店立法。

第三节　旅游和酒店业的发展与酒店法的形成

一、旅游业的发展

（一）世界旅游业的发展

旅游作为人类社会的一种活动现象，古已有之，如中国的徐霞客和欧洲的马可·波罗，他们不仅是著名的旅行家，而且留下了游记。但是古代的旅游活动是分散和个别的，再加上交通不便利，不可能形成所以最终也没有形成一个产业门类。

进入近代以后，随着社会生产力、交通、科技的巨大发展与变化，为旅游活动的发展奠定了基础，为更多的人外出旅游提供了机会和条件。由于大多数人没有外出旅游的经验，特别是对远距离的旅游更是陌生，需要有专门的机构提供帮助，这就导致了一个新的经济领域——旅游业的产生。19世纪40年代，在英国出现了专门从事旅游活动的组织者和经营者——旅行社，标志着人类的旅游活动进入一个新的历史阶段，也标志着旅游业的诞生。此后，在欧洲和北美相继出现了许多类似的旅游经营组织，它们极大地推动了旅游业的发展。

第二次世界大战后，全球局势相对稳定，各国都致力于本国的经济建设，旅游业开始在世界范围迅速发展，成为普遍性的社会、经济、文化现象。1963年联合国国际旅游及旅行会议（罗马会议）的总决议中指出："旅游是人类的一项基本活动。"

近年来，随着经济的快速发展，科学技术的不断进步以及人们休闲时间的增加，旅游业依然保持着快速增长。根据最新的世界旅游组织统计数据，截至2021年年底，国际旅游接待人数已达到了8.5亿人次，境外旅游收入达到了6 800亿美元，继续创下历史新高。根据世界旅游组织的预测，到2025年，全球预计有超过20亿人次出国旅游，这一数字将持续增长。同时，世界旅游业已经从其他行业中逐渐分离出来成为独立的、综合性的经济行业，在各国获取非贸易外汇收入、对平衡外汇收支、解决就业等方面发挥了相当大的作用。

近年来，旅游已继续成为引人瞩目的全球化现象。最新的世界银行统计数据显示，2020年和2021年，全球国际旅游收入分别达到了6 712亿美元和6 890亿美元。国际旅游业已不再仅仅作为一项经济性产业对世界经济和国际贸易产生影响，而是在全球化和一体化的进程中扮演着越来越重要的角色。2023年，全球旅游收入已达到9 200亿美元，国际跨境旅游人数达到了10亿人次。

（二）中国旅游业的发展

世界旅游组织统计，近年来，中国旅游业仍然保持着迅猛的发展势头。截至2021年，到中国旅游的外国游客已经达到了7 800万人次，我国继续稳居世界第四旅游大国的地位。同时，国际旅游消费者排名也经历了显著的变化，中国已经跃升至世界旅游消费的第四位，境外旅游支出已超过400亿美元。在世界前十大消费者中，中国的增长仍然表现强劲，较2020年增长了20%。

近年来，在旅游领域，中国的发展继续呈现强劲的态势。

与欧洲相比，中国的旅游业虽然起步较晚，但后来居上，持续强势发展。截至2022年，尽管受到国际金融危机和全球新冠疫情的影响，中国国内旅游市场仍然表现出强劲的发展态势。2022年春节黄金周期间，全国共接待游客1.3亿人次，较前一年春节黄金周增长14%；实现旅游收入达到710.5亿元，增长幅度为28.5%。

在全国接待的1.3亿游客中，过夜旅游者（限于住宿在宾馆、酒店和旅馆招待所）为3180万人次，一日游游客为103 20万人次。2022年春节黄金周期间的旅游收入中，民航客运收入达到了48.5亿元，铁路客运收入为31.2亿元。39个重点旅游城市实现旅游收入305.2亿元,其他旅游城市和景区实现旅游收入 366.3 亿元。

截至 2022 年,中国的旅游业已经创造了多个世界纪录:中国的出境旅游增长率仍然是世界上最快的;中国国内旅游市场仍然是世界上最大的;中国的发展规模和速度在世界旅游史上仍然是独一无二的。

二、酒店业的发展

(一)世界酒店业的发展

酒店自古代就已出现,现代酒店业兴起于 19 世纪。此后酒店出现了部门的划分并逐渐走向正规,出现了专职人员。

在美国,第一家"美式"酒店于 19 世纪初在纽约建成,名叫城市酒店(City Hotel)。这家酒店虽然只有 13 间客房,却是纽约的社交中心。

1829 年为旅馆业繁荣时期,出现了以美国波士顿的崔曼特(Tremont House)为典型的现代酒店。

1834 年,纽约市出现了一家名为"阿斯特宫"(Astor House)的酒店,该酒店是一座两层楼房,共有 309 间客房。客房装饰豪华,家具用高档的木料制成,地板上铺有地毯。

1848 年,在美国波士顿开设了一家"新英格兰酒店"(New England Hotel)。该酒店开始设置供客人使用的保险箱,保管客人的贵重物品。

1850 年,法国巴黎建成第一家现代高级酒店,名叫"大酒店。"

1875 年,在美国旧金山建了一家"宫殿酒店"(Palace Hotel)。这家酒店是 19 世纪美国乃至全世界最大的酒店,共有 800 间客房。

1887 年,美国在佛罗里达建了一家当时世界上最豪华的酒店,名叫"篷赛德酒店"(Poncede Leon)。

1888 年,美国加州建立了第一家度假酒店名为"德考纳酒店"(Del Coronod)。

1908 年 1 月,美国的斯塔(Ellsworth. M. Statler)在巴伏劳(Buffalo)开设了斯塔特勒酒店(Statler Hotel),从而开创了酒店发展的新纪元。这家酒店共有 300 间客房,并首先采用一些先进的设施与服务项目将它的服务推向了社会。例如,使用了带把手的门锁,单独设立客房卫生间,提供免费的报纸,客房内设有收音机,推出现代意义上的"服务"(Service)和"便利"(Convenience)等。这使该酒店在酒店业称雄达 40 年之久,被誉为"美国现代酒店之父"。第二次世界大战后,由于世界局势相对稳定,社会经济持续发展,旅游业已从组织单一的观光活动发展成为一种经济活动,逐渐形成一个经济产业门类。随着旅游业和国际经济的发展,各国交往的增多,酒店业有了较大的发展。

1995 年 11 月 2 日,国际酒店协会在以色列特拉维夫召开的第 33 届年会上通过了《国际酒店协会关于全球酒店业白皮书》。这个文件第一次公布了全世界酒店业的规模和范围。根据该协会公布的数字，到1994年年底，全世界共有酒店30.76万家，床位总数达1 133多万张，酒店从业人员近1 200万人。1994年全世界酒店业创收达2 470亿美元。截至2023年，全世界酒店总数达到50万家，床位总数达到3 500万张，酒店从业人员超过2 000万人，营收在6 000亿美元以上。

（二）我国酒店业的发展

我国是最早出现酒店的国家之一。据考证，早在殷代我国就出现了官办的招待所，当时被称为"驿传"。到了唐朝，国家所办的招待所已具有相当规模，内部的设施也相当豪华，并出现了接待各国使节和达官贵人的"国宾馆"。尽管我国不同朝代对酒店的称谓不一（亭驿、逆旅、私馆、会同馆、客舍、客栈、旅店、旅社等），但性质是一样的。

20世纪80年代以前，我国旅游酒店业在国民经济中的地位微不足道，旅游主要以境外旅游者为接待对象。

1978年，我国适合接待境外客人的宾馆、酒店仅137家，15 539间客房，其中绝大部分是国宾馆和招待所，总体水平可以概括为酒店数量稀少、设备陈旧、功能单一、条件简陋。

1979年全国所有的涉外酒店营业收入不足1亿美元。当时的旅游酒店既没有现代化的经营，也没有现代化的管理。1980年，我国适合接待外国人的带卫生间的宾馆、酒店仅有203家，3.2万间客房，每年接待境外客人只有10多万人。当客人达到30万人时，北京、上海、广州、桂林、西安等旅游热点城市的酒店床位显得严重不足，每天有数千人进不了酒店，有的滞留在机场，有的客人从北京转到天津，从上海转到苏州、南京等地去住宿。由于境外旅游者在中国住不上宾馆、酒店，很多团队被安排打地铺，还有的团队被安排住在大礼堂，男女之间仅用简单的桌椅分开。

1980年以后，我国通过引进外资，逐步兴建了一大批中外合资、中外合作酒店，又利用内资陆续新建和改造了一大批酒店。自此，我国酒店业进入了一个新发展时期。

1982年我国与外资合作建造的第一家旅游酒店正式开业，它成为我国旅游业改革开放的标志，对我国旅游酒店经营管理的改革起到了积极的推动作用。

1983年广州白天鹅宾馆开业，1984年广州中国大酒店开业。从此翻开了我国酒店业崭新的一页。

截至1984年年底，我国旅游涉外酒店数量达到了505家，客房总数达到76 944间，比1980年翻了一番，初步缓解了酒店供不应求和硬件质量差的状况。

1984年7月27日，中共中央办公厅、国务院办公厅转发了国家旅游局《关于开创旅游工作新局面几个问题的报告》的通知。

1985年，国务院又进一步明确了旅游基础设施的建设要从国家投资为主转变为国家、地方、部门、集体、个人一起上；自力更生和利用外资一起上的原则，同时简化了建设旅游酒店的审批手续，下放了审批权。从1985年年初到1988年年底的4年时间，全国共新建、改建、扩建的客房数净增长了14.3万间，增至22万多间。到了20世纪90年代，我国的旅游酒店得到了更快发展。

1994年年底，我国的旅游酒店为2 995家，客房为40.6万间，接待各方面客人4 400多万人次，年营业收入为548.3亿元人民币；到1995年年底，我国旅游酒店为3 720家，客房48.6万间，年营业收入636.1亿元人民币；1997年年底，我国的旅游涉外住宿设施共5 201家，其中酒店为5 158家（根据国家旅游局于1998年5月29日发布的《1997年中国旅游业统计公报》，旅游涉外住宿设施包括酒店、公寓、写字楼和游船）。根据1999年公布的数据，共有客房70.17万间，营业收入总额为812.36亿元人民币。

1998年我国旅游酒店共有客房88.84万间，营业收入总额为845.75亿元。这种发展速度在世界酒店发展史上是不多见的。20世纪80年代初的那种只能提供单一的住宿与膳食的招待所型的宾馆、酒店已经被当今的豪华型、高级舒适型、舒适型、经济型等多档次旅游涉外酒店所取代[1978年前，我国的非旅游涉外酒店（旅社、招待所等）共有6万家，1988年发展到了22万家]。

经过20多年的建设，我国的酒店业从一个传统型的、指令性的、隶属于政府外事接待工作的服务机构，转变为一个在整个国民经济中越发引人注目的、具有竞争力的产业。截至2008年年末，全国共有星级饭店14 099家，拥有客房159.14万间，固定资产原值4 353.25亿元。全国14 099家星级饭店营业收入总额达到了1 762.01亿元，上缴营业税118.33亿元。

在这些星级饭店中：五星级饭店432家；四星级饭店1 821家；三星级饭店5 712家；二星级饭店5 616家；一星级饭店518家。随着酒店业的快速发展，现代酒店的服务项目已大大超出传统的仅为客人提供食宿的范围，成为进行文化娱乐、商务、社交、休养、健美等活动的场所。近年来，我国酒店住宿行业销售收入总体呈逐步上升趋势，2019年酒店住宿业整体销售收入达到6 770亿元。从文旅部披露的星级酒店数据来看，我国星级酒店数量持续下降。在新冠疫情的冲击下，2020年上半年我国酒店行业业绩大幅下滑，下降幅度接近60%。随着旅游和商务市场的恢复，酒店行业也将进一步复苏。

而从长期来看，消费者消费水平的提高和消费结构的升级、交通基础设施的完善和便捷性的提升，加上科技进步对酒店管理效率的提高，都将有助于旅游行业快速发展。

从市场竞争格局来看，不同等级酒店中，中端型酒店占据市场供给主流位置，占比接近50%；从不同酒店集团品牌来看，行业市场集中度仍然较高，CR10集中度达到了59.76%；从不同区域酒店的经营指标来看，上海地区酒店的平均房价、平均出租率、客房收入均居前三。

三、酒店法的形成与我国酒店的立法情况

（一）酒店法的形成

关于酒店法的最早记载当数古巴比伦的《汉谟拉比法典》。该法典创始性地对酒店的服务质量问题作出了规定，如在啤酒中掺水可以处以死刑。当然，这类规定尚不具有近现代酒店法的意义。近现代意义的酒店法发源于英国。英国的普通法首先宣布饭店负有保证旅客生命健康的社会责任。到了现代，酒店业已成为与旅行社、旅游交通并列的旅游业三大支柱之一，成为一国创汇、创收的重要产业。与此相应，调整酒店法律关系、规范酒店管理行为的酒店法在许多国家也日臻完善。

综观世界各国的立法实践，大部分国家对酒店经营过程中不同种类的合同关系建立的具体法律制度有所不同。对于酒店在经营和管理过程中所发生的合同关系，各国多不采用专门立法的形式，而是将其隶属于其他较大的有名合同或者通过其他法律部门的相关法律来调整。

与中国同为大陆法系的日本，早在20世纪50年代就出台了《旅馆业法》，对酒店业的行业范围、经营活动、行为准则等作出了严格具体的规定。在酒店业高度发达的美国，至今没有关于酒店业务方面的全国统一规定，但是关于酒店和汽车旅店的法规却很多，包括从早期英国判例和社会习惯演变而来的普通法的许多规则。此外，各州都有经州法院在涉及州法的问题上发表的案例法和司法判例。

1981年，国际旅馆协会执行委员会在尼泊尔加德满都通过《国际旅馆法》。此法规已经被国际旅馆业普遍承认，属国际上现行有效的关于旅馆和旅客契约关系的法规。《国际旅馆法》在宗旨中写明，它规定旅馆和旅客双方之间的权利义务，这个法规可以作为各国关于旅馆住宿契约立法的辅助性内容。该法规定"旅馆的责任应遵照国家法律条款"，并对旅馆和旅客双方责任的确定采取了过失责任制。根据该制度，在发生旅客伤害事件时法院首先推定旅馆负有过失，旅馆如要减免责任就要举证过失不在己方或不全在己方。

酒店业的兴起与发展，产生了酒店业主与客人之间的关系，产生了酒店业主与其他相关部门之间的关系，从而逐步形成了调整这些关系和确定各当事方权利、义务的各种规范。酒店法是酒店业发展到一定历史阶段的产物，它随着酒店业的发展而产生，随着酒店业的不断发展而健全完善。从国际酒店立法情况看，酒店法的形成经历了一个漫长的过程，开始是不成文的习惯法，后来才出现了成文法。最初的成文法大都是一些习惯的记载。酒店法的最早出现始于中世纪。当时供客人住宿、就餐的酒店是非常简陋的，多是通铺，没有单间，不提供任何服务。

随着酒店的发展，调整酒店与客人之间的一些权利和义务的法律规定及惯例出现了，这就是酒店法的雏形。酒店法最早始于中世纪，产生于英国，已有四五百年的历史。目前在日本、法国、比利时、新加坡等国家都有了比较完整的成文酒店法，详细地规定了酒店同客人之间的权利、义务及有关责任。英、美等普通法系国家也有大量关于酒店法方面的判例。

（二）我国酒店的立法情况现状

我国对各种纷繁的酒店业中的法律关系的规定，见于《中华人民共和国民法典》《中华人民共和国著作权法》《中华人民共和国劳动法》等法律当中，还没有专门的酒店法。仅有的专门调整酒店关系的《中国旅游饭店行业规范》只对少数焦点问题进行了规定，而且该规定的效力仅停留在行业规范的层面，当与其他法律规定发生冲突时，难以获得优先适用。另外，虽然在酒店的治安、卫生、级别评定方面均有相应的法规，但也大多是条例、暂行条例、通知之类，这些法规的法律效力低。

1986年颁布的《中华人民共和国民法通则》和1990年《最高人民法院关于贯彻〈中华人民共和国民法通则〉若干问题的意见（试行）》等民事法律规定在面对日益复杂化的民事关系已经逐渐显得力不从心。加上酒店行业的特殊性和综合性，酒店中的法律关系尤其具有复杂性和专业性，普通的现行法律法规难以准确、全面地规范。

另外，我国现有的对酒店业进行管理的规范大多强调纵向的法律关系，即公法调整范畴——政府主管部门和酒店企业之间的关系。而酒店业务中大量发生的却是横向法律关系，即客人同酒店经营者之间的关系或酒店与酒店之间以及酒店与其他企业之间的关系，即私法调整范畴。因此，一旦消费者同酒店经营者之间出现纠纷，在缺乏相应法律基础的条件下许多问题单靠各级旅游行政部门是难以有效协调和妥善解决的。

在我国目前的法律体系中，还没有一部完整的酒店法用来调整酒店和客人之间的权利与义务、法律责任，以及酒店在经营管理中的各种法律关系。但近年来我国制定了一系列涉及酒店方面的全国性和地方性的法律、法规和规章制度。此外，在酒店活动领域中，还有用来调整酒店和客人，以及酒店和其他法律关系主体之间权利义务关系的法律法规，如《中华人民共和国消费者权益保护法》《中华人民共和国消防法》以及有关的国际条约和国际惯例等。随着我国旅游事业和酒店业的发展和《中华人民共和国民法典》的颁布，制定调整酒店和客人以及酒店和其他法律关系主体之间行为规范的法律法规将更加完善。

【资料链接1-1】

我国涉及酒店的全国性法律、法规和规章制度

1982年4月国家旅游局发布《旅游涉外人员守则》；

1986年7月1日施行《高层建筑消防管理规则》；

1987年9月23日国务院批准，1987年11月10日公安部发布《旅馆业治安管理办法》；

1989年9月30日国家旅游局、财政部、国家物价局、国家税务局联合发布《关于旅游涉外饭店加收服务费的若干规定》；

1990年4月13日国家计划委员会、国家旅游局、对外经济贸易部、海关总署联合发布《关于重申严格执行中外合资、合作建设旅游饭店审批程序的通知》；

1991 年 5 月 29 日国家旅游局发布《旅游行业对客人服务的基本标准》（试行）；

1991 年 6 月 1 日国家旅游局发布《旅游投诉暂行规定》；

1991 年 9 月 4 日七届人大常委会二十一次会议通过《关于严禁卖淫嫖娼的规定》；

1993 年 2 月 6 日文化部发布《营业性时装表演暂行规定》；

1993 年 7 月 29 日国家旅游局发布《饭店管理公司管理暂行办法》；

1993 年 8 月 30 日国家旅游局和公安部联合发布《关于加强旅游涉外饭店安全管理严防恶性案件发生的通知》；

1993 年 10 月 14 日文化部发布《营业性歌舞娱乐场所管理办法》；

1993 年 10 月 22 日公安部和国家旅游局发布《关于加强宾馆、饭店等旅游设施消防安全工作的通知》；

1993 年 10 月 31 日全国人大通过《中华人民共和国消费者权益保护法》；

1994 年国家技术监督局、建设部、国家旅游局、公安部、劳动部、国家工商行政管理局共同发布《游艺机和游乐设施安全监督管理规定》；

1995 年 2 月 6 日公安部发布《公安部关于实施〈公共娱乐场所消防安全管理规定〉有关问题的通知》；

1995 年 4 月 15 日公安部发出《公安部关于加强公共消防安全的通告》；

1995 年 10 月 31 日全国人大通过《中华人民共和国食品卫生法》；

1995 年 11 月 17 日国家计委、国内贸易部、中华全国供销合作总社联合发布《餐饮修理业价格行为规则》；

1996 年 1 月 1 日起执行 1996 年 4 月 24 日文化部发布《关于加强对新兴文化娱乐经营项目管理的通知》；

1997 年公安部发布《公安部关于加强旅馆业治安管理工作的通知》；

1998 年 4 月 29 日全国人大通过，1998 年 9 月 1 日施行《中华人民共和国消防法》；

1999 年 3 月 15 日全国人大通过《中华人民共和国合同法》；

2001 年 3 月 10 日实施《最高人民法院关于确定民事侵权精神损害赔偿责任若干问题的解释》；

2001 年 11 月 14 日公安部发布，自 2002 年 5 月 1 日施行《机关、团体、企业、事业单位消防安全管理规定》；

2002 年 6 月 29 日全国人大通过，2002 年 11 月 1 日施行《中华人民共和国安全生产法》；

2004 年 5 月 1 日实施《最高人民法院关于审理人身损害赔偿案件适用法律若干问题的解释》；

2005 年 8 月 5 日起施行《旅游规划设计单位资质等级认定管理办法》国家旅游局令；

2006 年 2 月 13 日实施《重大活动食品卫生监督规范》；

2007年1月1日起实施《人员密集场所消防安全管理》；

2007年6月1日起施行《生产安全事故报告和调查处理条例》；

2007年11月1日起施行《中华人民共和国突发事件应对法》；

2008年6月11日起试行《中国饭店行业突发事件应急规范》；

2008年10月1日起施行《娱乐场所治安管理办法》；

2009年6月1日起施行《中华人民共和国食品安全法》；

2009年10月1日起施行《旅游者安全保障办法》；

2009年10月13日起施行《保安服务管理条例》；

2010年7月1日起施行《中华人民共和国侵权责任法》；

2010年7月1日起施行《旅游投诉处理办法》；

2010年11月1日起施行《最高人民法院关于审理旅游纠纷案件适用法律若干问题的规定》。

【资料链接 1-2】

我国涉及酒店的地方性法规和规章制度

1985年6月1日广州市公安局制定《旅客住宿须知》；

1985年11月27日四川省发布实施《四川省旅店业治安管理办法》；

1989年2月24日陕西省发布《陕西省旅游业管理暂行规定》；

1990年4月10日陕西省发布《陕西省旅游和来访外宾行李安全管理的暂行规定》；

1991年6月20日江苏省旅游局和公安厅联合颁布《江苏省旅游涉外饭店安全管理规定》；

1991年10月21日北京市旅游局发布《北京市旅游涉外饭店管理试行办法》；

1991年10月长沙市公安局制定《长沙市旅客住宿管理规定》；

1995年9月郑州市政府颁布《郑州市旅游管理条例》；

1996年6月1日重庆市人大通过《重庆旅游管理条例》；

1997年安徽省政府制定《安徽省旅游市场管理办法》；

1998年1月1日辽宁省政府颁布《辽宁省旅游管理条例》；

1998年9月南京市政府颁布《南京市旅游业管理办法》；

1998年9月广东省实施《制止经营上台酒水牟取暴利试行办法》；

1999年1月22日湖北省实施《湖北省旅游管理条例》；

1999年5月北京市颁布实施《北京市旅游管理条例》；

1999年5月1日安徽省施行《安徽省旅游管理条例》；

2000年1月1日贵州省施行《贵州省旅游管理条例》；

2000年2月1日江西省实施《江西省旅游管理条例》；

2000年11月黑龙江省第九届人大常委会通过《黑龙江省旅游管理条例》；

2000年12月1日江苏省实施《江苏省旅游管理条例》；

2002年1月1日宁夏回族自治区实施《宁夏回族自治区旅游管理条例》；

2002年4月17日青岛市人大常委会通过《青岛市旅游管理条例》；

2002年12月1日山西省施行《山西省旅游条例》，同时废止1997年施行的《山西省旅游管理条例》；

2003年7月1日上海市施行《上海市规范餐饮业经营行为的办法》；

2004年3月1日上海市施行《上海市旅游条例》；

2004年1月1日吉林省施行《吉林省旅游条例》；

2005年8月1日山东省实施修改后的《山东省旅游管理条例》；

2005年12月1日起陕西省施行《陕西省旅游管理条例》；

2005年12月27日起浙江省施行《浙江省旅馆业治安管理办法实施细则》；

2006年1月1日安徽省施行修改后的《安徽省旅游管理条例》；

2006年1月杭州市实施的《杭州市旅游业管理办法》；

2006年5月1日江苏省施行《江苏省宾馆饭店消防安全管理标准》；

2006年10月1日甘肃省施行《甘肃省旅游管理条例》；

2006年11月1日四川省施行《四川省旅游条例》；

2009年3月1日湖南省施行《湖南省旅游管理条例》；

2009年5月1日上海市施行《上海市旅馆业管理办法》；

2010年6月1日上海市修订《上海市旅游条例》；

2011年9月1日广东省实施《广东省旅游管理条例》；

2012年3月1日北京市颁布《北京市旅游管理办法》；

2013年7月1日河北省实施《河北省旅游管理办法》；

2014年11月1日福建省颁布《福建省旅游条例》；

2015年4月1日云南省实施《云南省旅游管理办法》；

2016年8月1日辽宁省修订《辽宁省旅游管理条例》；

2017年12月1日广西壮族自治区发布《广西壮族自治区旅游管理办法》；

2018年5月1日内蒙古自治区颁布《内蒙古自治区旅游管理办法》

2019年11月1日重庆市发布《重庆市旅游管理办法》；

2020年7月1日黑龙江省颁布《黑龙江省旅游管理办法》；

2021年3月1日贵州省实施《贵州省旅游管理办法》；

2022年9月1日西藏自治区颁布《西藏自治区旅游管理办法》；

2023年5月1日青海省颁布《青海省旅游管理办法》。

(三)国际有关酒店法律规定的形成

随着世界经济的发展,国际旅游企业有了很大的发展。国际旅游、交往、商务打破了国与国之间的界限,当酒店与客人发生纠纷时,就产生了这样一个问题,由于世界上每个国家有自己独立的法院系统和法律系统,加之各国的法律不同,对同一问题,不同国家的法律可能做出完全不同的裁定和判决。国际旅游、交往、商务是一个国际范围的活动,而各国的立法一般是基于本国的情况,这就给法律的运用带来了困难。

为了解决这些问题,一些有关酒店的国际公约、国际条约和国际协定制定出来,并被越来越多的国家所承认及执行。1978年国际私法统一协会拟订和通过的《关于酒店合同的协定》,具体规定了酒店经营者、客人之间的权利和义务。国际酒店协会也制定了《国际旅馆法规》(中国旅游饭店协会于1994年加入国际酒店协会)。从国际酒店立法情况看,酒店法发展到今天,已有一定的系统性和完整性,越来越受到各国立法的重视。

第四节 酒店法律关系

一、酒店法律关系的概念

法律关系,是指由法律规范所确认、调整的当事人之间的权利和义务关系。法律关系有3个要素:一是参与法律关系的主体;二是主体间权利和义务的共同指向对象——客体;三是构成法律关系内容的权利和义务。

酒店法律关系,是指被酒店法所确认和调整的、当事人之间在酒店经营管理活动中形成的权利和义务关系。酒店法律关系具有以下特征:

(一)酒店法律关系是受酒店法律规范调整的、具体的社会关系

酒店法律关系反映了当事人之间在酒店经营管理活动中所结成的一种社会关系。同其他法律关系一样,酒店法律关系以相应的酒店法律规范为前提。由于规定和调整酒店关系的法律规范的存在,所以产生了酒店法律关系。

(二)酒店法律关系是以权利和义务为内容的社会关系

酒店社会关系同其他社会关系一样,之所以能成为法律关系,就在于法律规定了当事人之间的权利和义务关系。这种权利和义务关系的确认,体现了国家意志,是国家维护酒店经营管理活动秩序的重要保障。

（三）酒店法律关系的产生、发展和变更是依据酒店法律规范的规定而进行的

由于法律体现统治阶级的意志，国家会依据酒店经营管理活动的发展和变化不断对酒店法律规范进行完善、修改、补充和废止，所以引起酒店法律关系的发展和变更。

二、酒店法律关系的构成要素

酒店法律关系的构成要素，是指构成酒店法律关系不可缺少的组成部分，包括主体、客体和内容3个要素，缺少其中一个要素，就不能构成酒店法。

（一）酒店法律关系的主体

酒店法律关系的主体，是指在酒店活动中依照国家有关法律法规享受权利和承担义务的人，即法律关系的当事人。在我国酒店法律关系中，能够作为主体的当事人，主要有以下两类：

1. 酒店法律关系的管理、监督主体

（1）国家行政管理机关，包括地方行政管理机关，它们在同级人民政府领导下，负责管理全国和地方的酒店工作。

（2）根据法律的规定，在酒店法律关系中实行监督权的各级行政、物价、审计、税务等部门。

2. 酒店法律关系的实施主体

（1）酒店；

（2）客人；

（3）公司、企业以及国内外旅游组织等。

由于许多旅游酒店直接同外国旅行社等组织发生业务联系，所以外国旅游组织同我国旅游酒店发生经济交往时，也会成为我国酒店法律关系的当事人。

在司法实践中，酒店法律关系主体的确立非常重要。

（二）酒店法律关系的客体

酒店法律关系的客体，是指酒店法律关系主体之间权利和义务所共同指向的对象。在通常的情况下，法律关系主体都是围绕着一定的事物彼此才能成立一定的权利、义务，从而建立法律关系的。这里的权利、义务所指向的事物，便是酒店法律关系的客体。如果仅有法律关系主体和内容，而无权利和义务所指向的事物——客体，这种权利和义务是无实际意义的，法律关系也难以成立。可以作为酒店法律关系客体的有以下几种类型。

1. 物

物，是指现实存在的为人们可以控制、支配的一切自然物和劳动创造的物。酒店法律关

系的客体包括酒店的客房、商品、物品以及客人的财物等。货币作为酒店费用的支付手段，也是酒店法律关系的客体。

2. 行为

行为，是指权利主体的活动，它是酒店法律关系中重要的客体。酒店法律关系中的行为，可以分为服务行为和酒店管理行为。

（1）酒店服务行为，是把客人迎进来、送出去，以及做好客人在店期间住、食、娱、购、行等各个环节的服务工作。

（2）酒店管理行为，是一种直接或间接地为客人提供服务的活动，包括酒店总经理、部门经理、主管、领班等进行的管理活动。他们的管理工作，使酒店服务行为形成一个统一的整体，为客人提供各种方便。

3. 科学技术成果

科学技术成果，是指法律关系主体从事智力劳动所取得的智力成果，包括专利、科学发明、酒店产品商标、企业名称标志、管理技术等。其所有权的使用和转让是有偿的，所以科学技术成果也可作为酒店法律关系的客体。

4. 信息资料

信息资料，是指反映酒店和酒店客户活动发生、变化和特点的各种消息、数据、情报和资料等。

（三）酒店法律关系的内容

酒店法律关系的内容，是指酒店法律关系主体间的权利和义务。法律关系主体间的权利和义务，构成了法律关系的内容。权利和义务把酒店法律关系的主体联结起来，因此权利和义务在酒店法律关系中不可缺少。

酒店法律关系主体的权利，是指酒店法律关系主体依法享有的作为或不作为，以及要求他人作为或不作为的一种资格。当酒店法律关系的主体一方因另一方或他人的行为而不能行使和实现其权利时，有权要求国家有关机关依据法律，运用强制手段帮助实现其权利。

1. 酒店法律关系主体权利

酒店法律关系主体权利主要包括以下3方面的内容：

（1）酒店法律关系主体有权做出或不做出一定的行为。如酒店有权拒绝携带危险品的客人进入酒店。

（2）酒店法律关系主体有权要求另一方按照规定相应做出或不做出一定的行为。如客人入住酒店后，有权要求酒店提供符合其等级标准要求的服务。又如客人在酒店消费后，有权要求酒店提供票据。

（3）酒店法律关系主体的合法权益受到侵害时，有权要求国家有关机关依据法律，保护其合法权益。如客人在酒店内由于酒店的原因使客人的人身受到损害得不到赔偿时，有权要求旅游投诉受理机关保护自己的合法权益。

2. 酒店法律关系主体的义务

酒店法律关系主体的义务是指酒店法律关系主体所承担的某种必须履行的责任，主要包括3方面内容：

（1）酒店法律关系主体按照其权利享有人的要求做出一定的行为。如酒店在收取客人支付的费用后，就有义务按照客人的要求及时清扫房间。

（2）酒店法律关系主体按照其权利享有人的要求停止一定的行为。如客人在房内休息时，要求酒店停止客房服务，服务员不得随意进入客人的房间清扫卫生。

（3）酒店法律关系主体不履行或者不适当履行义务，将受到法律的制裁。如酒店内发生重大事故，造成客人在酒店内遭到人身损害或财产损失，酒店不但要承担其赔偿责任，还要受到法律的制裁。

【案例导入1-4】

7月20日，郑州游客王先生等人的机票被YQ酒店扣留，40余名游客被迫向当地派出所求助才得以按时登机。原来，这是签约旅行社与客人所住酒店因为房价发生分歧所致。上午8时，成都某旅行社办公室的杨×与郑州来的60多名游客聚集在YQ酒店大厅，与酒店方发生了争吵。杨×气愤地说，旅行社与酒店一直是通过传真形式确认预订客房的，标准间一般为90元。可是，当我们预订好客房，20日缴纳了客人入住酒店的预付款3 500元后，今天早上准备送客人上飞机时，酒店却将客人的机票全部扣留，并单方面宣布酒店的标准间价格已经涨到了150元，要求旅行社补够客人住宿费，否则不给机票。

经过当地派出所的调解后，酒店将40余张10时的机票退还，但下午5时登机的20余张机票继续扣留。YQ酒店办公室负责人曾某认为，酒店早在18日就给各旅行社下发了通知，讲明旅行社预订房间必须缴纳预付费，否则不给订房。酒店即使在90元的基础上涨到150元，仍然给了旅行社很多优惠，酒店并没有违反物价部门的规定。据悉，经过协商，双方最终以各承担每客30元的费用解决了这起纠纷，酒店将下午5时的机票归还给20名郑州客人。

思考

酒店作为法律关系的主体，有权利扣留客人的机票吗？

· 思 考 题 ·

1. 什么是酒店？
2. 什么是酒店法？
3. 酒店法与酒店法学有哪些区别？
4. 酒店法是怎样形成的？
5. 目前我国有哪些酒店方面的法规？
6. 什么是酒店法律关系的主体？
7. 什么是酒店法律关系的客体？
8. 什么是酒店法律关系的内容？
9. 酒店法律关系主体的权利有哪些内容？
10. 酒店法律关系主体的义务有哪些内容？

第二章 酒店法的渊源、基本内容和作用

【案例导入 2-1】

安全隐患大于天，质量责任重如山

2020年3月7日晚，福建泉州JX酒店突然发生坍塌事故，截至3月12日，现场已搜救出71名被困者，事故共造成29人死亡。事故发生后，应急管理部紧急响应，福建省应急管理厅及消防救援总队第一时间赶赴现场组织救援及救治伤者。初步调查结果显示，"泉州JX酒店坍塌事故"是一起安全生产责任事故，该项目未履行基本建设程序，无规划和施工许可，存在非法建设、违规改造等严重问题。另外，地方相关职能部门安全生产监管工作不到位，因前述多种因素最终导致事故发生。

律师观点：

根据《生产安全事故报告和调查处理条例》的规定，造成10人以上30人以下死亡，或者50人以上100人以下重伤，或者5 000万元以上1亿元以下直接经济损失的事故为重大事故，该涉事酒店或将面临50万元以上200万元以下的罚款、暂扣或吊销有关证照，并对主要负责人处以上一年年收入60%的罚款、暂停或者撤销相关资格、证书，若构成犯罪，则追究其刑事责任。

【案例导入 2-2】

某晚，一位客人在一家酒店就餐时发现钱包不见了，家人及时向酒店报告了此事，酒店马上代他报了警。民警随后赶到，经一番搜查，没有发现客人丢的包。客人认为，酒店若及时关闭大门，控制人员进出，民警赶到后，就很可能找到失窃的钱包，甚至抓住小偷。但该酒店负责人却表示，客人当时并没有明确的怀疑对象，同时酒店也无权关门限制顾客出入。

律师观点：

在本案中，酒店应当做到最基本的安全保障义务：一个是事前提醒义务，如提醒消费者保管好自己的贵重财物；另一个是事后协助义务，如发现消费者的财物丢失后，立刻报案，至于消费者要求酒店关闭大门，控制人员进出，这就有可能超出了酒店的安全保障义务范围。因为酒店是开放式的服务场所，如果关闭大门，那么势必影响酒店的经营，也将影响酒店其他消费者出行。而且酒店在消费者财物丢失后及时协助报案，履行了相应的安全保障义务，因此酒店不需要承担相应的责任。

第一节 酒店法的渊源

酒店法的渊源,是指酒店法律规范的制定和表现形式,它包括国内渊源和国际渊源。

一、国内渊源

我国酒店法的国内渊源主要如下:

(一)宪法

世界上很多国家在宪法中都有关于旅游的条文。《中华人民共和国宪法》第四十三条规定:"中华人民共和国劳动者有休息的权利。国家发展劳动者休息和休养的设施,规定职工的工作时间和休息制度。"《中华人民共和国宪法》中的休养设施也应当包含酒店,这规定可以认为是提及酒店的条款。

(二)法律

法律是由国家最高权力机关全国人民代表大会及其常务委员会制定、通过的。法律有《中华人民共和国食品安全法》《中华人民共和国民法典》《中华人民共和国消防法》和《中华人民共和国旅游法》等。

(三)行政法规

行政法规是由国务院发布或政府主管部门依国务院授权制定并经国务院批准发布的规范性法律文件。如:1987年9月国务院批准,1987年11月公安部发布的《旅馆业治安管理办法》;2001年公安部发布,2002年5月1日施行的《机关团体、企业、事业单位安全消防管理规定》;2009年10月1日起施行的《旅游者安全保障办法》;2009年10月13日起施行的《保安服务管理条例》等。

(四)地方性法规和规章

地方性法规和规章是由省自治区、直辖市人民代表大会及其常务委员会制定,报全国人大常委会备案或批准,在本地区实施的规范性法律文件。如:2000年12月1日实施的《江苏省旅游管理条例》、2002年1月1日实施的《宁夏回族自治区旅游管理条例》、2004年3月1日实施的《北京市旅游沙外饭店管理试行办法》、2006年5月1日施行的《江苏省宾馆饭店消防安全管理标准》、2009年5月1日施行的《上海市旅馆业管理办法》等。这类法规由地方立法机关公布,仅限于其辖区内适用。

在我国,习惯只有在国家认可的条件下才是法的渊源,判例不是法的渊源,但对指导审判实践有参考价值，并且能为进一步完善我国的酒店立法提供经验。在普通法系国家，判例是重要的法律渊源之一。

二、国际渊源

（一）国际公约

国际公约是指国际法主体之间以国际法为准则而为确立其相互权利和义务而缔结的书面协定，如《国际饭店协会和世界旅行社协会联合会公约》《关于旅行契约的国际公约》《关于旅馆经营者对旅客携带物品之责任的公约》等。国际公约的主体是指参加国际法律关系并承担国际法中权利和义务的实体。

（二）国际协定（包括双边协定和多边协定）

国际协定是指国家间或国家对外活动的组织间，用于解决专门事项或临时性问题而缔结的短期契约性文件，有军事方面的停战协定、经济方面的贸易协定、文化方面的合作协定等。国际协定除非双方议定须经批准外，一般签字后即可生效。如《国际旅馆法规》《关于饭店合同的国际协定》《国际旅馆业新规程》《旅馆与旅行社合同的协议》等都属于国际协定。

（三）国际酒店惯例

在国际酒店业中已有一些被各国普遍接受的习惯做法，如在酒店客房预订方面的规则等。

国际上没有统一的酒店立法机构。国际酒店法律规范常以公约、条约、协定等形式表现。按其参加缔约协商国数量的多少，可以分为双边和多边条约、公约、协定等，其适用范围仅限于缔约国和承认的国家，不涉及其他国家，对其他国家也没有约束力。

第二节　酒店法的基本内容

酒店法是调整酒店在经营管理中各种关系的法律规范的总称。虽然世界各国在酒店法的形式法律效力以及名称上各不相同，但它们所调整的权利和义务关系都属同一类，都有其共同的基本内容。

一、酒店的设立、变更和终止的规定

酒店的设立、变更和终止是酒店存在和消亡的法律问题。酒店的设立又称酒店的开办，是指酒店设立人为取得酒店经营的资格，依照法定程序所实施的行为。

在我国境内的国有酒店、集体经济酒店、外商投资酒店、港澳台投资酒店、股份制酒店、联普酒店和私营酒店，都由国家行政机关审批设立。申请设立的酒店必须具备法定的设立条件，通常由酒店设立人提出申请，由主管机关或其他授权机关审查批准。

酒店的变更，是指酒店设立登记事项中某项或某几项内容的改变。酒店的终止，又称酒店的关闭，是指酒店的解散及其经营活动的停止。

二、酒店经营范围的规定

现代酒店是一个具有多种功能的综合性企业。除客房和餐饮外，酒店还应包括其附属设施的范围，如车队、保龄球馆、网球场、桑拿室、游泳池、舞厅、商场、卡拉OK厅等，凡是在该酒店实际控制下的部门或空间，均属该酒店的范围。

三、酒店的权利与义务的规定

（一）酒店权利与义务的概念

酒店的权利与义务有两个概念：一是酒店作为法人的权利与义务；二是酒店对客人的权利与义务。

酒店对客人有诸多权利，如有权要求住宿的客人进行登记，并查验客人的身份证明；有权拒绝患有各种传染病或精神病的客人住进酒店；有权拒绝客人将易燃、易爆、剧毒、腐蚀性和放射性等危险物品带入酒店；有权拒绝衣着举止与本酒店等级不相符的人员进入酒店；有权收取合理的费用；有权要求客人赔偿因客人的原因而使酒店蒙受的损失；等等。酒店的义务也有很多，如有义务向客人提供与本酒店等级相符的硬件设施和服务；有义务保障客人的人身安全；有义务保障客人的财产安全；有义务为客人提供符合国家卫生标准的饮食；有义务为住店客人提供贵重物品安全寄存服务；等等。

【资料链接2-1】

客人在酒店卫生间淋浴滑倒摔伤，该怎么处理？

山西某酒店王老师的建议：

（1）酒店也是一个服务行业，出于服务的个性化，所以酒店在相关区域要做相关安全提示。

（2）入住宾客形形色色什么样的人都有，所以要根据当时实际情况给予客人安慰，并协助客人进行相关医治，从而提升酒店服务水平。

（3）事后针对性地对酒店设施设备进行调整，如防滑垫的摆放位置、防滑拖鞋的增设等，从而杜绝同类问题再次发生。

（4）出于管理的角度，应当将此案例在班前会与大家分享，提升员工服务意识！

分析：碰到此类事件，酒店最开始一定不要直接说：这是客人的责任，酒店没有赔偿义务，这样会影响酒店形象。应先与客人好好沟通，并表示对客人受伤也很难过，酒店会根据实际情况妥善处理好。客人住酒店便产生了合同关系，酒店有一定的责任。所以，一定要在酒店的醒目位置或是在房间内的醒目位置贴安全警示。

（二）酒店作为法人的基本权利

1. 酒店的人身权

法人具有独立的人格，也有人身权。人身权是酒店极其重要的权利，它是与酒店作为企业法人人身不能分离的没有财产内容的权利。酒店的人身权是国家通过立法程序赋予的。

酒店的人身权包括：

（1）酒店的名称权。

（2）酒店的名誉权。

（3）酒店的荣誉权。

（4）酒店的经营管理权。

酒店有依法开展各项业务活动以及进行内部管理的权利，酒店的经营管理权主要包括以下内容：

①酒店有权依法拒绝任何单位向其摊派的各种不合理收费；

②酒店有权在经营范围内依法开展多项经营活动，进行推销，利用自己的餐饮、洗衣、娱乐、健身等设施设备向客人和社会公众提供各项服务；

③酒店有权依法开辟自己的客源市场，在国内外开拓业务，通过各种方式开展酒店业务；

④酒店有权同旅行社、旅游汽车公司等企业以及民航、铁路、商业等单位签订合同，开展横向业务；

⑤酒店有权依法在自愿、互利的基础上实行联合，组成酒店集团；

⑥酒店有权依法提取固定资产折旧；

⑦酒店有权依法出租和转让酒店的固定资产；

⑧酒店有权对酒店的设施、设备和原材料进行采购，自行决定生产经营需要的各种物品，任何单位和个人不得干涉。

国有酒店对其经营管理的财产不享有所有权，只能依照国家授予或合同约定享有经营权，其经营权限大小由国家法律规定或者按合同约定。

2. 酒店的劳动人事权

劳动人事管理是酒店管理的重要内容之一，劳动人事权是企业实现自主经营权的重要保证。酒店有权按照法律规定录用、辞退职工，有权任免干部，有权确定适合本酒店情况的工资形式和奖金分配办法，有权决定本酒店的机构设置及人员编制，使酒店的劳动人事管理适合于加强酒店经营管理权的要求。

3. 酒店的诉讼权

诉讼，是指法院在双方当事人及其他诉讼参与人的参加下，审理和解决纠纷所进行的活动，以及由这些活动所发生的关系。酒店的诉讼权，是指酒店向法院提出的保护合法权益的请求。其中，酒店的人身权受到非法侵害时，一般适用民事诉讼程序；酒店的经营管理权受到非法侵害时，一般适用行政诉讼程序。

【案例导入 2-3】

4月2日凌晨，下榻某酒店的加拿大旅行团领队约翰先生打电话给客房部经理，投诉房间的两张床铺均是潮湿的，有人故意在上面倒了许多茶水，无法睡觉，要求酒店做出解释并追究责任。经过现场察看，客人反映的情况属实。4月1日白天，约翰先生随团外出游览，下午回店。进房时床铺还是完好的。17：30以后他一直随身携带房间钥匙，只是晚上，该团有4名团员一直在约翰先生的房间聊天至次日凌晨。据调查证实，4月1日是西方国家的愚人节。此事是该旅行团4名团员与领队开玩笑所为。针对上述情况，酒店方面立即采取措施，给客人更换房间，以使客人能尽快休息。另外，酒店就此事所造成的损失做出了索赔的决定，要求赔偿：

（1）洗涤费：席梦思垫100元/张、床单30元/条。

（2）因次日清理床铺，此房暂不能出租，房费255元/天。

案例分析：酒店与旅客之间存在着一种合同关系。一旦合同成立，双方就要履行各自的义务。酒店有责任向旅客提供完善的服务和服务设施，有权要求旅客爱护店内一切设施和财物。旅客由于故意或过失损坏了酒店的设施和财产，酒店有权要求旅客恢复原状或者折价赔偿。酒店如果因此遭受其他重大损失的，有权要求旅客赔偿损失，如旅客损坏了客房内的家具或其他设施，以至于该客房不能马上使用，则侵害人就应该赔偿该房间不能使用期间在内的相应损失。而酒店则应尽快使房间恢复到可以使用的状态。旅游者须遵守所在地有关法规。尽管约翰先生等是外国人，但他们在华期间所涉及的具体事务，应按中国现行的法律、法规办理。

（三）酒店作为法人的基本义务

酒店作为法人的基本义务主要有以下几方面：

（1）严格执行国家有关法律法规、规章制度及规范，包括执行消防管理、治安管理、卫生管理、物价管理等法规。

（2）向客人提供符合本酒店星级标准的各种服务，包括硬件和软件等。

（3）向客人提供符合国家卫生标准的住房，向客人提供符合《中华人民共和国食品安全法》以及其他食品安全法律法规规定的饮食。

（4）遵守税法和财经法规，接受审计、财税、工商、物价、金融等部门的监督管理。

(5)依法向国家缴纳税金。

【案例导入 2-4】

中新网内蒙古新闻 3 月 12 日电：据内蒙古消费者协会 12 日消息，2020 年 7 月 12 日，内蒙古自治区消费者协会连续接到消费者投诉举报电话，反映 SH 精品酒店（新华广场店）作为疫情定点隔离酒店的饭菜质量、住宿标准存在问题。经协会工作人员与消费者、酒店负责人等了解、核实情况，得知 SH 精品酒店于 7 月 11 日被呼和浩特市新城区政府确定为定点隔离酒店，并在当天入住了来自俄罗斯的 100 多名中国留学生。按照政府定价，隔离期间该酒店的食宿标准为住宿费 300 元/天，餐费 100 元/天。消费者在入住后的第二天（7 月 12 日）午餐中，发现饭菜中有菜虫、头发等异物，住宿条件也与消费者期待的不符，于是消费者向有关部门反映该酒店的质量与服务问题，并向内蒙古自治区消费者协会进行投诉。

案例分析：酒店作为法人，要向客人提供符合《中华人民共和国食品安全》以及其他食品安全法律法规规定的饮食。但是该酒店没有履行其基本义务，新城区卫健委和疫情防控指挥中心接到消协的《关于消费者投诉 SH 精品酒店服务质量的情况反映》后，立即责成 SH 精品酒店（广场店）及新城区驻酒店工作人员与隔离人员进行沟通、调解，做好解释说明工作，并在充分协商的前提下进行了整改。一是针对酒店住宿价格问题，对 300 元/天的住宿定价是否符合标准向消费者做出了说明，减免全体隔离人员一天的住宿费用；二是针对隔离酒店餐饮问题，免除 12 日当天全体隔离人员的餐费，同时在维持现收费标准不变的前提下，提高了 20 元餐标，更换了蔬菜供货商及厨师，保障了用餐质量和卫生条件。

四、客人的权利和义务的规定

客人有广义与狭义之分，广义的客人包括住店客人、在店消费的客人、欲来店消费人员和其他人员。狭义的客人，是指在酒店内住宿、用餐或接受其他服务与消费的人员。

客人的权利包括，有权按照住宿契约使用预订的房间和享受与其相关的服务，有权要求酒店保证其人身安全和财产安全等。

客人的义务包括，在登记入住时有义务提供有效的身份证件，并接受检查，人在酒店住宿期间有义务遵守国家和酒店所在地的法律法规，有义务爱护酒店的财物，有义务支付有关费用等。

五、酒店法律责任的规定

酒店对自己的客人负有法律上的义务，这些义务包括保护客人人身安全，保护客人财产安全以及保护客人的贵重物品安全等，酒店的客人一旦在住宿期间或者在接受酒店提供的服务过程中，因酒店的故意或过错而造成客人的人身损害以及财物损失等情况，就应当承担相应的法律责任。

【案例导入 2-5】

客户与员工行李交接脱节问题

某酒店中午时分，一位住客神色匆匆地找到某酒店的大堂经理说他放在房内的几件行李都不见了，现在不知如何是好。该客人姓何，是该酒店的协议客人，一直住在 1518 房。

经了解，何先生曾向总台员工小李提出房内马桶堵塞，要求换房，但当他吃完饭回来后行李就都不见了。大堂经理立即向小李及客房部询问。事件原来是这样的：小李在接到何先生的换房请求后，即答应帮其换到 1618 房，并拿好新钥匙，交给行李生去 1518 房找何先生换房，行李生敲了几次门后确认无人又把钥匙还回了小李，没有换成房；而客房部在接到总台通知 1518 房已换到 1618 房时，发现何先生的行李仍在 1518 房，本着助人为乐的原则，就把行李搬到了 1618 房。何先生浑然不知以上所发生的一切，故而引发了本案例开头的一幕。

思考

客户应该怎样维护自己的权利？酒店又应该怎样履行对客人的义务？

第三节　酒店法的作用

一、对酒店业的发展实行宏观调控

国家通过制定有关酒店方面的法律、法规，对酒店与有关部门的关系实行有效的协调和控制，从而促进酒店业的健康发展。

二、为酒店法律关系主体规定行为规范

酒店在经营和管理中会产生多种法律关系，在这些法律关系中会出现各种法律问题。针对不同的问题，有不同的解决方案，对其主体和客体的行为规范也有相应的规定。例如，酒店和客人以及酒店和其他法律关系主体之间的合同一经成立，便具有法律效力，在双方之间就会产生权利和义务的法律关系，合同双方必须按合同的规定，向对方承担法律义务，并享有一定的权利。如果合同当事人一方或双方未按合同规定履行义务，就应承担相应的法律责任。

酒店法为酒店规定的行为规范包括：酒店应当保障客人的人身安全、财物安全；设置客人贵重物品保险箱，保管客人的贵重物品；保护客人的隐私权；酒店要有完好的火灾报警和灭火设施设备；等等。酒店法为客人规定的行为规范包括：禁止携带危险品进入酒店；入住时应当按规定项目如实登记；支付在酒店内消费的费用；等等。

三、为酒店法律关系主体提供法律保护

酒店法除了明确酒店法律关系主体的权利和义务,保证这些权利义务真正得以实现,还规定了对不履行或不适当履行义务的行为所应承担的法律责任,使受损害的一方得到合理的赔偿和补偿。

早在 1951 年 8 月 5 日,我国就颁布了《城市旅栈业暂行管理规则》。近些年来,随着我国酒店业的持续发展,我国也相继制定了一系列法律法规,加强了对酒店业的监管和法律保护,以确保酒店经营者、客人和其他法律关系主体的合法权益。此外,值得特别提到的是《民法典》的颁布和实施,为酒店业提供了更加明确的法律依据。以下是《中华人民共和国民法典》(简称《民法典》)在酒店业方面的一些重要内容:

住宿合同:《民法典》合同编明确了住宿合同的相关规定,包括酒店服务的内容、价格、客人权利和义务等方面的法律规定,以保护双方的合法权益。

消费者权益:《中华人民共和国消费者权益保护法》与《民法典》相辅相成,为消费者提供了更全面的权益保护,鼓励维权行为,确保消费者在酒店交易中的权益受到有效保护。

消防和安全:酒店业一直受到消防和安全法规的监管。《民法典》规定了酒店必须遵守的消防安全要求,以确保客人和员工的安全。

侵权责任:《民法典》侵权责任编明确了酒店在提供服务时可能面临的侵权责任,为因酒店行为引起的侵权争议提供了法律依据。

食品安全:《民法典》与《食品安全法》共同对酒店提供的食品、饮品质量和安全性提出了要求,以保障客人的食品安全。

合同法条款:《民法典》合同编规定了酒店与客人之间的合同关系,包括订房合同等,为合同履行提供了法律框架。

精神损害赔偿:最高人民法院关于确定民事侵权精神损害赔偿责任若干问题的解释为酒店行为引发的精神损害赔偿提供了指导。

法律责任和管理规定:法律法规以及机关、团体、企业、事业单位消防安全管理规定等文件,强调了酒店行业的法律责任和管理要求,确保安全生产和服务质量。

总之,《民法典》中这些法律法规以及其他特别法律法规的实施为酒店业提供了更加完善的法律保障和法规指导,有助于确保酒店经营者和客人的权益得到充分尊重和保护。同时,酒店业也需要积极遵守这些法律法规,提高服务质量,确保安全,维护良好的法律经营环境。

市场经济是法治经济。随着我国市场经济的逐步建立和完善,旅游业和酒店业有了较大的发展。酒店法律法规的建立和健全可以避免和制止不按科学办事、不规范经营等现象。而这些现象仅靠原有的行政管理手段以及协调的方式方法已远远不能适应市场经济条件下的酒店业建设和管理的需要。酒店法律法规的建立是市场经济条件下发展酒店业、提高酒店服务

质量、保障客人合法权益的需要。从竞争和发展的关系看，酒店法律法规的建立、健全加强了酒店行业的管理，使酒店业的管理走向法治的轨道，促进了经济的发展。

第四节　酒店法规对于酒店经营管理的作用

从我国酒店经营现状来看，制定法律法规非常重要，对消费者权益的保护以及经济社会的发展有很大的作用。俗话说："没有规矩不成方圆。"这说明酒店的法规对酒店的服务质量以及正常运转等很多方面都有很大的积极作用。而且随着时代的发展变化，人们的法律意识越来越强，对自己的合法权益更加看重。在这样的大背景下，法规在酒店经营管理中发挥了不可替代的作用。

一、减少纠纷数量

相关数据显示，2019—2021年，酒店纠纷的数量达到了12 567件，尽管数据仍存在一定不确定性，但酒店纠纷数量持续增长。这些纠纷主要发生在大城市，如北京、上海、广州、深圳等。在这些纠纷中，民事案件占据了绝大多数，而行政案件相对较少。在解决这些纠纷的过程中，面临着挑战，范围广泛，同时也缺乏明确的法律法规作为参考。

一些常见的酒店纠纷包括消费者是否可以自带酒水进入酒店、客人是否可以延长住宿时间超过第二天中午 12:00，以及是否需要额外费用等。这些问题在酒店经营中频繁发生，不仅对酒店的经营造成障碍，也会影响消费者的体验。当双方无法达成一致意见时，纠纷可能升级到法院层面，进一步增加了解决难度。

因此，鉴于这一情况，立法部门应当着手建立更为详尽的法律制度，以建立完善的法律体系，更好地解决酒店运营中不断涌现的纠纷问题。这样的法律制度可以为酒店经营者和消费者提供明确的法律依据，促进酒店行业的健康发展，同时保护消费者的权益。

二、提高行业发展的速度

改革开放以来，我国经济社会发展速度非常快，在这样的背景下，酒店行业也进入了快速发展阶段，尤其是人们生活水平提高之后，很多人都会到全国各地旅游，所以住宿市场在不断扩大。这就给酒店行业的发展提供了机遇，酒店数量不断增长，酒店的服务水平也相应提高。相关数据显示：近年来我国中端酒店已经越来越成熟，客房数量增长迅速，这主要是因为市场需求的扩大。酒店行业的快速发展，能拉动内需、增加就业，为我国经济社会发展提供动力。在这样的前提下，就需要国家加快酒店立法工作，制定完善的酒店法律体系，为酒店发展提供更加便利的条件。

三、维护市场秩序

我国实行的是市场化的经济体制，行业之间有一定的竞争，酒店行业也是如此。在这样的背景下，就需要国家加强对市场的调控，从而稳定市场秩序。在维护市场秩序中，比较重要的手段就是法律，所以建立酒店法规能够对市场秩序进行管控，减少问题发生。从我国酒店的经营实际来看，经济政策、行政手段等虽然发挥了很大作用，但是效果有限，还需要法律来调控，从而让市场起到更好的引导作用，建立对酒店发展和运行的审核机制、监督机制等，实现市场稳定运行。

四、完善旅游法体系

近年来，我国旅游行业持续蓬勃发展。以 2023 年为例，国内旅游人数大幅增加，达到了 72.84 亿人次，旅游收入也显著增长，达到 7.5 万亿元，继续为我国经济发展做出重要贡献。酒店作为旅游业的重要组成部分，扮演着关键角色。

酒店法规的建立对于完善旅游法律体系至关重要。这些法规为酒店业提供了明确的法律依据，规范了酒店与顾客之间的权益和责任关系，进一步保障了旅游者的权益，同时也有助于提高酒店服务质量。因此，立法部门应当积极完善酒店法规，加速推进我国旅游法律体系的建设，以适应旅游行业的迅速增长，确保行业健康有序发展。

五、明确酒店和消费者的权利与义务

酒店法规的建立能够让酒店以及消费者明确自身的权利和义务，对酒店以及消费者的行为有一定的规范作用，对稳定社会秩序也有利。此外，酒店以及消费者对自身的权利以及义务有明确的认识之后，能够方便工作人员工作，推动酒店经营正常开展。

（一）酒店的权利

向住宿人员收取住宿费和服务费；依法进行客源拓展；向客人介绍店内的产品和服务等，如住宿优惠、营养餐；有拒绝接客的权利，如精神异常的游客；有权制止旅客的不法行为；对损坏酒店内的物品索要赔偿；保护酒店名称的使用权。

（二）酒店需要履行的义务

日常行为要在国家法律的框架下进行。例如不能进行黄、赌、毒等非正常经营，更不能提供相应服务；按照与消费者约定的项目提供服务，如房间、洗浴用品等，相关服务要符合安全等指标，不能提供质量低下的用品，给顾客提供优美的居住环境；尊重消费者的隐私；不能拒绝客人提出的合理要求，如热水供应、无线服务；尊重客人的民族习俗以及个人尊严。在我国，权利和义务是密切相关的，有一致性，没有无义务的权利，也没有无权利的义务，在行使权利的同时，就要履行义务。根据两者的关系，酒店履行的权利就是客人的义务，客人的义务就是消费者的权利。所以旅客在进入酒店之后，要积极配合工作人员的工作，如支付住宿费用等；对于不合理的要求可以拒绝，如搜查随身物品。

酒店法规在酒店经营管理中的作用非常多，上述并不全面，所以酒店以及顾客在出现问题后，首先要进行协商，协商未果再采取法律手段来解决。

·思 考 题·

1. 什么是酒店法的渊源？
2. 酒店法的国内和国际渊源主要有哪些？
3. 酒店法有哪些基本内容？
4. 酒店的人身权包括哪些内容？
5. 酒店的经营管理权有哪些？
6. 酒店法有哪些作用？

第三章 酒店和客人的权利与义务

【案例导入 3-1】

朱先生的车辆停放在酒店被砸,为索赔偿,朱先生将该酒店告上法庭。法院做出酒店赔偿朱先生数千元修理费的判决。

2021年7月5日,朱先生入住一家酒店,将车辆停放在酒店的停车场。当晚,朱先生驾车进入酒店,按照酒店工作人员的指引将车辆停放在指定的停车位上,随后交纳了停车看管费并收到了相应的停车小票;同时还领取了酒店停车场进出车辆计时单。

次日清晨,朱先生发现车辆车顶受到了损害,似乎是被砸击造成的痕迹。朱先生随即联系了酒店的安保人员和当地派出所的民警报案。

朱先生主张双方已经确立了有偿保管合同,酒店因此有责任确保车辆完好无损。他认为酒店未能尽到保管责任,从而导致他的车辆受损,因此要求酒店承担赔偿责任。

酒店则主张他们并不知道车辆是如何受损的,而且损害并未发生在酒店的停车场上,因此请求法院驳回朱先生的诉讼要求。

法院在审理后认为,朱先生入住酒店并将车辆停放在酒店的停车场,酒店出具的"进出车辆计时单"表明双方之间存在酒店服务的法律关系。根据此关系,酒店有义务对朱先生的车辆进行合理和妥善的保管。尽管酒店对车辆受损的发生提出异议,但没有提供证据证明该车辆在进入停车场之前已经受损。因此,法院判定酒店应当承担向朱先生赔偿的责任。

思考

客人的车辆在酒店发生损害,酒店是否有责任?

第一节 酒店和客人权利义务关系的产生及终止

一、酒店和客人权利义务的产生

(一)客人预订酒店

客人如果向酒店发出要求预订的要约,而酒店接受了这一要约(即酒店表示承诺),并按照规定进行了登记,则酒店和客人之间的住宿合同关系即将成立。当事人任何一方如果不按合同规定履行自己的义务，应当承担相应的法律责任。客人来到酒店，提出了住店的要求（即向酒店发出住宿要约），办理了登记手续，并且拿到了酒店客房的钥匙以后（即酒店承诺了客人要求住宿的要约），他才具有酒店客人的身份，才能算是酒店客人（或称"住店客人"）。

（二）客人就餐或消费

客人向酒店发出了就餐或进行其他消费的要约（如客人点了菜），而酒店又接受了这一要约后（餐厅接受了点菜），这时酒店和客人之间的合同关系便正式成立。国际私法统一协会《关于饭店合同的协定草案》第三条第一款规定："饭店合同在一方明确表示接受另一方提出的要约时即告成立。"确定从什么时候起合同才算成立，对确定当事人的权利、义务和责任有重要意义。酒店和客人之间的合同关系一旦成立，酒店就要对客人的人身和财物安全负责。

二、酒店和客人权利义务的终止

（一）结账终止

客人住宿期满来到结账处，提出退房，酒店出示账单，双方无异议，客人签单付费之后，或者客人在酒店内的其他消费结束，付了款以后，酒店和客人双方之间的权利和义务关系便终止了。

但在实际情况下，客人在结账后到走出酒店大门这一段时间，仍具有"潜在客人的身份"。如：用于等候出租汽车的时间；客人结账后，返回房间整理行李的时间。这时，应视为客人和酒店之间的合同关系仍然存在。在此期间，酒店就负有"潜在责任"，直到客人离开酒店。

（二）合同终止

团队、会议、长住、预订客房或用餐等客人，一般通过合同的方式产生其权利义务关系。合同一经成立，双方之间的权利、义务关系即按照合同约定的时间产生和终止。在合同期内，如无特殊情况，双方都无权不经对方的同意而终止合同。在合同期间，如果客人或酒店中任何一方违反合同的规定，另一方有权要求赔偿其损失。按照合同的约定，住宿期满，酒店同客人之间的权利义务关系即告终止。

如果由于某种原因，团队或会议等客人要求继续留宿酒店，酒店应问清客人是个人还是签约单位同意继续留宿酒店（这样做是为了避免续住期间所产生的费用纠纷）。无论是何种情况，应视为上一合同的终止和新合同的开始，并且要得到酒店的同意。如果客人没有事先通知酒店将继续住宿，而且酒店也无客人需要的住房提供，酒店可以要求客人离开该房间。

（三）违约终止

客人或者酒店如果有一方严重违反了双方的合同,并且经指出后仍不能达到约定的要求,另一方可以随时提出终止合同。例如,客人严重违反有关规定经劝告无效、将客房转租他人、在客房内做出有损于公共道德或者有损于酒店声誉的行为、酒店提供的客房和服务与其等级严重不符、酒店侵害客人合法权益的行为等。

（四）驱逐终止

《民法典》的基本原则之一是,合同必须符合国家法律、法规的规定,违反国家法律法规的合同,法律不予保护。《旅馆业治安管理办法》第十二条规定:"旅馆内,严禁卖淫、嫖宿、赌博、吸毒、传播淫秽物品等违法犯罪活动。"该办法第十七条规定：违反本办法第十二条规定的,依照《中华人民共和国治安管理处罚条例》有关规定处理。

客人如果在酒店内因实施犯罪行为或其他违反国家法律规定的行为,被公安机关拘留,酒店有权将其驱逐,此时双方的合同关系就随即终止。

第二节 酒店对客人的权利

一、拒绝客人的权利

酒店是为住店客人及社会公众提供各种服务的场所。但出现以下情况,酒店可以不予接待。

（一）患有严重传染病或精神病者

因为严重的传染疾病患者和严重精神病患者对酒店内其他客人的健康、安全构成威胁。例如,在"非典"时期,很多酒店都做出禁止"非典"患者（包括疑似患者）进入的规定。

（二）携带危害酒店安全的物品入店者

《旅馆业治安管理办法》第十一条规定:"严禁旅客将易燃、易爆、剧毒、腐蚀性和放射性等危险物品带入旅馆。"根据该规定,酒店确实有权劝阻携带上述危险品的客人,并可以在客人不听劝阻的情况下拒绝其入店。这是为了维护旅馆内的安全和防止潜在的危险情况。客人需遵守这一规定,以确保酒店的安全和其他客人的权益。

（三）从事违法活动者

《旅馆业治安管理办法》第十二条规定:"旅馆内,严禁卖淫、嫖宿、赌博、吸毒、传播淫秽物品等违法犯罪活动。"为了保障客人的安全,维护酒店的声誉,酒店有权拒绝一切有违法行为的客人。对于其入店后违法或有违法行为的客人,酒店有权制止,经劝阻无效的,酒店可以要求离店,情节严重的,酒店应当及时报公安机关。

(四）影响酒店形象者

酒店内禁止客人携带猫和狗等动物进入,这是很多国家的酒店法明文规定的。《旅馆业治安管理办法》第十三条规定："旅馆内,不得酗酒滋事、大声喧哗,影响他人休息,旅客不得私自留客住宿或者转让床位。"对上述行为举止不当的客人,酒店有权制止,不听劝告的,酒店有权要求客人离店。有的酒店（特别是一些豪华酒店）为了维护其自身的形象,对一些衣冠不整的客人也规定不予接待。

(五）无支付能力或曾有过逃账记录者

酒店是以营利为目的的企业,并非公益性单位,对于无支付能力或者拒绝支付酒店合理费用的人员,酒店有权不予接待。对于曾有过逃账记录的人员再次入店时,酒店也有权拒绝。

(六）酒店客满

在酒店已经客满,无能力接待新来的客人和接受新的预订时,酒店可以拒绝客人。

(七）法律、法规规定的其他情况

如美国《饭店法》规定,饭店在以下情况下可以不接待客人：醉酒或行为不轨以致危害其他客人。

二、要求客人支付合理费用的权利

酒店有要求客人支付合理费用的权利。酒店收取的各种费用应当是合理的,收费标准不能违反国家的有关规定。客人如无力或拒绝支付所欠酒店的合理费用,酒店可以通过一定的方式解决。在我国民法中,有关留置权的规定。《民法典》第四百四十七条规定："债务人不履行到期债务,债权人可以留置已经合法占有的债务人的动产,并有权就该动产优先受偿。"留置权是指债权人因合法占有债务人的动产,在债务人未履行到期债务时,债权人有权拒绝交付该动产,直至债务人履行债务或者提供担保。在有些情况下,债权人有权扣留债务人的财产,并有权通过折价或变卖这些财产来优先获得赔偿,以弥补其因对方违约所遭受的损失。

【案例导入 3-2】

某国国际企业跨国公司执行总裁赛某和技术顾问安某为与中国东方歌舞团订立演出合同来到中国。他们从某年 8 月 25 日至同年 11 月 7 日住上海 LB 酒店一号楼,应付该酒店房费、车费等项费用共计人民币 70 927.47 元。除已付人民币 14 000 元，尚欠该酒店人民币 56 927.47 元。上海 LB 酒店多次向他们索要，二人均以身边无现款为由一再拖欠。之后，二人迁住在北京 HD 酒店 5110 房间，准备离开中国。上海 LB 酒店于同年 12 月在北京市中级人民法院对上述二人提起诉讼，请求法院判他们偿付欠款。

法院调解结果：北京市中级人民法院受理起诉后，立即对该案进行审理。法院认定二被告欠款不还是违法的。经法庭调解，被告又偿还了人民币 2.5 万元。余款部分由该技术顾问安某开出 1.65 万美元的期票，限期为次年 1 月 21 日，由被告回国后按期汇款，并由中国香港某公司张经理作为债务担保人。如被告人到期未付款，由担保人承担偿付债务责任。于是，上海 LB 酒店向北京市中级人民法院提出撤诉申请。北京市中级人民法院经审查，于 12 月 24 日裁定准许上海 LB 酒店撤销起诉，诉讼费由被告负担。

分析：上海 LB 酒店在多次向某国际企业跨国公司执行总裁和技术顾问二人索要所欠酒店费用，而二人以种种理由一拖再拖，并得知二人准备离境时，及时向北京市中级人民法院对二人提起诉讼，这种做法不但合法而且维护了自己的利益。

【案例导入 3-3】

某国 ABC 电脑公司与我国某公司合作，开发电脑产品。开发期间，电脑公司包租了某宾馆 3311 房间，并签订了租房协议。协议期满，电脑公司工作人员陆续离去，仅留下雇员麦某一人居住。在没有任何新的协议下，麦某继续住在该宾馆，所欠费用达 6 万余元。宾馆曾多次要求他支付所欠的费用，但他以回国前一次结账为由，拒付所欠款项。当该宾馆得知麦某已订回国机票，即要求其付款，而他却称应由所在的公司支付，拒不付款。宾馆在无法同该公司联系的情况下，立即向法院起诉，要求麦某支付所欠的房费和长途电话等费用。

法院立案后，要求他付清所欠的款项或提供担保，但是麦某拒不合作。于是，法院依法扣留了他的护照，同时与外事部门通报情况。外事部门立即同该国领事馆联系，在该领事馆愿意担保的情况下，法院解除了扣留护照的决定。

分析：对于超过约定应付款项的时间或者超过酒店约定的金额，虽然酒店有权要求其客人离店或者采取其他措施，但在实际情况下难以自行采取强制手段。本案中，该宾馆采取注意客人准备回国的动向，在交涉无果的情况下，及时向法院起诉，由法院依法扣留其护照，限制出境的措施。这一做法既保证了酒店免于损失，又合法可行。

三、要求赔偿造成酒店损失的权利

《民法典》第一千一百八十四条规定："侵害他人财产的，财产损失按照损失发生时的市场价格或其他合理方式支付。"受害人因此遭受其他重大损失的，侵害人并应当赔偿损失。"根据我国的法律，客人无论是过失或故意损坏酒店的物品，都应当承担其赔偿责任。如果客人损坏了客房内的物品，影响了该客房的出租，酒店有权要求侵害人赔偿其损失。但是，酒店应当及时采取必要的措施，恢复该客房的正常状态，否则，酒店无权要求客人承担扩大的损失。

酒店应该对客人的财物安全负责，客人也必须爱护酒店内的一切设施和财物。《民法典》第二百三十七条规定："造成不动产或动产毁损的，权利人可以依法请求修理、重作、更换或者恢复原状。"所以，如果客人故意或过失损坏了酒店的设施或财物，首先应当恢复原状或者折价赔偿，酒店如果因此遭受其他重大损失的，侵害人应当赔偿损失。例如，客人损坏了客房内的家具或其他设施，致使该客房不能马上使用，则侵害人应该赔偿包括该房间不能使用在内的全部损失。一旦此种情况发生，酒店应尽快使该房间恢复到可以使用的状态。

【案例导入 3-4】

某年大年初二，广州 HY 酒店 1633 号客房内的烟感报警器突然报警。酒店的消防队立即出动直奔该客房，此时客房内冒出浓烈的硫黄烟焦味。敲门多次，无人应答。他们只得用紧急万能钥匙打开房门。房内的火已经熄灭，烟雾弥漫，茶几上一截未烧尽的烟花余热尚存，近旁还有一包用报纸裹着的烟花和爆竹。经检查发现，地毯、茶几台面及旁边的两张单人沙发的面布上都有被烟花烧坏的痕迹。按照惯例，消防人员进行了现场拍照，着手查明起火原因。

经查，该房间住的是随香港中国旅行社组团来的李先生及女友。午夜 1 时 30 分，李先生同其女友回到房间。经电话同意后，酒店的大堂经理、保安领班、消防主管及客房楼层主管共 4 人入房找李先生谈话。李先生承认点燃过烟花，并问赔偿多少钱。酒店答：按国际五星级酒店的质量标准，损坏的物品需重新更换。地毯每平方米为 300 元人民币，房间面积 28 平方米，应赔 8 400 元，沙发面布 600 元，茶几 1 000 元，合计赔偿金额为 1 万元人民币，尚不包括装修费及导致该房间不能出租的损失。但考虑到过年，赔偿金额减为 6 000 元人民币。李先生表示同意，由于身上所带现金不足，先付人民币 1 800 元，其余的等回港后再付。李先生立下字据："本人 2 月 1 日租住 HY 酒店 1633 号客房时，因放烟花毁坏了酒店的地毯、咖啡台和沙发，应赔偿人民币 6 000 元。先付 1 800 元，余欠的 4 200 元人民币将在回香港后于 2 月 28 日前交付。"为保证其字据的有效性，李先生、旅游团领队和酒店代表分别在欠条上签了名。

分析：在本案中，广州 HY 酒店发现 1633 号客房内的烟感报警器突然报警后，酒店消防人员立即到客房内查明情况，并进行现场拍照，这样做可以取得可靠的证据。在赔偿金额的计算方面充分考虑了行业惯例和客人的承受能力。当客人所携带的现金不足时，让客人立下字据并且请当事人和旅游团的领队在上面分别签字，这种做法符合法律规定。

第三节　酒店对客人的义务

酒店对客人的义务，是指酒店在经营活动和服务过程中必须作为或不作为的责任。酒店的权利和义务是相辅相成、互相依存的，没有无义务的权利，也没有无权利的义务。酒店主要有以下几方面的义务。

一、尊重和保障客人人权的义务

（一）尊重和保障人权在中国的确立

1991年，我国政府首次以政府文件的形式发表《中国的人权状况》白皮书；1997年，中共十五大召开，首次将"人权"概念写入党的全国代表大会的主题报告；2004年，"国家尊重和保障人权"写入宪法；2006年，"尊重和保障人权，促进人权事业的全面发展"被载入《国民经济和社会发展第十一个五年规划纲要》；2007年，中共十七大将尊重和保障人权的内容写入党章。《行动计划》是根据联合国的要求制定的，世界上共有23个国家制定了人权行动计划，而中国是着手制定人权国家发展规划的极少数国家之一。

2004年3月14日，第十届全国人民代表大会第二次会议通过的《中华人民共和国宪法修正案》在《中华人民共和国宪法》第十四条中增加了一款"国家尊重和保障人权"，将尊重和保障人权写入宪法，确立了公民的人身权和隐私权得到法律的保护。《中华人民共和国宪法》第三十七规定："中华人民共和国公民的人身自由不受侵犯。任何公民，非经人民检察院批准或者决定或者人民法院决定，并由公安机关执行，不受逮捕。禁止非法拘禁和以其他方法非法剥夺或者限制公民的人身自由，禁止非法搜查公民的身体。"

（二）人权包含的内容

人权作为民事主体的基本权利，包含很多内容，如公民的姓名权、名誉权、荣誉权、肖像权、隐私权、生命健康权等，历来受到各国法律的重视与保护。酒店不得非法搜查客人的身体和所携带的行李物品。按照我国的法律规定，对客人人身和财产实施检查或者搜查，只能由法律赋予权力的人员依照法定的程序进行，其他任何机关、团体和个人无权搜查客人的身体和所携带的财产。

保护和尊重客人的人权是宪法明确规定的内容，人权也包括隐私权。隐私，是指个人生活方面不愿意让他人知道的正当的私人秘密，实质上是公民在一定范围内自由决定个人活动的权利。在国外，隐私权是人格权的重要组成部分。随着我国保护公民人权在法律上的确定，公民的隐私权意识正在逐步加强。按照法律的规定，公民的隐私权受到法律的保护，酒店非经法定程序不得公开客人的秘密。

（三）酒店对客人人权的尊重和保护

从法律的角度看，酒店的客房一旦出租，客房的使用权即属于客人，不允许未经许可的人员进入该客房。酒店的工作人员除履行职责，保护客人安全外（如工作人员进入客房进行卫生清扫、设备维修或者在发生火灾等紧急情况下进入），不得随意进入客房。无明显理由进入客人的房间，是一种侵权行为。

在世界著名的澳大利亚的丽思·卡尔顿酒店（The Ritz Carlton Hotel），客房门上所用的"请勿打扰"牌用的不是 Do Not Disturb，而是 Privacy 一词，即"隐私""不干扰他人自由"。

【案例导入 3-5】

某年 7 月 5 日，北京市民余某及其女儿和外甥到北京 HT 商场购物，正赶上北京 HYP 公司的促销员在该商场三楼举办活动。经促销小姐张某的介绍，她们购买了 140 余元的电池，并得到一块手表和一个游戏机的奖品。因为随行的有两个孩子，余某又问了一句："能不能再送一个游戏机？"答复是："不可以。"余某在付完款准备出门时被促销小姐拦住，说刚才清点游戏机时，发现少了一个，要求检查一下她们的手包。双方由此发生了争执，当时很多人驻足围观。无奈之下，3 人只好任由促销小姐翻看，结果什么也没有查到。

然而，在她们离开不久，这位促销小姐又追了上来，说游戏机数目还是不对，并要求再次对她们进行搜查。此时围观的人越聚越多，余某感到莫大的侮辱，与随后到来的该商场负责人交涉未果，因冠心病复发，只得离开了商场。

当天下午，该商场的主管人员就登门致歉，而那位促销小姐也被公司辞退。但双方在"公开道歉""赔偿精神损失"两项上无法达成一致，因此余某上诉到法院。

同年 11 月 17 日，余某接到北京市朝阳区法院民事初审判决书：HT 商场向包括余某某在内的 3 名原告公开赔礼道歉，在本商场内张贴致歉公告，为原告恢复名誉，并支付 5 500 元精神损失费。至此，她和 HT 商场 4 个多月的纠纷结束。

分析：在本案中，促销员的行为，明显违反《消费者权益保护法》第二十七条规定："经营者不得对消费者进行侮辱、诽谤，不得搜查消费者的身体及其携带的物品，不得侵犯消费者的人身自由。"对于这一点，本案的被告也不否认，该促销员虽然是 HYP 公司的职工，但商场为该公司提供了经营场地，故而应当为这一事件承担责任。而原告 3 人是到被告处购物时权利受到侵害的，因此被告应对发生在自己商场的侵权行为负责。

【案例导入 3-6】

美国路易斯安那州的法院曾受理了一起饭店维护客人隐私权的上诉案，情况如下：客人可某在一家汽车饭店包租了一个双人间的客房，其妻偶尔也来共度周末，但妻子从未获得该房间的钥匙。在某一周末，妻子在丈夫外出的时候来到饭店，要求服务台工作人员给她客房钥匙。服务台人员查了住客登记，登记单上并未注明其妻是登记的客人，丈夫也未授权饭店把钥匙交给妻子。工作人员拒绝了她的要求,于是该女士来到另一饭店住宿。为此,该客人控告饭店和工作人员,声称其妻有权取得丈夫客房的钥匙,并要求饭店担负由此而引起的烦恼、屈辱和内心痛苦的损害赔偿。法庭经调查后认为:婚姻并不隐含丈夫或妻子进入其房间之意,况且饭店也无从知道客人的婚姻状况。该饭店对此案不负任何赔偿责任。原告不服巡回法庭的判决,上诉到州法院。路易斯安那州上诉法院经审理后认为:"饭店没有把客房钥匙交给妻子的责任,事实上,饭店有保护客人私自独处和安宁地占有其房间的权利,不允许未经登记和未经许可的人员进入客房。"法院决定维持原判。

分析:在本案中,该饭店维护了客人的人权,保障了客人的隐私权,虽然没有给客人妻子客房钥匙,但符合酒店对客人应履行的义务,因此,该酒店不需要承担赔偿责任。

二、保障客人人身安全的义务

《中华人民共和国消费者权益保护法》第七条规定:"消费者在购买、使用商品和接受服务时享有人身、财产安全不受损害的权利。消费者有权要求经营者提供的商品和服务,符合保障人身、财产安全的要求。"酒店法从它开始产生的时候起就被规定酒店有保障人身安全的责任。提供安全的住宿环境,保证客人住店期间的人身安全,是酒店在安全方面最基本的职责之一。

客人在酒店可能受到人身损害的原因有很多,如行凶抢劫、火灾、设备故障、饮食污染、酒店或其服务人员疏忽大意、第三方的侵害行为等。这些原因都可能造成客人的人身损害甚至伤亡。

改革开放40多年来,我国的酒店业发生了翻天覆地的变化。随着我国的开放和发展,过去那种封闭型的宾馆、涉外酒店如今成了开放型的,为住店客人和社会公众提供各种服务的公共场所。但是,随之而来的给酒店的安全工作带来了较大的挑战。近年来,发生在旅游酒店内的各类危及客人人身安全的事件时有发生。如何保障客人的人身安全是酒店面临的一个难题。对于一些难以确认是酒店责任的客人人身损害事件,只要酒店有充分证据证明为防止事件的发生已采取了一切可能的措施,或者证明损害的发生不是或不全是因为酒店的过失,就可以减轻或免除酒店的责任。

关于客人在酒店范围内遭受人身损害的规定,法律是以酒店是否有过错和过错的程度来确定酒店的责任,而不是要求酒店负一切的责任。2004年5月1日实施的《最高人民法院关于审理人身损害赔偿案案件的司法解释》第六条规定:"从事住宿、餐饮、娱乐等经营活动或者其他社会活动的自然人、法人、其他组织,未尽合理限度范围内的安全保障义务致使他人遭受人身损害,赔偿权利人请求其承担相应赔偿责任的,人民法院应予支持……安全保障义务人有过错的,应当在其能够防止损害的范围内承担相应的补充赔偿责任……"该司法解释将酒店内发生的客人人身损害,酒店是否需要进行赔偿,以及如何赔偿用具体的条文加以规定，使酒店更容易掌握如何保护客人的人身安全。

酒店虽然是公共场所，但并不是任何地方都可以让人随意进出。酒店的住客楼层则属于非公共场所。所以，除了住店客人、他们的来访者以及酒店的员工外，外来无关人员不得随意进入客房楼层。为保护住店客人的人身和财产安全，酒店内的任何员工对于在楼层徘徊的陌生人都应当主动上前询问。他们有权要求未经许可而进入楼层的人员离开楼层。

如果是由于酒店的责任而造成客人人身受到损害，酒店应按照《民法典》有关侵权行为的规定来承担相应的民事责任。《民法典》第一千一百七十九条规定："侵害他人造成人身损害的，应当赔偿医疗费、护理费、交通费、营养费、住院伙食补助费等为治疗和康复支出的合理费用，以及因误工减少的收入。造成残疾的，还应当赔偿辅助器具费和残疾赔偿金；造成死亡的，还应当赔偿丧葬费和死亡赔偿金。"

【案例导入 3-7】

马某和同事到某市参加会议。入住某酒店的当晚，马某去酒店一层游泳馆游泳。在去更衣室的通道上，不小心被酒店放置在通道拐角处的一花盆绊倒摔伤，后被送往医院治疗。经医院诊断为右股骨骨折。马某认为，自己入住酒店，就和酒店形成了合同关系。酒店在通道拐角处放置的花盆，没有设置任何警示标志，并导致自己受伤，应赔偿自己的全部损失。据此，马某起诉到法院。酒店否认马某的摔倒受伤与自己有关，却不能提供证据加以证明。本案在审理过程中存在 3 种不同意见。第一种意见认为，根据《中华人民共和国消费者权益保护法》的有关规定，酒店负有保证其提供服务安全性的义务，应追究酒店的侵权责任。第二种意见认为，根据《民法典》的有关规定，酒店没有全面履行合同义务，存在过错，应承担违约责任。第三种意见认为，马某有权选择依照《民法典》要求酒店承担违约责任，或者依照《中华人民共和国消费者权益保护法》要求酒店承担侵权责任。法院应依据马某的诉讼请求，判决以何种法律追究酒店的何种责任。

分析：《民法典》第五百零九条规定："当事人应当按照约定全面履行自己的义务。"《中华人民共和国消费者权益保护法》第十八条第一款规定："经营者应当保证其提供的商品或者服务符合保障人身、财产安全的要求。对可能危及人身、财产安全的商品和服务，应当向消费者作出真实的说明和明确的警示，并说明和标明正确使用商品或者接受服务的方法以及防止危害发生的方法。"

本案中，酒店既违反了《民法典》规定的全面履行合同的义务，又没有做到《中华人民共和国消费者权益保护法》要求的提供安全服务的义务。在这种情况下，马某有权选择适用哪一部门法来保护自己的权益，而法院应当依据马某的诉讼请求，选择适用的法律，确定酒店应承担的责任。马某认为，其和酒店形成了合同关系，并以此为理由提起了诉讼。可见，马某选择了追究酒店的违约责任。法院应据此作出判决。《民法典》第五百七十七条规定："当事人一方不履行合同义务或者履行合同义务不符合约定，应当承担继续履行、采取补救措施或者赔偿损失等违约责任。"本案中，自马某登记入住酒店时起，马某就与酒店形成了以服务为内容的合同关系，酒店作为提供房客食宿的服务机构，在其通道拐角处放置花盆，本无可厚非，但没有设置任何警示标志，导致马某被花盆绊倒受伤，说明其没有完全履行合同义务，应承担主要责任。

【案例导入 3-8】

3月的一天，苏某与方某旅行结婚住进江苏某大酒店，当晚10时许他们观看城市夜景后回到酒店。刚走进大厅，两名醉醺醺的青年男子向他们寻衅，苏某和他们争辩了几句，便引来一顿拳打脚踢，苏某头部被打破，口鼻出血。方某大声呼救，但站在大厅内的两名酒店安全部的保安人员和两名服务员都无动于衷。待那两位打人的青年扬长而去之后，两名保安人员才走过来协助方某将苏某送往医院。经医院诊断：苏某头部外伤、脑震荡、胸腹部等多处软组织挫伤。苏某在医院治疗近一个月，花费医疗费5 000余元。

苏某出院后，要求酒店进行赔偿。酒店方认为：苏某受伤是外来人员所致，而且是在双方打斗时受伤的，所以酒店不应当承担赔偿责任。在得不到酒店任何赔偿的情况下，苏某将该酒店告上了法庭，要求酒店赔偿医疗费、误工费、营养费、护理费、精神损失费等共计2万元。

分析：苏某在酒店人身安全受到损害，根据《中华人民共和国消费者权益保护法》规定酒店有责任保护客人的人身安全，故酒店应该对苏某进行赔偿。

【案例导入 3-9】

2007年11月22日，江西某酒店内发生了一起客人在酒店内受伤，由于酒店处理不妥，而造成酒店赔偿损失的事件。事发当晚7点多，市民张某与朋友在一星级酒店用餐，由于在用餐喝酒时声音过大，引起邻近一桌客人的不满。由于言语不通，双方发生了争执。突然，邻桌座位上的一男子冲过来，怒气冲冲地拿起桌上的酒杯和盘子向张某砸去。顿时张某被砸得头破血流。当张某的朋友上前查看他的伤势时，肇事者乘机匆忙逃走。在场的酒店保安看到了这一幕，但没有阻拦，以致行凶者顺利逃脱。

接着，邻近一桌客人要求结账。在服务员报出共消费了680元餐费后，这些人交给服务员700元后就要立即离开。张某的朋友随即上前，将对方的人抓住。但是，对方以他们并没有动手打人为由也迅速离开了现场。

张某很快被朋友送到医院抢救治疗，共花去治疗费23 000元。因行凶者始终未找到，张某遂将酒店告上法庭。不久，区人民法院对此事进行调解，最终酒店同意一次性赔偿张某治疗、误工等经济损失14 000元。

分析：《最高人民法院关于审理人身损害赔偿案件适用法律若干问题的解释》第六条规定："从事住宿、餐饮、娱乐等经营活动或者其他活动的自然人、法人和其他组织，未尽合理限度范围内的安全保障义务致使他人遭受人身损害，赔偿权利人可以请求其承担相应赔偿责任。因第三人侵权导致损害结果发生的，由实施侵权行为的第三人承担赔偿责任。安全保障义务人有过错的，应当在其能够防止或者制止损害的范围内承担相应的补充赔偿责任。安全保障义务人承担责任后，可以向第三人追偿。赔偿权利人起诉安全保障义务人的，应当将第三人作为共同被告，但第三人不能确定的除外。"

在该案中，由于肇事者没有找到，因此，张某要求酒店先行承担赔偿责任是合理的，如果打人者出现，酒店可以向其追偿。

三、保障客人财物安全的义务

（一）保护客人财物安全的责任

从法律的角度看，一旦客人同酒店产生合同关系，如客人向酒店发出住房的要约，办理了住宿登记手续，拿到钥匙后，或者客人向酒店发出了就餐或进行其他消费的要约，而酒店又接受了这一要约以后，他和酒店之间即形成了法律关系，酒店就应该对客人带进酒店的财物负一定的责任。《中华人民共和国消费者权益保护法》第七条规定："消费者有权要求经营者提供的商品和服务，符合保障人身、财产安全的要求。"

国际私法统一协会《关于饭店合同的协定》第十二条规定"饭店应对客人带入饭店的财物或虽在饭店外面而已由饭店负责的财物的毁坏或灭失负赔偿责任，其负责的期限为客人在饭店住宿的期间以及住宿期前后的一段适当的时间内。"

（二）保管客人寄存行李的责任

客人将行李等物品存放在酒店，酒店接受客人的寄存物，是一种保管行为。客人将行李等物品交给酒店，经双方确认后，客人拿到了行李卡，保管合同即告成立。保管合同是实践合同，它的成立既要有双方为保管而发出的要约和接受的承诺，又要有存货人交付保管物的行为。

客人存放在酒店的行李要手续完备，要当面点清并登记数量，由双方认定后给予凭证，即行李卡。酒店在收存客人的行李后，应采取必要的措施，维持保管物的原状。对客人寄存的一切物品不得挪用或者让第三者使用。如非事前约定，所存物品不得交由第三人。

所有存放或托运的行李应请客人上锁以免发生纠纷。存放在酒店的物品如发生毁损或灭失，酒店将负相应的责任。如有争议，双方可经法院调解解决。调解不成，由法院判决。

酒店在接受客人寄存的行李时要说明易燃、易爆、有毒和易腐等危险物品不得带入酒店内，否则造成物品的毁损或人员伤亡，寄存人应承担赔偿责任，造成严重后果的还应当承担刑事责任。需要指出的是，酒店一旦接受客人的私人物品，这些物品应视为公共财产。因为这些财产一旦受到损失，酒店（无论是国家、集体或者其他经济类型的酒店）就负有赔偿的责任。

(三) 保管客人遗留物品的责任

客人的遗留物品可分为遗忘物、遗失物和遗弃物3种，这是3个不同的概念。遗忘物，是指基于财产所有人或持有人的意思，放于某一地方后忘记带走而未完全失去控制的财物。遗失物，是指不基于物主的意思而偶然失去但又未完全失去控制的物品。遗弃物，是指基于财物所有人意思而抛弃的财物。遗忘物、遗失物和遗弃物既有共同点也有不同点。首先，它们都是动产，不动产不能作为此类财物。其次，它们都是意念上形成的后果。财物所有人或持有人对遗忘物、遗失物的松弛，以及对遗弃物的放任和抛弃都是由意念形成的。

遗忘物、遗失物和遗弃物的不同点有3个方面：

（1）财物所有人（客人）对财物持有关系的松弛程度不同。遗忘物不是客人的本意，而是被遗忘，但又未完全失去控制的财物。物主（客人）可能在短时间内恢复记忆，回来取物或来电询问。遗失物是完全失去控制的财物，物主（客人）对财物的持有关系丧失，在一定时间和区域内寻找失物的可能性极小。遗弃物则是客人对物品的抛弃。

（2）客人对财物的心理状态不同。遗忘物是物主疏忽大意而遗忘的财物，虽然财物暂放在酒店某处出于物主的自愿，但将其遗忘则非物主所愿。遗失物一般失落的空间跨度较大，物主对财物遗失的时间、地点都一概不知，是一种不自觉状态下的丢失。遗弃物则是物主对财物的积极处理，其心理状态是在意识的情况下进行的。

（3）法律后果不同。明知是客人的遗忘物，而以隐匿、窃取的手段非法占有，数额较大、情节严重的，应以盗窃罪定性量刑。明知他人遗失的财物，占为己有而又拒绝不交还的，属不当得利，应由民事法律法规调整。酒店发现客人的遗留物品后，应当尽快设法归还给客人。一时找不到失主，酒店应登记造册，替客人保留一段时间，任何人不得非法占有客人遗留物品。寄还客人遗留物品的费用，一般由客人承担。

【案例导入3-10】

某年6月19日上午，江西某宾馆总机话务员刘某接到广州来的长途电话，称日本客人正某天离开宾馆时不慎将50万日元现金（折合人民币12 381元）遗忘在该宾馆的609房内，希望帮助查找。

话务员刘某当即向六楼当班的服务员王某询问，并要求查找。王某让服务员甘某前去查找。甘某进入609房后，发现床上有一白色信封，内装50万日元，甘某急忙将该信封放入自己的口袋，然后告诉王某没有发现遗失款，并假装随王某一同再次进入该客房查找。当王某打电话给总机话务员时，甘某借机将装有50万日元的信封放进自己的办公室内，然后离开宾馆。

失主当天晚上再次打长途询问查找情况，甘某答复没有。次日上午，甘某将50万日元带回家中。甘某将 25 万日元兑换成人民币 3 000 元和港币 1 000 元，带着朋友去广州、珠海、深圳等地游玩并买了摩托车、收录机、手表等物。案发后，除上述赃物和剩余的 23 万日元，其余赃款均被挥霍一空。

南昌市中级人民法院以盗窃罪判处甘某有期徒刑二年。

分析：在酒店内拾得客人的遗留物品，应当主动归还给客人，这是法律规定的强制性义务，而不仅仅是道德义务。《民法典》第三百一十四条规定："拾得遗失物，应当归还权利人。"该法第三百一十七条第三款还明确规定："拾得人侵占遗失物的，无权请求保管遗失物等支出的费用，也无权请求权利人按照承诺履行义务。"第九百八十五条规定："得利人没有法律依据取得不当得利的，受损失的人可以请求得利人返还取得的利益……"由此可见，拾得人拾得客人的遗留物后，据为己有，显然违反了有关规定。拾得人应依法承担民事责任，若情节严重数额较大，还会构成侵占罪，拾得人还将受到刑法惩罚。本案中的甘某在住店客人多次打长途电话要求查找遗留的现金时，将 50 万日元隐藏并带回家中，并将其中部分购买了物品，显然违反了我国的法律规定。利用自己的工作关系，以非法手段隐藏并占有了客人数额较大的钱财，这实际上已构成了盗窃罪，所以南昌市中级人民法院的判处是合理的。

（四）停车场的安全管理责任

客人停放在酒店停车场内的车辆被窃、损坏或车内物品被窃的事件在酒店时有发生。客人在停车场内的财物损失赔偿问题，要根据实际情况分析，要看客人的车是否停放在酒店提供的停车场内，及酒店是否有安全警示牌等。

【案例导入 3-11】

某年 2 月 4 日夜 12 时许，广东省深圳市的王某来到广州 XG 大酒店住宿时，停放在楼下的桑塔纳轿车被盗。客人要求酒店给予赔偿。

酒店的答复是：该酒店于上一年的 10 月 1 日开始对外试营业，停车场仍在施工，没有正式启用，所以酒店门前的停车场当时也没有人看管。客人没有付酒店的停车费，所以酒店不能赔偿。

在该事件的调查中发现，该酒店的停车场可以停放 30 辆小车，因其没有围墙，所以没有办理正式的停车场审批手续，也没有放置类似注意停车安全的警示。

分析：酒店无论是试营业还是正式开业，对客人的有关法律责任是存在的。客人来酒店住宿，酒店应当对客人的财物负责。《中华人民共和国消费者权益保护法》第十八条规定："经营者应当保证其提供的商品或者服务符合保障人身、财产安全的要求。对可能危及人身、财产安全的商品和服务，应当向消费者作出真实的说明和明确的警示，并说明和标明正确使用商品或者接受服务的方法以及防止危害发生的方法。"

酒店在设施设备没有完全到位或建成的情况下，应当考虑到有可能危及客人人身和财产的安全情况,如果有可能发生上述情况,酒店应当尽最大可能采取措施消除危害,如一时无法消除,应当做出明确的警示。只有这样酒店才能免除或减轻责任。该酒店虽然没有收取停车费,但由于没有对客人做出明确的警示,所以应当对客人的损失承担相应的责任。

【案例导入3-12】

某年7月15日,湖南长沙市民黄某送空调去山东,途中投宿于WM酒店,将货车停在该酒店管理的停车场内,并付了15元保管费。第二天黄某准备离开酒店时,发现车上装载的空调少了两台,价值8 000余元,便立即报了案。公安机关现场勘察后确认情况属实,并立案侦查。经两个多月时间,没有侦破。黄某向酒店所在地的法院起诉,要求酒店赔偿损失。法院受理后查明:酒店所收的15元是对车辆的保管费,符合法律的规定,黄某事先没有向酒店声明车上装载有空调。于是,法院一审驳回了黄某的诉讼请求。

分析:根据民法原则,保管合同是寄托人同保管人达成的、寄托人有偿或无偿将保管物交保管人保管,保管人于一定期限内返还保管物的协议。黄某将车辆交给酒店,酒店按保管车辆收费标准收费,双方达成的保管合同的标的物是车辆。

首先,黄某与酒店未就车辆上的空调进行清点查看;其次,该车辆是敞开的,车门也无损坏的情况;最后酒店也没有收取空调的保管费,因此不能认为保管车辆的合同包含车上的货物,酒店仅对车辆有保管义务,不应承担丢失空调的责任。

四、保障客人贵重物品安全的义务

(一)客人贵重物品保管的责任

保障客人贵重物品安全也是酒店一项重要的法律义务。《中华人民共和国消费者权益保护法》第七条规定:"消费者有权要求经营者提供的商品和服务,符合保障人身、财产安全的要求。"《旅馆业治安管理办法》第七条规定:"旅馆应当设置旅客财物保管箱、柜或者保管室、保险柜,指定专人负责保管。对旅客寄存的财物,要建立登记、领取和交接制度。"《中国旅游饭店行业规范》第十七条规定:"饭店应当在前厅处设置有双锁的客人贵重物品保险箱。贵重物品保险箱的位置应当安全、方便、隐蔽,能够保护客人的隐私。"

酒店应当设置客人贵重物品保险箱,并且建立一套登记、领取和交接制度。客房虽有门锁及其他保安措施,但不是绝对安全。一些国家法律或地方性法规规定,如果因为酒店不能提供客人贵重物品保险箱而导致客人在客房内丢失贵重物品的,将被追究赔偿责任。在客人的贵重物品保护方面,酒店的义务是将客人交存的财物保存好,使之不发生灭失、毁损。客人的义务是按规定将贵重物品交由酒店保存。客人放在店内其他地方的物品,应妥善保管,若发生财物的灭失,一般由客人自己负责。

酒店要通过有效的方式提示客人使用贵重物品保险箱,如在客房内的《服务指南》中、住房卡的背面、住客登记表中提醒客人。

客人寄存的物品，如在寄存期间被盗或被损坏，或者酒店无合法理由拒绝接受客人交寄的物品而造成物品的灭失或毁损，将由酒店承担责任。酒店对客人带进店内的财物因保管不当而造成毁损或灭失，负有一定的责任，但并不是酒店要对客人带进酒店的所有财物的灭失负责或负全部责任。因为客人也会因为自己违反规定而使置于酒店范围内的财物发生损坏或灭失。例如，按照规定客人必须寄存其带进酒店内的贵重物品，如果他没有这样做，对该贵重物品的灭失或毁损他就负有一定责任。

如果客人的财物灭失是由于不可抗力造成的，如地震、战争等，酒店可以免除其法律责任。

妥善保管好客人的贵重物品是酒店的一项重要责任。实践中，酒店逐渐意识到要保护客人的全部财物风险太大，往往会因为一些巨额的赔偿而破产。一些国家的酒店法开始做出规定，要求客人将随身携带的贵重物品存放在贵重物品安全寄存箱内，酒店只对这部分财物的灭失负绝对责任，同时规定了客人放在房间内的财物灭失的最高赔偿额。

在国际私法统一协会制定的《关于饭店合同的协定》中，就酒店对财物损害的赔偿责任做了如下规定：

第十三条第一款：酒店有责任接受证券、现金和贵重物品的寄存保管；只有对危险物品和笨重物品才可以不接受。

第十三条第四款：对于应由酒店保管的财物而酒店拒绝寄存保管时，酒店不能限制其损害赔偿责任。

第十六条：由于酒店或酒店领导下的任何人的过失或故意行为或不作为而造成客人财物损伤、毁坏、灭失时，酒店将不能适用本协定关于赔偿限额的规定。

（二）对贵重物品保险箱的设置要求

2009年8月修订的《中国旅游饭店行业规范》第十七条规定："饭店应当在前厅处设置有双锁的客人贵重物品保险箱。贵重物品保险箱的位置应当安全、方便、隐蔽，能够保护客人的隐私。饭店应当按照规定的时限，免费提供住店客人贵重物品的保管服务。"2010年1月1日实行的《旅游饭店星级的划分及评定》对四星级以上的酒店要求是："应专设行李寄存处，配有饭店与宾客同时开启的贵重物品保险箱；保险箱位置安全、隐蔽，能够保护宾客的隐私。"

贵重物品保险箱应设置在使用方便、易于控制的场所。未经许可，任何人不得进入该场所。贵重物品保险箱一般设在前台收款旁边专门的小房间内。如果有可能，小房间内应设置安全闭路电视监控摄像头。

有的酒店仅在前台放置一般的保险箱，供所有需存放贵重物品的客人使用。这样的酒店不符合国家的有关规定，一旦酒店与客人发生财物保管方面的纠纷，容易留下把柄。酒店应当设置符合标准的保险箱。

（三）贵重物品保险箱的使用

贵重物品保险箱由若干大小不一的、带锁的抽屉组成。每位客人使用贵重物品保险箱时只使用其中的一个抽屉，每一抽屉有两把锁，每一把锁只有一把钥匙。一把钥匙由客人保管，另一把钥匙由酒店保管，两把钥匙同时启用才能打开保险箱。

《中国旅游饭店行业规范》第十九条规定："客人寄存贵重物品时，饭店应当要求客人填写贵重物品寄存单，并办理有关手续。"客人在首次使用保险箱时，应当填写"贵重物品保险箱登记卡"，工作人员核对无误后，发给客人一把钥匙。当客人再次使用时仍需填写"贵重物品保险箱记录卡"，工作人员要将登记卡同记录卡相对照，确定无误后方可给客人使用。

为保护客人隐私，客人在使用贵重物品保险箱时，工作人员应避免张望。在一般情况下应让客人自己存、取物品，以免发生纠纷。

酒店要通过有效的方式提示客人使用贵重物品保险箱，如在客房内的《服务指南》中、住房卡的背面、住客登记表中提醒客人。

客人在结束使用贵重物品保险箱时，应在"贵重物品保险箱记录卡"上签名。在记录卡上应当注明"本人声明，我存放在该酒店贵重物品保险箱内的一切物品已经安全全部地取出，我和该酒店解除有关法律责任。"这样做的目的是保护酒店自己，以防与客人发生纠纷。

（四）客人丢失保险箱钥匙的处理

为了保证客人贵重物品的安全，按照惯例，贵重物品保险箱每把锁只有一把钥匙，如果客人将该钥匙丢失，应当支付破箱费用。所付的费用应在"贵重物品保险箱登记卡"上说明，以免引起纠纷。

破箱时注意以下两点：

（1）客人丢失贵重物品保险箱的钥匙后，需要让客人亲自填写"拆破贵重物品保险箱表"。

（2）拆破贵重物品保险箱由工程部实施。在拆破时，应当有客人和安全部人员在场。

（五）客房保险箱及其使用

为保护客人的财物安全，给客人提供方便，有的酒店在房间内设有房内保险箱。对于这样的酒店，在房内保险箱使用告示中应当说明，该保险箱是为客人临时提供方便之用，贵重物品仍需存放在酒店的贵重物品保险箱内。

房内保险箱以数字密码型为好，为防止客人将保险箱的密码遗忘。酒店在配置客房保险箱时应选购有紧急开启功能的保险箱。客人一旦将密码遗忘，可用解码器将保险箱打开。保险箱的解码器平时存放在安全部或大堂经理处，使用时应当有客人和大堂经理在场，并由客人签字同意，方可开启。

（六）非住店客人贵重物品保管责任

对于非住店客人，只要他是来酒店进行正常消费，酒店就有责任保管好他的物品。

【案例导入 3-13】

某年1月4日，李某去江苏某酒店用桑拿浴，随身携带人民币3 000余元和2 000多元的债券及其他一些贵重物品。因数额较大，李某要求酒店服务员代为保管，可服务员却以无此先例为由，拒绝了他的要求。李某将这些财物放入更衣箱内上锁。用完桑拿后李某却发现箱内的财物不见了，当即向酒店报案并要求赔偿。酒店认为接受桑拿服务的客人应当与住店客人区别对待，对于非住店客人的贵重物品丢失酒店不负责任。为此李某起诉到法院，要求赔偿。

法院审理后认为酒店有保管客人贵重物品的责任，判被告承担主要赔偿责任。

分析：从酒店和客人的权利义务关系来看，只要客人提出在酒店消费，而且酒店接受了客人的消费要求，酒店就有责任保管好客人随身携带的物品。客人在酒店内用桑拿浴不可能将随身携带的物品带入浴室内，酒店也不可能要求客人不能携带物品进入酒店。所以客人在用桑拿时，要求酒店提供安全地方存放物品是合理合法的，酒店也有义务保管好客人的物品。

五、警示客人注意安全的义务

（一）警示客人有关安全的责任

在一些有可能危及客人人身和财产安全的地方，警示客人注意安全是酒店的法律责任。《中华人民共和国消费者权益保护法》第十八条规定："经营者应当保证其提供的商品或者服务符合保障人身、财产安全的要求。对可能危及人身、财产安全的商品和服务，应当向消费者作出真实的说明和明确的警示，并说明和标明正确使用商品或者接受服务的方法以及防止危害发生的方法。"

明确的警示，是指应当在显著的位置以醒目的字样或图形标明其危险性。这些警示和说明的文字应当简明易懂，不致使人产生误解，旅游酒店应当使用中、外文的警示。警示有两种方式：一是警示语；二是警示标志。无论何种警示，都应当是明确、通俗易懂的，不致发生歧义。

《中国旅游饭店行业规范》第十四条规定："对可能危害客人人身和财产安全的场所，饭店应当采取防护、警示措施。警示牌应当中外文对照。"

酒店的说明可以用语言方式，也可以用文字方式，还可以用图片等其他方式。无论何种方式，其说明应当是真实、准确、恰当的。同样，旅游酒店应当用中、外文的说明。

缺陷，是指产品和服务存在危及客人及他人人身、财产安全的不合理的危险。

（二）有关康乐方面的安全警示

酒店为方便客人消遣，会提供多种康乐设施设备。酒店在购置、保养和管理这些设施设备时要采取措施，保证客人在合理使用的情况下不受到伤害。酒店有义务根据危险程度的大小，向客人作出明确的警示和正确使用的说明。

酒店工作人员不要在测量客人的血压和心律后提出可以进行健身的有关建议，这样的建议应由专业医生提出，否则酒店有可能承担造成客人伤亡的法律责任。

1. 游泳池的安全警示

游泳池内的警示要简明扼要，应置于明显的位置，字体要大，要便于阅读。警示中的内容应当包括：儿童游泳时应当有成年人照看；不得在游泳池区域使用玻璃制品；禁止患有传染病或酗酒后的客人游泳等。游泳池应当有水深的标志，救生用品要放在易于取用的地方。为防止溺水事件的发生，酒店应在开放的时间安排救生人员在现场看护。

2. 健身房的安全警示

健身房的警示应包括以下内容：建议客人在使用健身设施前征求医生的意见；建议客人不要运动过度；使用各种器材前先了解使用方法以免受伤等。

3. 桑拿浴的安全警示

根据酒店的设施设备情况，在客人使用桑拿浴前，用文字告诉客人：患有心脏病、高血压、低血压等疾病的客人以及孕妇和幼儿应当谨慎使用桑拿浴。建议有些疾病患者在使用前征求有关医生的意见。

（三）警示的合法性

酒店应当通过适当的方式对有可能危及客人人身安全、财产安全等情况提醒客人。但是，对一些酒店能够做出努力，而没有尽力去做，或者采取的方式不恰当，而使客人遭受损害的，酒店仍应当承担责任。

《中华人民共和国消费者权益保护法》第二十六条规定："经营者不得利用格式条款、通知、声明、店堂告示等方式，作出对排除或限制消费者权利、减轻或免除经营者责任、加重消费者责任等对消费者不公平、不合理的规定，不得利用格式条款并借助技术手段强制交易。格式条款、通知、声明、店堂告示等含有前款所列内容的，其内容无效。"

通知、声明、店堂告示等都是酒店在经营过程中经常使用的方式。对于充分保障客人合法权益的，法律并不禁止。如果损害了客人的合法权益，酒店不能以此为借口。对于造成对方损害的，酒店应当依法承担责任。

如果酒店对可能造成客人人身伤害的事件尽了最大努力（如在玻璃上贴有警示，对有可能危及客人人身安全的地方用文字、警示等形式明确地告诉了客人），并已尽可能地为防止事件的发生采取了措施，酒店可以免除或减轻责任。关于客人贵重物品安全警示的张贴，美国《纽约商法》规定："这一警示必须公开张贴在酒店、汽车旅馆或旅馆的公共场所和出租的房间内。"

六、提供符合等级标准的硬件与服务的义务

酒店为客人提供的硬件与服务必须和酒店的等级与收费标准相符，保证各种设备、设施运转良好；确保水、电、气正常供应；确保酒店内无蚊虫、无异味、无噪声；提供符合本酒店星级与等级标准的服务。

如果酒店提供的各种服务存在问题，不能达到规定的标准，客人有权向有关部门投诉。

七、提供真实情况的义务

酒店对自己的产品和服务，应当向客人提供真实的信息，不得做引起客人误解的推销。《中华人民共和国消费者权益保护法》第二十条规定："经营者应当向消费者提供有关商品或者服务的质量、性能、用途、有效期限等信息，应当真实、全面，不得作虚假或引人误解的宣传。经营者对消费者就其提供的商品或者服务的质量和使用方法等问题提出的询问，应当作出真实、明确的答复。经营者提供商品或者服务应当明码标价。"第二十三条第二款规定："经营者以广告、产品说明、实物样品或者其他方式表明商品或者服务的质量状况的，应当保证其提供的商品或者服务的实际质量与表明的质量状况相符。"在酒店竞争越来越激烈的情况下，有些酒店采取不正当的手法欺骗客人，不但是一种短期行为，也是一种不法行为。

（一）国家法律法规规定的义务

除以上所谈到的义务，酒店在为客人提供服务或商品的过程中还应当履行国家法律法规规定的其他义务。这些法律法规包括《中华人民共和国食品安全法》《中华人民共和国消防法》《中华人民共和国消费者权益保护法》《中华人民共和国产品质量法》《中华人民共和国反不正当竞争法》等法律法规规定的其他义务。

（二）合同约定的义务

酒店不仅要履行法定的义务，与客人签订合同，还应当按照合同的规定履行约定的义务。酒店违反合同约定不履行义务的，是对客人合法权益的侵犯，客人可据此追究酒店的违约责任，造成损失的，还可以要求酒店支付赔偿金。酒店和客人有其他方面约定的，应当按照合同的约定履行义务，但双方的约定不得违反国家法律法规的规定。

八、客人的权利与义务

（一）客人的权利

根据有关法律法规的规定，客人享有人身安全权、心理安全权、财产安全权、知悉真实权、自主选择权、公平交易权、获得知识权、维护尊严权、监督权和获得赔偿权等项权利。

1. 人身安全权

人身安全权，是指客人在住店期间或者在酒店内使用酒店的设施或接受酒店的服务时，享有人身不受损害的权利。客人的人身安全权是我国宪法赋予公民的权利。《中华人民共和国消费者权益保护法》第七条规定："消费者在购买、使用商品和接受服务时享有人身、财产安全不受损害的权利。消费者有权要求经营者提供的商品和服务，符合保障人身、财产安全的要求。"

客人人身安全表现在两个方面：一是健康不受损害；二是生命安全有保障。酒店对客人利益的最大伤害是给客人造成人身损害，乃至于夺去生命。酒店因在安全方面存在问题给客人造成的人身伤害事件屡见不鲜，如火灾、抢劫、设备故障等。为保护客人的生命健康和生命安全，国家在不同的法律法规中作出了有关规定，以保障客人的人身安全权能够真正实现。这些法律、法规有《民法典》《中华人民共和国消费者权益保护法》《中华人民共和国食品安全法》《中华人民共和国产品质量法》《中华人民共和国安全生产法》《旅游安全管理暂行办法》《旅馆业治安管理办法》《最高人民法院关于审理人身损害赔偿案件适用法律若干问题的解释》等。

2. 心理安全权

心理安全，是指客人在住店期间或进行其他的消费时对酒店的环境、设施及服务所享有的安全感。虽然客人在住店期间人身和财物未受损害，但因为酒店的设施、设备安装得不合理或不牢固；施工时没有安全警示标志；楼层常有闲杂人员走动；房内的物品被翻动等一切不安全的因素使客人认为住在该酒店没有安全感，存在着恐慌心理。客人有权要求酒店提供安全的环境，使其心理获得安全感。

3. 财物安全权

财物安全权，是指客人在住店期间或在接受酒店的服务，或在使用酒店的商品时，享有的财物不受损害的权利。2004年3月14日施行的《中华人民共和国宪法》第十三条规定："公民的合法的私有财产不受侵犯。"酒店不得私自扣留或检查客人携带进酒店的私有财物。

4. 知悉真实权

知悉真实权，是指客人享有知悉其购买、使用酒店的商品或者接受酒店的服务的真实情况的权利。客人有权根据酒店商品或者服务的不同情况，要求酒店提供商品的价格、产地、生产者、用途、性能、规格、等级、主要成分、生产日期、有效期限、检查合格证明、使用方法说明书、售后服务，或者酒店服务的内容、方式、规格、费用等有关情况。《中华人民共和国消费者权益保护法》和《中华人民共和国价格法》关于商品和服务实行明码标价的规定要求：酒店应当实行明码标价制度，必须做到价签价目齐全、标价准确、字迹清晰、货签对位、一货一签、标志醒目、价格变动时应及时更换。凡提供有偿服务的单位和个人，均需在其经营场所或交费用的地点的醒目位置公布其收费项目明细价目表。价目表应包括收费项目名称、等级或规格、服务内容、计价单位、收费标准等主要内容。

5. 自主选择权

自主选择权，是指客人在酒店内消费时享有自主选择商品或者服务的权利。客人有权自主选择酒店的商品品种或者服务方式，自主决定购买或者不购买任何一种商品、接受或者不接受任何一项服务。客人在自主选择商品或者服务时，有权进行比较、鉴别和挑选。

【案例导入 3-14】

一位年轻人应聘到一家酒店工作，在入职第一天的新员工培训课上，人事部培训人员一再强调，酒店的目标是零投诉。为达到这一目标，酒店规定，凡有客人投诉，相关服务人员将被罚款 200 元。第二天上班，一位客人要点餐，一位服务员把西餐菜谱拿给客人，客人要求点中餐，服务员还是坚持向客人推销西餐，客人再三拒绝后表示坚决不用西餐，服务员才不情愿地把中餐菜谱递给客人。事后这位年轻人问这位员工为什么不向客人推荐中餐，那位老员工说，中餐上餐太慢，容易招致客人投诉，为避免投诉只好尽可能让客人点西餐。

分析：根据有关法律规定，客人拥有自主选择权，可以自主选择商品或者服务。在本案中服务员坚持给客人推销客人并不喜欢的西餐，侵害了客人的自主选择权，客人可以就此进行投诉。

6. 公平交易权

公平交易权，是指客人在酒店购买商品或者接受服务时，有权获得质量保障、价格合理、计量正确等公平交易条件，有权拒绝酒店的强制交易的行为。公平交易是市场经济下交易的基本法则，它要求交易双方自愿平等、等价有偿、公平与诚实信用。

7. 获得知识权

获得知识权，是指客人享有获得有关消费和消费者权益保护方面的知识。这些内容包括两个方面：

（1）客人有获得有关消费方面的知识的权利。这方面的权利主要有：

①有关商品和服务的基本知识。现代化的酒店提供的商品和服务项目越来越多，越来越复杂，有很多客人对酒店的产品不了解。客人如果不具备这方面的知识，不但难以满足自己的消费欲望，如果使用不当还会危及客人的生命安全。

②有关消费市场的知识。市场经济下，众多酒店为推销自己的产品和服务，往往向客人突出甚至夸大宣传自己的产品和服务。因此，法律赋予客人了解酒店信誉、商品与服务等方

面知识的权利。

③有关消费经济方面的知识。让客人了解有关消费经济方面的知识，可以促使客人理智地、科学地消费。

（2）有关消费者权益保护方面的知识。这方面包括客人与酒店发生纠纷时如何投诉及其解决的途径和程序方面的知识。

8. 维护尊严权

维护尊严权，是指客人在购买、使用商品和接受服务时，享有其人格尊严、民族风俗习惯得到尊重的权利。《中华人民共和国宪法》第三十八条规定："中华人民共和国公民的人格尊严不受侵犯。禁止用任何方法对公民进行侮辱、诽谤和诬告陷害。"

9. 监督权

监督权，是指客人享有对酒店的商品和服务进行监督的权利。《中华人民共和国消费者权益保护法》第十五条规定："消费者享有对商品和服务以及保护消费者权益工作进行监督的权利。消费者有权检举、控告侵害消费者权益的行为和国家机关及其工作人员在保护消费者权益工作中的违法失职行为，有权对保护消费者权益工作提出批评、建议。"

10. 获得赔偿权

获得赔偿权，是指客人因购买、使用酒店的商品或者接受服务时受到人身、财产损害的，享有依法获得赔偿的权利。

客人在酒店内人身受到伤害，一般有两种情况：一是客人生命健康受到伤害，如客人被酒店提供的商品或者服务致伤、致残或失去生命；二是客人的人身权、名誉权、人格权等受到侵犯。

（二）客人的义务

1. 按照规定进行正确的登记

《旅馆业治安管理办法》第六条规定："旅馆接待旅客住宿必须登记。登记时，应当查验旅客的身份证件，按规定的项目如实登记。"登记查验制度是识别和控制不法分子的重要手段。按照规定进行登记与验证制度早在我国春秋战国时期就有记载。司马迁的《史记·商君列传》中记载："商君亡至关下，欲舍客舍。客人不知其是商君也，曰'商君之法，舍人无验者坐之'。"说的是商鞅变法失败后，逃亡到国境关卡前，打算借住客店寻机逃走，但店主人不知他就是商鞅，说："根据商君的法律，留宿无证件的旅客，店主将与旅客一同治罪，因此我不能留你住宿。"商鞅不能住店，只得返回封地，随后被逮捕处死。这是目前所见到的酒店查验证件登记住宿制度的最早记载。《中国旅游饭店行业规范》第七条规定："饭店在办理客人入住手续时,应当按照国家的有关规定,要求客人出示有效证件,并如实登记。"目前我国还没有全国性的统一"住客登记表"，有的地区统一印制了"旅客住宿登记单""旅客住宿登记簿"。凡要求住酒店的客人都有义务出示本人有效的身份证件并正确地进行登记。

2. 爱护酒店的财物

客人在酒店期间应当爱护酒店的财物。如果客人损坏酒店财物应当赔偿。《民法典》第二百三十七条规定:"造成不动产或者动产毁损的,权利人可以依法请求修理、重作、更换或恢复原状。"

3. 支付酒店各种合理的费用

客人应当支付因购买、使用酒店的商品或者接受酒店提供的服务而发生的各种合理费用。如果客人无能力支付或者拒绝支付酒店的有关费用,酒店可以通过适当方式解决。

4. 遵守有关法律、法规和规章制度

客人住宿期间应当遵守国家和地方有关的法律、法规和规章制度。如《旅馆业治安管理办法》第十一条规定:"严禁旅客将易燃、易爆、剧毒、腐蚀性和放射性等危险物品带入旅馆。"第十二条规定:"旅馆内,严禁卖淫、嫖宿、赌博、吸毒、传播淫秽物品等违法犯罪活动。"第十三条规定:"旅馆内,不得酗酒滋事、大声喧哗,影响他人休息,旅客不得私自留客住宿或者转让床位。"

【案例导入 3-15】

张某去年5月结婚,经朋友介绍在一家有较高知名度的大酒店定了婚宴喜酒。酒店根据张某的喜宴标准制定了一份每桌2 888元的菜单,但并未列出主料和配料,只对主菜用料做了口头商定。张某认为该酒店名气大且又是朋友介绍,对此也没在意,就在双方定好的菜单上签字并付了定金。然而,在婚宴开始上菜的过程中,张某发现许多事前商定好的菜被调了包,婚宴档次明显下降了。事后,他找到酒店负责人反映,要求赔偿,却被告知菜单是双方签字认可的,张某事先也没提出异议,酒店方面不承担赔偿责任,并要张某付清喜宴剩余费用。

思考

酒店应该给予赔偿吗?张某有权要求赔偿吗?

·思 考 题·

1. 酒店同其客人之间的权利和义务关系是怎样产生和终止的?
2. 酒店对客人有哪些权利?
3. 酒店在什么情况下可以拒绝接受客人?
4. 酒店对客人有哪些义务?
5. 如何处理客人遗留物品?
6. 酒店为何要告知客人有关注意安全方面的事项?
7. 客人有哪些权利?
8. 客人有哪些义务?

第四章　酒店的设立与管理

【案例导入 4-1】

海口 XL 假日酒店无证经营被查处

2015 年某日，位于海口坡巷路的 XL 假日酒店在没有取得任何相关合法证件和手续的情况下，就擅自营业。该酒店是一栋 7 层楼的楼房，面积约合 3 000 多平方米，酒店大堂内有醒目广告"试营业八折，欢迎光临"。经查实，该酒店在为顾客开房时，并没有要求客人提供任何证件。客人退房结账时，也不能提供正规发票。后来执法部门依法查处发现，该酒店竟然不能出示任何证件和手续，公安部门的《旅馆业特种行业许可证》、消防部门的《消防安全检查意见书》、食药部门的《餐饮许可证》、税务部门的《税务登记证》、工商部门的《工商营业执照》等手续无一办理。面对执法部门人员，酒店老板倒也坦然，态度诚恳，连声表示认罚。并称，自己已投下了巨资装修，又迫于每月高昂房租的压力，所以就想先试探性地营业，减轻经营压力。工商部门执法人员明确表示，根本就没有试营业这一说法，酒店开业必须证照齐全。该酒店现在属于无证擅自经营，工商部门将对其按照相关规定进行处罚。随后，工商、税务、公安等部门向该酒店下达了限期整改通知，责令酒店在 10 天内办理完所需有关证件和手续。

思考

一间酒店正常开业，需要办理哪些手续和证照？

第一节　酒店的设立

一、酒店的分类

（一）根据酒店客源来划分

1. 商务酒店

商务酒店主要是为那些从事商务活动的旅客提供住宿、膳食和商业活动及有关设施的酒店。一般来讲，这类酒店都位于城市中心，回头客较多，酒店的服务项目、服务质量、服务水准较高。世界国际酒店集团所属的酒店，绝大多数是商务酒店。如纽约希尔顿酒店、芝加哥凯悦酒店、华盛顿马里奥特等都是典型的商务酒店。

2. 长住式酒店

长住式酒店主要为长期出行的旅客提供公寓生活，又称公寓生活中心。长住式酒店主要是接待长住客人，这类酒店要求长住客人先与酒店签订一项协议书或合同，写明居住的时间和服务项目。目前，我国有些酒店将其客房的一部分租给商社、公司，作为其办公地点、商业活动中心，形式为长住式酒店。这些酒店向长住商客提供正常的酒店服务项目，包括客房服务、餐饮服务、健身和康乐中心等项服务。

3. 度假酒店

度假酒店主要位于海滨、山城或温泉等自然环境优美、气候良好的地区，四季皆宜，树木常青。度假酒店除了提供一般酒店所应有的一切服务项目外，最突出、最重要的项目便是它的康乐中心，主要是为度假游客提供娱乐和度假场所。此外，度假酒店的文艺演出及游乐设施要完善，如室内保龄球、台球、网球、室内外游泳池、音乐酒吧、咖啡厅、水上游艇、碰碰船、水上漂、电子游戏以及美容中心和礼品商场都是不可缺少的，"付费点播"电视也十分重要。我国大多海滨、沿海城市都有度假性酒店。如北戴河、大连金石滩、三亚亚龙湾等地的酒店属于这一类型。

4. 会议酒店

会议酒店是专门为各种从事商业、贸易展览会、科学讲座等的商客提供住宿、膳食和展览厅、会议厅的一种特殊型酒店。会议酒店的设施不仅要舒适、方便，提供舒适的客房和各类餐厅，同时要有大小规格不等的会议室、谈判间、演讲厅、展览厅等，并且在这些会议室、谈判间里都有良好的隔板装置和隔音设备。

（二）根据酒店所处的行业属性来划分

1. 旅游酒店

《旅游饭店星级的划分与评定》标准中，将旅游酒店定义为：能够以夜为时间单位向旅游客人提供配有餐饮及相关服务的住宿设施。其主管机关是各级旅游行政管理机构。

2. 非旅游酒店

非旅游酒店是指除旅游酒店之外的社会所有酒店。其主管机关是商务行政管理机构。

（三）根据酒店的组织形式来划分

1. 个体酒店

个体酒店是指依法批准设立的，由个人投资，以个人或家庭劳动为主，投资者对酒店债务承担无限责任的酒店。

2. 个人独资酒店

个人独资酒店是指由一名自然人投资经营,以雇佣劳动为基础投资者对酒店债务承担无限责任的酒店。

3. 合伙酒店

合伙酒店是指由两个或两个以上自然人按照协议共同投资、共同经营、共负盈亏,以雇佣劳动为基础,对债务承担无限责任的酒店。

4. 酒店有限责任公司

酒店有限责任公司是指依照《中华人民共和国公司法》设立,由酒店股东以其出资额为限对酒店承担责任,酒店则以其全部资产对酒店的债务承担责任,具有独立法人性质的酒店。当前大部分规模以上酒店都是有限责任公司,如汉庭酒店管理有限公司、如家酒店有限责任公司。

5. 酒店股份公司

酒店股份公司是指依照《中华人民共和国公司法》设立的,酒店的全部资本由等额股份构成,股东以其所认缴的股份为限对酒店承担有限责任,酒店则以其全部资产对酒店债务承担责任,具有独立法人性质的酒店。如广州的东方宾馆、长沙的华天大酒店和南京的金陵酒店等都是酒店股份公司,而且它们都是上市公司,它们所发行的股票都可以在上海或深圳证券交易所公开交易流通。

【案例导入 4-2】

云南 HT 有限责任公司与香港 NG 酒店管理公司饭店管理合同纠纷案

HT 公司在二审中重申其在一审提交的 1999 年 8 月—12 月、2000 年 5 月、2000 年 8 月—12 月、2001 年 5 月的损益表及资产负债表,欲说明 NG 公司在管理期间的违约行为,造成其营业收入损失,该损失应由 NG 公司赔偿。本院认为,HT 公司提交的损益表及资产负债表属其自己单方制作,未经 NG 公司认可,因此,在没有其他证据印证的情况下,不能作为证据使用。资产负债表仅反映企业在某一特定日期财务状况;而损益表也只是反映企业在一定期间的经营成果及其分配情况。对于造成损益的原因则是多种多样的,且按照合同的约定 NG 公司只是协助 HT 公司进行酒店的开业筹备和开业接待工作,制定和执行各项管理制度,使酒店管理和服务日益走上正轨,而其并未参与经营。因此 HT 公司提出的该项主张无事实和法律依据,不予支持。综上,根据当时《中华人民共和国合同法》第九十一条第(二)项、第九十七条、第九十八条,《中华人民共和国民事诉讼法》相关规定,一审法院在认定 HT 公司应当支付尚欠 NG 公司 100 万元港币的管理费问题上并无不当,但在认定 NG 公司是否违约的问题上存在一定的错误,对此应当予以纠正。NG 公司应当承担一定的违约责任,向 HT 公司支付 102 777.78 元港币的违约金,并赔偿 HT 公司的经济损失 10 640 元人民币。

二、酒店的经营范围

（一）餐饮服务

酒店餐饮部门可以向客人提供各种酒水、食品服务，满足客人的饮食需求。根据口味的不同，酒店可以提供中餐和西餐服务。其中，中餐即指中国风味的餐食菜肴，是国内大部分酒店主打的餐饮产品；而西餐是西方国家的餐食，主要包括西欧国家的饮食菜肴，也包括东欧各国、地中海沿岸等国和一些拉丁美洲如墨西哥等国的菜肴。另外，东南亚各国的菜肴一般统称为东南亚菜，在部分特色餐厅也较为流行。

（二）住宿服务

酒店房务部门可以向旅行在外的客人提供舒适方便、安全卫生的居住和休息空间，满足客人的住宿需求。酒店向客人提供住宿服务，是酒店最核心和最基础的服务。现代酒店根据星级的不同，向客人提供不同标准、等级的设施和服务，酒店星级越高，住宿等服务设施越豪华，服务质量越优质。

（三）休闲娱乐服务

酒店可以通过夜总会、棋牌室、KTV、游艺厅和歌舞厅等各种设施，举办各种文化娱乐活动来为客人提供休闲娱乐服务。随着人们生活水平的不断提高，人们对文化、娱乐、休闲的要求越来越高。酒店的休闲娱乐设施不仅可以满足客人的需要，也能扩大酒店的营业收入，是酒店创收的重要来源。

（四）康体健身服务

酒店可以通过游泳馆、健身房、桑拿中心、台球房、保龄球房、乒乓球室、网球场、壁球房、高尔夫球场等康体设施，为客人提供康体健身服务。酒店提供的康体健身服务，可以帮助客人调节心情、锻炼身体，促进身心健康，是现代酒店越来越依赖的服务项目之一。

（五）会议服务

酒店可以通过各种大小不等的会议室及风格各异的宴会厅，向企事业单位提供会议、展览和新闻发布会等会务服务，也可以向酒店附近居民家庭提供婚宴、寿宴和亲友聚会的宴会服务。

当然，随着社会的不断发展，现代酒店的经营范围有不断扩大的趋势，不少酒店还向客人提供商品展示，购物和相关商务等服务，在此不再逐一详述。

三、酒店设立的条件

（一）个体酒店设立的条件

（1）申请人主要是有经营能力的城镇待业人员、社会闲散人员和农村村民。对于国家机关干部企事业单位职工，不能申请从事个体酒店经营。此外，以个人名义经营酒店的，以经营者本人为申请人；以家庭名义经营酒店的，以家庭成员中主持经营者为申请人，参加经营的家庭其他成员姓名应当在设立登记时备案。

（2）有合法的酒店名称。

（3）有固定的生产经营场所和必要的设施设备条件。

（4）从业人员数量一般不多于8人。

（二）个人独资酒店的设立条件

（1）投资人为一个自然人，且该自然人只能是除国家公务员、公证员、法官、检察官、人民警察及现役军人等人员以外的中国公民，且非法律和行政法规禁止从事营利性活动的人。

（2）有合法的酒店名称。

（3）投资人申报的出资，但对投资人的出资方式和出资数额没有给予规定，而且只要求投资人申报出资，并不要求投资人实际缴付出资。

（4）有固定的生产经营场所和必要的生产经营条件。

（5）有必要的从业人员，数量多少没有限制要求。

（三）合伙酒店的设立条件

（1）合伙人数应不少于2人。

国家公务员、法官、检察官及警察等法律、行政法规禁止从事营利性活动的人，不得成为合伙企业的合伙人。

（2）有书面的合伙协议。

合伙协议是指合伙人为设立合伙企业而签订的具有法律效力的书面合同。合伙协议必须载明以下内容。

①合伙企业的名称和主要经营场所的地点。

②合伙目的和合伙企业的经营范围。

③合伙人的姓名或者名称及其住所。

④合伙人出资的方式、数额和缴付出资的期限。

⑤利润分配和亏损分担办法。

⑥合伙企业事务的执行。

⑦入伙与退伙。
⑧争议解决办法。
⑨合伙企业的解散与清算。
⑩违约责任。

合伙协议经全体合伙人签名、盖章后生效。合伙协议的修改或补充应当经过全体合伙人一致同意，但合伙协议另有约定的除外。

（3）有合伙人实际缴付的出资，没有具体金额、使用权、知识产权、其他财产权利出资，经全体合伙人协商同意也可以用劳务、技术等出资。

（4）有合法的酒店名称。

（5）有固定的经营场所和从事合伙经营的必要条件。

（四）酒店有限责任公司的设立条件

（1）股东在 50 人以下，其中，1 人酒店有限责任公司股东人数为 1 人，其他酒店有限公司股东人数至少为 2 人。

（2）股东出资至少为人民币 3 万元。

（3）股东共同制定公司章程。

（4）有合法的酒店名称，建立符合有限责任公司要求的组织机构。

（5）公司有固定的住所。

（五）酒店股份公司的设立条件

（1）发起人应当在 2 人以上 200 人以下，其中，须有半数以上的发起人在中国境内有住所。股东人数不少于 2 人，但没有最高人数限制。

（2）注册资本的最低限额为人民币 500 万元。股份有限公司采取发起设立方式设立的：注册资本为在公司登记机关登记的全体发起人认购的股本总额。

（3）公司全体发起人的首次出资额不得低于注册资本的 20%，其余部分由发起人自公司成立之日起两年内缴足。

（4）发起人制定公司章程，采用募集方式设立的经创立大会通过。

（5）有公司名称，建立符合股份有限公司要求的组织机构。

（6）有公司住所。

四、酒店设立的流程

（一）申请酒店名称预先核准

酒店的名称作为酒店的标志，不仅含有商誉权，而且还受有关法律、法规的一定限制，所以，在设立酒店中要求申请名称预先核准。我国有关法律规定，设立公司应当申请名称预先核准。设立酒店有限责任公司，应当由全体股东指定的代表或者共同委托的代理人向工商管理机关申请名称预先核准；设立股份有限公司，应当由全体发起人指定的代表或者共同委托的代理人向工商管理机关申请名称预先核准。

酒店申请名称预先核准，应当提交以下文件：

（1）酒店有限责任公司的全体股东或者股份有限公司的全体发起人签署的酒店名称预先核准申请书。

（2）股东或者发起人的法人资格证明或者自然人的身份证明。

（3）工商管理机关要求提交的其他文件。工商管理机关应当自收到上面所列文件之日起10日内做出核准或驳回的决定。工商管理机关决定核准的，应当发给《企业名称预先核准通知书》。预先核准的公司名称保留期为6个月。预先核准的公司名称在保留期内，不得用于从事经营活动，不得转让。

（二）申请办理环保审批

对于酒店经营餐饮业，要在开业前向酒店所在地县级以上环保行政管理部门申请环保审批。

（三）前置行政许可

对于经营餐饮服务的，要向食品药品监督管理部门申请办理餐饮服务许可证；对于经营住宿服务的，要向公安行政管理机关申请办理特种行业许可证；对于经营歌舞娱乐服务的，要向文化主管部门申请办理娱乐经营许可证。此外，酒店根据经营需要，也有可能需要申领烟草专卖零售许可和野生动物经营许可等证照。

（四）办理工商营业登记

酒店在工商行政管理机关核准登记之日，便是酒店的成立之日。

（五）办理税务登记证

只有办理好税务登记证，酒店才可申领发票，开张营业。

【案例导入4-3】

根据游客提供的线索，大理市旅游综合执法稽查大队联合相关部门对大理市某酒店进行了现场检查。

经查，大理市某酒店在未取得《旅行社业务经营许可证》的情况下，经营住宿服务的同时向住客推介旅游产品，收客后将游客推介到有相关旅游产品的旅行社进行操作，在中间赚取差价和人头费。

结果：大理市旅游综合执法稽查大队依法责令大理市某酒店立即停止招收、组织、接待旅游者的违法行为，并做出处罚金贰万元（20 000.00 元）的行政处罚。

第二节 酒店设立管理

一、酒店设立的前置行政许可

（一）餐饮服务许可

按照《中华人民共和国食品安全法》及《中华人民共和国食品安全法实施条例》的规定，酒店要提供餐饮服务项目，应当依法先取得餐饮服务许可证后，才能向工商行政管理部门申领营业执照。此外，取得餐饮服务许可的酒店，在其餐饮服务场所出售其制作加工的食品，不再需要取得食品生产和流通的许可。

酒店在县级以上工商行政管理部门领取开业登记注册证书后，首先要到酒店所在地县级以上食品药品监管部门申请办理餐饮服务许可证。食品药品监管部门收到申请材料，审核通过后会安排相关人员到酒店进行现场核查。酒店要提供餐饮经营场所的平面布局示意图，供食品药品监管人员审查修改。重点考查酒店店面布局、操作间、消毒设备和方法、库房、卫生间、宿舍、用具存放、员工体检、卫生措施（在食品药品监管部门的指导下，按照《中华人民共和国食品安全法》的规定制定餐饮场所的卫生措施）。

现场核查结束后，对符合规定的发放餐饮服务许可证。对不符合规定的给予书面答复并说明理由。餐饮服务许可证的有效期一般为3年。

【案例导入 4-4】

玉溪市易门县某食品经营部未经许可经营旅行社业务案

根据群众举报，玉溪市易门县文化和旅游局联合有关部门，依法对某食品经营部进行现场检查。经查，当事人某食品经营部在未取得《旅行社业务经营许可证》的情况下，通过邀约、扩散邀约客户的形式，分五批次组织228名客户前往旅游景点旅游。

结果：易门县文化和旅游局依法责令当事人改正违法行为，并做出处罚金壹万伍仟元（15 000.00）的行政处罚。

【案例导入 4-5】

宜良县九乡乡源泉饭店未按规定对所售菜品进行明码标价案

当事人未按规定对所销售菜品进行明码标价，其行为违反了《中华人民共和国价格法》第十三条第一款的规定。经宜良县市场监督管理局调查，未发现该店有违法所得，当事人未按规定对所销售菜品进行明码标价的情况属实,责令当事人立即改正,处以罚款 500 元。

(二)特种行业许可

我国法律规定,旅馆住宿业属于特种行业,易被违法犯罪分子利用进行违法犯罪活动,也极易发生治安灾害事故。因此,国家对开办旅馆业,进行了较为严格的行政审批管理。本书所指的旅馆业,包括旅社、饭店、宾馆、酒店、招待所,以及有接待住宿业务的办事处、培训中心、住客浴室、度假村等。

申请开办旅馆住宿业,应当向所在地县级以上公安局特种行业科提出申请,一般由所在地县级公安(分)局直接审批。申请时,应提交下列基本材料:

(1)酒店关于经营特种行业的申请书和"特种行业经营申请登记表"。
(2)酒店上级主管机关的批复。
(3)法人代表身份证复印件和从业人员登记情况。
(4)申请单位对于房屋享有所有权或者使用权的证明,房屋工程质量竣工核定书。
(5)房屋平面图(每层一页)、方位图。
(6)申请单位开办旅馆业应建立的各项安全管理制度的书面材料。
(7)公安机关认为其他应予提交的材料。

经公安机关验收,符合条件的,由公安机关发给特种行业许可证。持特种行业许可证到工商行政管理机关申办营业执照。

公安机关受理材料,经初审合格后,将会对酒店现场进行查勘。查勘结束后,由辖区派出所治安(社区)民警、分管所领导签署审批意见,治安科分管民警和领导签署意见。

审批合格的由受理申请的治安科核发特种行业许可证,然后凭该证方能向工商行政管理部门申请住宿经营登记。领取营业执照后,方准开业。审批不合格的由受理申请的治安科书面告知申请人不合格原因。特种行业许可证的有效期一般为 3 年。

【案例导入 4-6】

酒店无证经营被取缔

2016 年 3 月 2 日,云南公安分局治安大队在对旅馆业的日常检查中,发现站前路附近一酒店在未经公安机关许可的情况下擅自营业。同时还当场抓获一名正在吸食"K 粉""麻果"的住客曾某。在对该酒店的初步调查中,民警发现该酒店自 2 月 10 日起无证经营至今,酒店的旅馆业信息系统未与公安机关联网,且未办理公安机关的特种行业许可证,日常管理混乱。该酒店共有 80 间客房,每日营业额达 5 000 余元。日前,该酒店已被治安大队予以取缔,并追缴非法所得 10 万余元,涉及人员管某被行政拘留,酒店管理人员郑某被处行政罚款。

思考

为何对于酒店经营住宿业务,法律要求其办理行业许可证?

（三）娱乐经营许可

根据《娱乐场所管理条例》（2006）的规定，酒店兼营歌舞等文化娱乐项目，应当向所在地县级以上文化主管部门提出申请办理娱乐经营许可证；设立中外合资经营、中外合作经营的娱乐场所，应当向所在地省级以上文化主管部门提出申请。

酒店要在领取申请开业登记注册书后，到所在地县级以上文化管理部门申请办理娱乐经营许可证，提交相关申请材料。主要包括有效身份证及复印件、所申请事项的申请书、经营场地情况材料、消防意见书（网吧、娱乐业）、环保评估意见书（娱乐业）和文化市场法规培训合格证。受理文化行政机关对材料进行现场审查，审查通过的，可以当场做出颁发行政许可的决定；对于不能当场做出行政许可决定的，文化行政机关应当自受理行政许可申请之日起 20 日内做出行政许可决定。20 日内不能做出决定的，经本行政机关负责人批准，可以延长 10 日，并应当将延长期限的理由告知申请人。

其他行政许可还有烟草专卖零售许可等。在此就不再详述。

【案例导入 4-7】

云南 MSE 酒店违反疫情防控停业规定被处罚

2020 年 12 月 18 日，附近的公安局对违反疫情防控停业做出规定，而 MSE 酒店仍然擅自营业。12 月 23 日，根据举报线索，附近的公安局和旅游局对该疫情期间擅自营业的酒店进行了立案查处。

结果：公安局和旅游局做出行政处罚：关于"全面暂停各种文化娱乐活动"的规定，其行为涉嫌拒不执行人民政府在紧急状态情况下依法发布的决定、命令，顶风作案，严重扰乱了全县疫情防控工作秩序，扩大了疫情传播风险，威胁到公共安全和公众利益。根据《中华人民共和国治安管理处罚法》第五十条之规定，对两名责任人做出上述行政处罚。负责人崔某行政拘留 6 日，经理索某罚款 200 元。

二、酒店设立的行政审批

（一）消防审批

根据《中华人民共和国消防法》的有关规定，宾馆酒店建设工程竣工后，应向酒店所在地县级以上公安机关消防机构申请消防竣工验收；未经消防验收或者消防验收不合格的，禁止投入使用。此外，酒店在装饰装修后，投入使用和营业前应当向酒店所在地县级以上公安机关消防机构申请消防安全检查。公安机关消防机构应当自受理申请之日起 10 个工作日内，根据消防技术标准和管理规定，对该场所进行消防安全检查。未经消防安全检查或者经检查不符合消防安全要求的，不得投入使用、营业。

酒店在工商行政管理部门领取申请开业登记注册书后，到所在地区县级以上公安管理机关消防科申请办理消防安全检查。酒店要提交申请书、酒店位置平面图，领取"防火安全重点行业审批表"。由消防科派防火检验员检查验收。消防检查验收项目有防火责任制；燃料特别是液化气罐的存放位置；厨房、电源、电路等有无火灾隐患；室内装修采用可燃物的，如竹、木、壁布等，要做防火阻燃处理；按照消防科的要求配备足够的灭火器；对员工进行防火教育、训练，举行灭火演习和考试培训等。检验合格后，由防火检验员签署检验合格意见，并加盖公安局防火检验专用章。

【案例导入 4-8】

某连锁酒店无证经营被查封

云南某连锁酒店，在未办理公安和消防方面许可证的情况下开业经营。该酒店的客房门牌号显示，共有 150 间客房。某日被离该酒店最近的派出所查封。查封当晚，酒店全部客人被迫退房，纷纷抱怨上当受骗。该店前台负责人承认酒店因证照不齐被查封，但否认酒店已营业。离该酒店最近的派出所证实该酒店未办理公安和消防方面许可证，是按照相关规定予以查封的。

思考

该酒店为什么被查封？

（二）环保审批

环保审批由酒店所在地县级以上环保管理部门办理，主要审批项目为：噪声、排放，酒店要提供餐饮场所位置平面图，并标注周围环境情况和邻近建筑物的使用性质，由环保行政管理机关派出人员实地查验。检验合格后由县级以上环保管理门在申请开业登记注册书上"有关部门意见"栏，签署"同意开业"，并加盖公章。

【案例导入 4-9】

某酒店擅自取水抚仙湖

澄江县某酒店擅自抽取抚仙湖的水用于该酒店内的操场灌溉问题。2008 年 6 月，玉溪市抚仙湖管理局下发《关于"澄江 TYS 国际生态旅游度假区"首期项目临时取水的意见》，同意该项目在施工期从抚仙湖临时取水，年用水量 28.8 万立方米，取水期限为 2008 年 6 月至 2014 年 2 月。2013 年 6 月 24 日，根据市委、市政府抚仙湖周边开发项目清理整改现场会议精神，玉溪市抚仙湖管理局下发了《关于撤销"澄江 TYS 国际生态旅游休闲度假社区"首期项目临时取水的意见的通知》，责令该项目立即停止向抚仙湖取水。2014 年 1 月 6 日，该项目擅自取水的行为受到了罚款人民币 10 万元并拆除取水设备的处罚。2014 年 5 月，该项目完成自来水供水管网建设后全部使用东岸自来水厂供水。在近期日常巡查中也未发现该项目擅自向抚仙湖取水的情况发生。

结果：已于 2013 年 6 月 24 日责令该项目停止向抚仙湖取水。

2014年1月6日,该项目擅自取水的行为受到罚款人民币10万元并拆除取水设备的处罚。

三、酒店的登记

(一) 工商营业登记

新成立的酒店应到所在地县级以上工商局办理开业登记,工商局在申请后30天内做出登记或不予核准登记的决定。办理开业登记的酒店,首先应申请店名预先核准,填写"企业名称预先审核通知书",经核准后,到登记主管的工商局领取企业申请开业登记注册书。登记注册的主要事项有:酒店名称地址、经营场所、法定代表人、经营性质、经营范围、经营方式、注册资金、从业人数、经营场所面积、经营期限、分支机构等。

在依法取得相关酒店登记和审批手续后,工商局才能批准登记,向酒店发放法人营业执照,向法人酒店分支机构发放营业执照。在领取营业执照以前,不得以酒店的名义进行经营活动,营业执照签发日期为酒店成立日期。办理开业登记应按照规定交纳登记费,开业登记费为注册资金总额的0.1%。

【案例导入 4-10】

旅客别把便宜占 住店要住正规店

2016年夏天,某下岗职工刘某将一间三室一厅的居民房改装成6个单间,其中有3个双人间,并对外正式营业。记者前往该小旅馆调查。"环境怎么样?"刘某:"双人房加空调60元。""在这里住要不要身份证?"刘某:"有最好,没有也没啥关系。"刘某称,来这里住店的旅客大多是附近医院陪病人的亲属、朋友或附近大学生,没安全问题。记者发现,附近居民楼内竟然有20多家私人旅馆,许多都没悬挂开设旅馆的相关证件,也没有消防安全设备。一旅馆主人竟称,本来都是小本经营,哪有钱去装这些东西。

案例分析:

为保障酒店的正常经营,同时也为了保障旅客生命财产安全,《旅馆业治安管理办法》规定,开办旅馆,其房屋建筑、消防设备、出入口和通道等,必须符合消防治安法规的有关规定,并且要具备必要的防盗安全设施。同时,为便于从治安管理的角度掌握旅馆的有关情况,加强对旅馆的治安管理,《旅馆业治安管理办法》规定,申请开办旅馆应经主管部门审查批准,经当地公安机关签署意见,向工商行政管理部门申请登记,领取营业执照后才可开业。

(二) 税务登记

酒店应在领取营业执照30天内,向当地税务局办理税务登记,并在办理银行账号后,申请税务执照。办理时应向当地税务部门领取统一的税务登记表,如实填写各项内容,经税务机关审核后，发给税务登记证。税务登记结束后，酒店便可申领发票，开张营业。

【案例导入 4-11】

云南工商查处一无证经营大酒店

2010 年 1 月 20 日，云南工商局在执法检查中发现，有一家无证无照的大酒店已经开业一个多月了。

经初步调查，该酒店 2009 年 12 月上旬在未领取营业执照的情况下就开始营业。在现场，执法人员发现该酒店有 13 层楼，面积约 3 000 平方米，首层是大堂和茶艺室，二层是餐厅，有 7 间包房，3 层至 9 层是卡拉 OK 房，有 38 间包房，10 层至 13 层是旅业，从业人员有 50 多人。据酒店负责人称，该酒店已领取了筹建营业执照，经营范围是餐饮、旅业、卡拉 OK 筹建（筹建期间不得开展经营活动），但由于报送消防审核还未通过，故此无法办理文化经营、特种行业等前置许可证。执法人员依法责令该酒店停止经营，并予以立案查处。

思考

1. 该酒店的范围有哪些？
2. 该酒店应该办理哪些证照和审批手续？

（三）组织机构代码登记

组织机构代码是对中华人民共和国境内依法注册、依法登记的机关、企事业单位、社会团体和民办非企业单位颁发的一个在全国范围内唯一的、始终不变的代码标识，通俗地说，相当于中国公民的身份证号码。组织机构代码由 8 位数字（或大写拉丁字母）本体代码和 1 位数字（或大写拉丁字母）校验码组成。组织机构代码证书包括正本、副本和电子副本（IC 卡），3 款具有同等效力。

根据法律规定，酒店应自批准成立或核准登记之日起 30 日内，持有关批准文件或者登记证书，到批准成立或者核准登记的机关所在地的质量技术监督部门申请代码登记，领取代码证。

（四）酒类流通备案登记

根据《酒类流通管理办法》（2005）的规定，从事酒类零售的单位或个人（以下统称"酒类经营者"）应当在取得营业执照后 60 日内，按属地管理原则，向登记注册地工商行政管理部门的同级商务主管部门办理备案登记。完成登记手续后，酒店将取得"酒类流通备案登记表"。"酒类流通备案登记表"自酒类经营者在工商行政管理部门注销登记或被吊销营业执照之日起自动失效。商务主管部门应定期与同级工商行政管理部门核实注销或吊销情况。

第三节 酒店集团

一、酒店集团的概念

　　酒店集团是企业集团的一种特殊类型，由两个以上满足客人相关需求的酒店构成。从国际经验来看，酒店集团表现为以产权为基础性的联结纽带，能够在投融资、计划财务、产品研发、市场营销、品牌培育、人力资源等商业活动中保持密切联系，并能够为了集团的总体战略目标而协调行动的酒店联合体。

　　截至2006年6月30日，全国共有国内酒店（集团）公司180家，管理酒店1 299家。参照2004年《HOTEL》杂志公布的全球饭店以下300强排名，以下20家企业的管理规模已进入了全球300强：南京金陵酒店管理有限公司、东方酒店管理有限公司、河南中州国际集团管理有限公司、北京中江之旅酒店管理有限公司、北京天伦国际酒店管理有限公司、开元国际酒店管理有限公司、莫泰连锁旅店管理有限公司、青岛海天酒店管理有限公司、家和美酒店管理有限公司、上海东方航空酒店集团有限公司、上海JJ国际酒店管理有限公司、泰达酒店管理有限公司、首旅建国酒店管理有限公司、粤海国际酒店管理（中国）有限公司、上海市衡山（集团）公司等。

　　到2006年年底，有37个国际酒店集团的60个酒店品牌进入中国，共管理502家酒店。截至2023年年底，全世界181个国际酒店集团，有128家进入中国，共管理923家酒店。而全国总共有星级酒店10 284家。

二、中外酒店集团

（一）国际酒店集团

　　假日集团于1984年管理北京丽都假日酒店后，5年内先后在国内拉萨桂林、广州厦门、大连西安成都、重庆等城市形成网络，成为当时管理酒店最多的国际酒店管理集团。在20世纪80年代进入我国的国际酒店集团还有喜来登希尔顿、雅高香格里拉、半岛、新世界、日航华美达、凯悦、美丽华、太平洋、马尼拉等酒店管理集团。如果说，80年代进入我国的国际酒店集团对酒店的经营管理环境和盈利等情况缺乏了解，属于试探性拓展。到了90年代，尤其是中国加入世界贸易组织后，国际酒店集团进入我国市场的步伐明显加快。如作为世界500强跨国集团之一、国际酒店集团中的巨无霸——马里奥特集团于1997年进入中国。该集团通过实施以里兹·卡尔顿、万豪、万丽品牌为主的全品牌发展战略，很快就打进了中国市场。该集团在中国现已开业的酒店就有20多家。

　　2002年3月北京凯富酒店开业，至此国际跨国酒店集团十巨头已全部进入中国市场。据国际权威杂志《HOTEL》统计，全球跨国酒店集团十巨头依次为：圣达特、六洲、万豪、雅高、选择国际、希尔顿、最佳西方、喜达屋、卡尔逊、凯悦。其中在中国市场份额最大的是洲际酒店集团（原六洲）。

国际酒店集团在我国酒店行业的管理，大大提高了我国酒店业的国际化发展水平，使酒店在经营管理方面依法办事、按国际惯例办事。目前在中国的国际酒店集团多达几十家，管理着数百家三星级以上的酒店。

（二）中国酒店集团

在过去的若干年，在国际酒店业界，外国的知名酒店品牌不少，而我国酒店业起步较晚，因而没有非常成名的。1988 年，国务院批准了国家旅游局关于发展自己酒店管理公司的报告。30 多年来，随着我国酒店业的逐步成熟壮大，我国酒店管理公司和集团从无到有，也进入了快速发展期。一些酒店管理公司和集团在学习、借鉴国外酒店管理集团的基础上，开创了我国酒店集团的品牌。如南京的金陵酒店在开业之初就选送管理人员外出学习，并将国外的管理模式与中国酒店的情况相结合，经过不懈努力，在国内打造了自己的品牌。在当时国内大型酒店引进外国酒店管理集团时，金陵酒店是唯一由中国人自己管理的酒店。金陵酒店采取了"先仿后创"的方法，成功创立了自己的品牌，在我国酒店业中产生了巨大的反响，被誉为"金陵模式。"

目前我国酒店管理集团中发展较快的有首旅建国、金陵股份、岭南花园、香港中旅维景、浙江开元、如家、锦江之星等品牌。通过集团化建设加强饭店产业的整体竞争力一直都是政府主管部门和行业协会的基本指导方针，也是业界持续追求的梦想。以中国饭店业民族品牌 20 强为例，2006 年年底所管理的饭店总数和房间总数分别为 567 家和 143 773 间，较 2005 年同期分别增长了 16%和 11.6%。

这些国际、国内酒店集团主要采取的管理形式有直接投资和经营管理、租赁经营管理、受聘管理、指导经营管理、出售特许经营管理权等形式的管理。

三、酒店集团经营管理

（一）直接投资和经营管理

这样的酒店由酒店管理集团直接投资并进行管理，其酒店的所有权和经营管理权属于管理集团酒店的总经理（由管理集团委派，在经营上接受管理集团的直接领导和控制，管理集团的收入来源于酒店的盈利）。这些酒店的名称通常在本酒店管理集团的前面加上当地的地名，如桂林假日酒店、北京香格里拉酒店等。

（二）租赁经营管理

这样的酒店由酒店管理集团与酒店建筑的所有者通过订立合同，向酒店的所有者支付一定的租赁费用，酒店的经营管理活动完全由酒店管理集团负责。

租赁费用有两种结算方式：一种是按合同约定的数额支付；另一种是按照实际盈亏分期支付。前一种方式由管理集团承担风险，后一种方式由管理集团和酒店的所有者共同承担风险。这样的酒店通常是地名加上酒店管理集团的名称。

（三）受聘管理

采取这种方式，管理集团无须对酒店的固定资产进行投资，甚至连酒店的经营财务风险也无须承担。它只是遵照连锁酒店的经营管理，收取经营管理费。

经营管理费的收取一般有两种方式：一种是按照所管理酒店营业额的一定比例或某一绝对额收取；另一种是按照酒店盈利的一定比例进行计算。如希尔顿酒店管理集团与上海华亭宾馆签订的委托管理合同规定：在除去固定费用及税收之后，希尔顿酒店管理集团收取年收入的 5%及经营毛利的 10%。还有的国际酒店管理集团在中国采取的方式是：由酒店管理集团提供资金周转并受聘进行管理酒店，收取每年经营毛利的 1/3。

这种方式下，酒店的所有权属原所有者，经营权属管理集团，在国内酒店的名称不变，但在国际市场除原酒店的名称外，需有使用地名称和管理集团的名称。华亭宾馆与希尔顿酒店管理集团的合同书上写着：在合同有效期内，无论何时，宾馆的中文名称应为上海华亭宾馆，英文的名称应为 Hua Ting Hilton Hotel—Shanghai。

（四）指导经营管理

采用这种形式的管理集团主要承担指导经营管理的任务，无需对经营管理进行资金投资。这种指导经营管理一般对开业前的准备工作进行指导，对开业后的经营管理进行指导，为加入管理集团的酒店提供联号的名称和商标使用权；通过联号预订系统招揽客人等。酒店的经营管理由酒店的所有者负责，指导经营管理的费用根据酒店按加入连锁的时间长短来支付，这样的酒店仍使用自己的名称。

（五）出售特许经营管理权

出售特许经营管理权的方式是酒店管理集团出售其商标和订房系统的利益给其他酒店，集团的收入来自出售经营许可证的酬金。这样的酒店名称是地名加上管理集团的名称。

· 思 考 题 ·

1. 酒店类型的划分依据有几种？根据酒店的组织形式，酒店可以划分成哪几类？
2. 酒店的经营范围包括哪些？酒店创收的重要来源有哪些？
3. 个体酒店设立的条件有哪些？

4. 酒店设立的流程有哪些？
5. 酒店设立需要哪些行政审批？
6. 什么是酒店集团？
7. 你知道哪些中外酒店集团？
8. 酒店集团经营管理分为几种？
9. 租赁经营管理的结算方式有几种？分别是什么？

第五章　旅游饭店的星级评定制度

第一节　饭店星级评定制度

【案例导入 5-1】

云南省昆明市旅游局四着力抓好星级酒店管理

2016 年 12 月 16 日，国家旅游局公布了 2015 年度全国星级酒店统计调查百强名单，昆明市两家星级酒店入围。其中，云南香格里拉酒店有限公司排名 2015 年度全国五星级酒店第 22 名；云南聚春园酒店有限公司入围 2015 年度全国四星级酒店二十强，位列第 19 名。2016 年以来，云南省旅游局把提高星级酒店整体服务水平，作为提质增效工作的有力抓手，着力推进星级酒店管理水平，提高旅游服务质量。一是以组织领导为保障，着力落实工作责任。制定年度星级酒店管理工作方案，加强全市星级酒店诚信建设和安全生产标准化建设，具体工作分级负责，层层紧抓落实。根据《旅游饭店星级的划分与评定》（GB/T14308—2010）国家标准，依托福州市星级酒店评定委员会，持续深化星级酒店服务质量规范化，圆满完成 2016 年度星级酒店复核复评工作。二是以旅游业发展为前提，着力落实优胜劣汰。建立星级酒店动态管理机制，对无法达到星级标准的酒店坚决予以取消，促进星级酒店重视硬软件建设，提升整体运营质量和服务水平，有效维护了星级酒店标准的严肃性。2016 年，全市新增 1 家三星级酒店，取消 4 家星级酒店资格。三是以满意服务为宗旨，着力开展技能培训。采取"请进来"的方式，开展形式多样、内容丰富的酒店管理人员素质提升培训，不断提高酒店从业人员职业素养和技能。连续多年举办酒店企业技能大赛，以赛促训，向全社会展示昆明市酒店企业从业人员的服务技能和服务水平，树立酒店企业服务人员的全新形象，提升旅游行业从业人员的整体素质，推动服务质量和管理水平再上新台阶。四是以规范经营秩序基础，着力提高服务质量。通过完成星级酒店安全生产标准化建设、组织旅游行业市场秩序检查、开展星级酒店复核复评工作、官网公开旅游星级酒店名单信息等手段，牢固树立酒店从业人员"游客为本服务至诚"的服务意识，提升星级酒店服务质量，让宾客住得安心、放心、舒心、称心。

> 思考
> 云南省昆明市旅游局是根据哪些国家标准完成 2016 年度星级酒店复核、复评工作的？

我国酒店的星级评定制度是实现酒店管理与国际标准接轨的重要举措。酒店星级的出现是国际酒店业发展到一定水平的必然产物。第二次世界大战以后世界进入相对和平时期，旅游业和酒店业得到迅速发展，很多国家都制定了适合本国情况的星级标准或等级标准。改革开放前，我国旅游酒店没有统一的行业管理标准，总体管理水平低下落后。当时我国酒店的设计、建设和改造中存在着标准不明的问题。我国酒店业要发展，迫切需要一个酒店等级标准。为了使我国酒店业的经营管理与国际水平靠拢，1986 年国家旅游局决定把评定酒店星级列为工作重点。1987 年国家旅游局做了大量的准备工作，认真研究并借鉴国际上 15 个国家，尤其是亚太地区的酒店星级标准，同时征求了香港地区有关方面专家的意见，取得世界旅游组织的支持并派来了专家顾问；拟订了旅游涉外饭店星级标准的初稿。经过多次修改，并送国家标准局、国务院法制局及世界旅游组织征求意见。经国务院主管旅游工作的领导审阅同意后，国家旅游局于 1988 年 8 月 22 日正式颁布了《中华人民共和国评定旅游涉外饭店星级的规定和标准》，同时下发了《关于对全国旅游涉外饭店按五星制评定星级的通知》。国家旅游局与广东省旅游局广州市旅游局从 1988 年起开始在广州市进行酒店星级评定试点工作，1989 年 5 月 25 日国家旅游局旅行社饭店管理司发布新闻，公布了首批全四星级饭店 22 家。从此，我国的旅游酒店管理纳入了符合国际酒店等级标准的法治轨道。

一、旅游饭店

2010 年版《旅游饭店星级的划分与评定》（GB/T14308—2010）将旅游饭店定义为：以间（套）夜为单位出租客房，以住宿服务为主，并提供商务、会议、休闲、度假等相应服务的住宿设施，按不同习惯可能也被称为宾馆、旅社、宾舍、度假村、俱乐部、大厦中心等。

二、我国的星级评定制度是实现酒店管理与国际标准接轨的重要举措

2010 年版《旅游饭店星级的划分与评定》与 2003 版相比，有了以下主要变化：

（1）原星级为 5 年申报，变更为 3 年申报。

（2）新四标中附录 A 为必备项，是其他条款的前提，必须高度重视，刚性要求：缺项否决制。

（3）原三标中的选择附录 D 取消，合理条款直接融入其他附录条款中。

（4）将 1 到 3 星饭店定位为有限服务饭店，4 到 5 星定位为完全服务饭店，高度强调不可缺失，服务产品的系统性，也更加注重软件服务的操作性。

（5）增加对国家标准 GB/T15566.8 等的引用，要求更规范导向标识，做到客人能不通过服务人员的指引，就清楚饭店的功能布局。

（6）更加注重饭店核心产品，弱化配套设施。

① 客房——舒适，舒适度是核心中的核心。例如：纺织品的纱织数及重量和质地；房间

温度和湿度；隔音的效果；照明效果；热水的温度等所有均注重客人的感知度和满意度，要求方便，和谐比配。

② 前厅——适用，取消了公共面积的要求。明确大堂卫生间设置必须在同一楼层。降低了贵重物品保险箱的种类，只需要 2 种规格，建议注意客人的要求，以方便客人为主，如箱子大小可存放电脑。

③ 餐厅——品质，菜品的质量、卫生、安全。

④ 康体——弱化，只是住宿设施的附属，在舒适度上做比较。

（7）在不影响服务的前提下，突出强调绿色环保要求，取消 6 小件的要求，注重节能减排，关注节能的方式方法。

（8）强调安全是企业发展的生命线，要求强化安全管理，做好防火、防盗、防疾病、防恐等。应急预案被列在必备项内。

（9）高度关注饭店服务质量评价的操作性，以客人的期望、感知过程为标准，要求服务从项目—流程—动作的系统性。

（10）增加例外条款，引导特色经营，提倡主题建设、商务建设、休闲建设。

（11）总则 5.8 中明确了，评定中不能因某区域所有权或经营权分离，或建筑物分割而区别对待，饭店区域内必须达到统一星级和管理。

（12）所有服务项目中，服务质量差异较大的，用低等级服务产品作为评定标准。

（13）如饭店不具备附录 C 中带*项目，有权拒绝检查此类检查，统计分率时应在分母中去掉该项分值，不影响整体评定。

（14）饭店参加星评的建筑物必须是封闭贯通的。新标中附录 A、B、C 是规范性附录，A 为前提，B、C 是软件、硬件要求。附录 A 评价结果：必备过关；附录 B 评价结果：硬件达标；附录 C 评价结果：软件可量。

《旅游饭店星级的划分与评定》适用于各种经济性质的旅游星级酒店的等级标准，以镀金五角星为符号，星越多等级越高。酒店星级的高低标志着酒店设计、建筑、装饰、设施设备、服务项目、服务水平和所住店客人的满意程度。凡是在中华人民共和国境内，正式开业一全年后的旅游酒店，都可申请参加星级评定，经星级评定机构评定批复后，可以享有三年有效的星级及其标志使用权（开业不足一年的酒店可以申请预备星级，有效期一年）。

全国旅游酒店星级评定机构，负责全国旅游酒店的星级评定，并具体负责评定全国四星级、五星级（含白金五星级）旅游酒店。

各省、自治区、直辖市的地方星级评定机构，在国家旅游星级评定机构的领导下，负责本地区旅游酒店的星级评定工作，具体负责评定本地区一星级、二星级、星级旅游酒店。一、二星级旅游酒店的评定结果报国家旅游酒店星级评定机构备案；三星级旅游酒店评定结果报国家旅游酒店星级评定机构确认，并负责向国家旅游酒店星级评分机构推荐四、五星（含白金五星）级旅游酒店。

第二节　星级饭店划分条件

一、必备条件

新标准附录中的必备项目检查表规定了各星级应具备的硬件设施和服务项目，要求相应星级的每个项目都必须达标，缺一不可。评定检查时，逐项打"√"确认达标后，再进入后续打分程序。

（一）一、二、三星级酒店必备项目

（1）一般要求；
（2）设施；
（3）服务（详细项目要求分别见一星级必备项目表和二星级必备项目表）。

（二）五星级酒店必备项目

（1）酒店总体要求；
（2）前厅；
（3）客房；
（4）餐厅及吧台；
（5）厨房；
（6）会议及康体设施；
（7）公共区域（详细项目要求分别见三星级必备项目表，四星级必备项目表和五星级必备项目表）。

二、硬件评分

《旅游饭店星级的划分与评定》附录 B 中"设施设备评分表（*）""地区星评委"的组建在"省级星评委"的指导下，参照"省级星评委"的模式，分别成立"××市（地区、州、盟）旅游星级饭店评定委员会"。

（1）组成人员。
"地区星评委"可由地方旅游行业管理部门负责人和旅游饭店协会负责人等组成。
（2）办事机构。
"地区星评委"的办事机构可设在当地旅游局行业管理处或旅游饭店协会。
（3）"地区星评委"依照"省级星评委"的授权开展工作。
①贯彻执行"国家星评委""省级星评委"布置的各项工作任务。
②督导本地区星级评定机构的工作。

③实施或组织实施本地区三星级及以下饭店的星级评定工作。

④根据授权向上级星评委推荐本地区四、五星饭店。

【资料链接 5-1】

全国旅游星级饭店评定委员会组成及办事机构

为切实转变政府工作职能，根据国家旅游局"三定"方案精神，参照上届全国旅游星级饭店评定委员会组成方式，调整后的全国旅游星级饭店评定委员会组成及办事机构如下：

主任委员：中国旅游协会会长；

副主任委员：中国旅游协会主管、分管副会长、中国旅游饭店业协会会长；

委员：国家旅游局监督管理司司长、分管副司长、政策法规司司长、监察局局长、中国旅游协会秘书长、中国旅游协会分管副秘书长、中国旅游饭店业协会秘书长、各省、自治区、直辖市旅游星级饭店评定委员会主任；

秘书长：中国旅游协会秘书长；

副秘书长：中国旅游协会分管副秘书长、中国旅游饭店业协会秘书长；

办事机构：全国旅游星级饭店评定委员会办公室为全国旅游星级饭店评定委员会的办事机构，设在中国旅游饭店业协会秘书处，办公室主任由中国旅游饭店业协会秘书长兼任。

第三节 酒店星级评定规则

一、星级的申请

申请星级的旅游酒店，应执行《旅游统计调查制度》，承诺履行向全国旅游酒店星级评定机构提供不涉及本酒店商业机密的经营管理数据的业务。

开业一年后的旅游酒店申请星级，应向相应评定权限的旅游星级酒店评定机构递交星级申请材料，申请四星级以上的酒店，应按属地原则逐级递交申请材料。申请材料包括：酒店星级申请报告、自查自评情况说明及其他必要的文字和图片资料。

二、星级的评定流程

（一）受理与推荐

接到酒店星级申请报告后，相应评定权限的旅游酒店星级评定机构应在核实申请材料的基础上，于14天内做出受理与否的答复。对申请四星级以上的酒店，其所在地旅游星级酒店评定机构在逐级递交或转交申请材料时应提交推荐报告或转交报告。

省级星评委收到酒店申请材料后，于一个月内对申报酒店进行星评工作指导。对符合申报要求的酒店，以省级星评委名义向全国星评委递交推荐报告。

（二）检查

受理申请或接到推荐报告后，相应评定权限的旅游酒店星级评定机构应在一个月内以明察和暗访的方式安排评定检查。检查合格与否，检查员均应提交检查报告。对检查未通过的酒店，相应星级评定机构应加强指导，待接到酒店整改完成并要求重新检查的报告后，于一个月内再次安排评定检查。对申请四星级以上的酒店，检查分为初检和终检。

初检由相应评定权限的旅游酒店星级评定机构组织，委派检查员以暗访或明察的形式实施检查，并将检查结果及整改及意见记录在案，供终检时对照使用。初检合格，方可安排终检。

终检由相应评定权限的旅游星级酒店评定机构组织，委派检查员对照初检结果及整改意见进行全面检查。终检合格，方可提交评审。

（三）评审

接到检查报告后的一个月内，旅游星级酒店评定机构应根据检查员意见对申请星级的酒店进行评审。评审的主要内容有审定申请资格，核实申请报告，认定本标准的达标情况，查验违规及事故、投诉的处理情况等。

（四）批复

对通过评审的酒店，旅游星级酒店评定机构应给予评定星级的批复，并授予相应星级的标志和证书。对于经评审认定达不到标准的酒店除星级酒店外评定机构不予批复。

三、申请星级酒店的材料

拟申请星级的酒店必须向星级饭店评定与检查机构出示以下材料，并保证其真实有效。

（一）员工手册

员工手册包括经理致辞、角色阐释、服务理念、行为通则，以及员工福利、奖惩、安全基本管理制度等。一至五星级饭店必须提供。

（二）组织机构图

旅游酒店申请报告书中的组织机构图是指负责酒店运转的正式组织机构图，包括酒店组织机构图和部门组织机构图。一至五星级酒店必须提供。

（三）管理制度

管理制度是酒店科学化管理的基础和服务与管理模式的操作工具。它能最大限度地减少包括管理者在内的员工行为的随意性。拟评酒店报告书的管理制度主要针对管理层如层级管理制度、质量控制制度、市场营销制度、物资采购制度等，必要时可专门形成《经理手册》。一项完整的酒店管理制度包括制度名称、制度目的、管理职责、项目运作规程（具体包括执行层级、管理对象、方式与频率、管理工作内容）、管理分工、管理程序与考核指标等项目。大体来说，管理制度可以分为服务流程管理制度、支持性流程管理和全局性职能管理制度几大类。管理制度应当及时修订，以达到现代酒店科学管理的基本要求。为此，国家旅游局提倡星级酒店积极采用符合国际惯例和国际通行的财务、质量、人力资源等方面的管理制度。一星级饭店必须提供3项以上服务流程管理制度，2项以上支持性流程制度和1项以上全局性职能管理制度；从关键项目和严谨程度方面进行要求，不分星级，不从量上要求。二星级饭店必须提供4项以上服务流程管理制度，3项以上支持性流程制度和2项以上全局性职能管理制度。三星级饭店必须提供5项以上服务流程管理制度，4项以上支持性流程制度和3项以上全局性职能管理制度。四星级饭店必须提供8项以上服务流程管理制度，6项以上支持性流程制度和5项以上全局性职能管理制度。五星级饭店必须提供12项以上服务流程管理制度，10项以上支持性流程制度和8项以上全局性职能管理制度。

（四）部门化运作规范

为了使各工作区域和不同的管理层级能够达到一种有序运行的状态，星级酒店需要制定各个部门的运作规范。一般来说，部门化运作规范包括以下主要内容：

1. 管理人员岗位工作说明书

对管理人员的工作岗位、班次、指令与反馈渠道、工作目标、工作职责、任职条件、任职要求等项内容进行说明。一星级以上酒店要求提供。

2. 管理人员工作关系表

对不同部门和不同层级进行与酒店管理有关的计划、组织、审批、指令、反馈、控制等活动以及相应的上下级关系、协调关系进行表格化说明。三星级以上酒店要求提供。

3. 管理人员工作项目核检表

对管理人员每天、每周、每季、每年需要进行的工作项目进行列表，以备自查和上级核查。三星级以上酒店要求提供。

4. 专门的质量管理文件、工作用表和质量管理记录

质量管理和保持酒店星级标准是贯穿于酒店管理各个方面、各个环节的常备工作，而且质量是管理出来的，而不仅仅是检查出来的。为此，酒店需要有专门的质量管理文件以及与此配套的工作用表和质量管理的记录。酒店管理者，特别是高层管理者也应当在自己的日常

管理行为中尽力体现上述文件所规定的质量理念，包括顾客导向、全员参与、专业管理、全流程覆盖等原则。三星级以上酒店要求提供。

5. 服务和专业技术人员岗位工作说明书

对服务和专业技术人员的岗位要求、任职条件、班次、接受指令与协调渠道、主要工作职责等内容进行书面说明。一星级以上酒店要求提供。

6. 服务项目、程序与标准说明书

针对服务和专业技术人员岗位工作说明书的要求，对每一个服务项目完成的目标、为完成该目标所需要经过的程序，以及对各个程序的质量、标准进行说明。二星级以上酒店要求提供。

7. 工作技术标准说明书

对国家和地方主管部门及强制性标准所要求的特定岗位的技术工作如锅炉、强弱电、消防、食品加工与制作等，必须有相应的工作技术标准的书面说明，相应岗位的从业人员必须知晓。一星级以上酒店必须提供。四星级以上酒店还要求提供与设施设备、空间区域的维修保养与清洁卫生有关的作业技术标准的书面材料。

8. 其他可以证明酒店质量管理水平的证书或文件

在酒店提供的上述材料中，必须体现现代酒店管理和星级酒店所要求的质量、环保、科技和对当地社会文化发展的承诺，并有相应的措施保证这些承诺能够在酒店管理中得以贯彻和执行。

第四节　星级评定检查工作

一、检查员设置

为具体实施《旅游饭店星级的划分与评定》，使旅游酒店的星级评定工作更加专业化和规范化，国家旅游局制定了星级评定检查制度。

（一）国家级检查员

由全国旅游星级酒店评定委员会（以下简称"星评委"）负责选聘，承担全国范围内的酒店星级评定、复核和其他检查工作。

（二）地方级检查员（含省级和地市级）

省级星评委或地区星评委负责选聘，承担辖区内酒店星级评定、复核和其他检查工作。

（三）星级饭店内检查员

由各酒店指定，执行对所在酒店的检查、复核工作。

【资料链接 5-2】

一、国家级星评员工作"十不准"

（1）不准收受酒店赠送的现金有价证券（卡）、纪念品或礼物的行为。

（2）不准对酒店提出检查项目之外的额外要求，或出现酗酒等影响星评员形象的行为。

（3）不准降低星级酒店检查标准和简化星级酒店检查评定程序，或以自己的好恶来随意解释和评判星级标准。

（4）不准向地方星评机构和受评酒店就酒店是否通过评定发表意见。

（5）不准接受酒店所在地政府和旅游部门，以及受评酒店安排的店外宴请。

（6）不准带随从、助手等其他人员一同参与星评工作或代替星评工作。

（7）不准在暗访检查中以任何方式向地方星评机构、酒店及其他相关人员泄露自己的真实身份、行程安排和检查情况。

（8）不准请酒店或地方星评机构代为评定打分、撰写和邮寄检查报告。

（9）不准以辅导、咨询、培训、管理等名义向酒店推荐或洽谈与星评工作无关的业务事宜，或向酒店打听与星评工作无关的商业秘密。

（10）不准要求，暗示和接受地方星评机构与受评酒店安排与星评工作无关的旅游及其他休闲娱乐活动。

二、地方星评机构及受评五星级酒店评定工作"十不准"

（1）不准供给与酒店星级评定相关的虚假信息。

（2）不准向星评员提出或暗示降低星级标准、简化检查程序的要求。

（3）不准以评审费、专家咨询费等任何名义向星评员支付现金、赠送有价值证券和礼物。

（4）不准举办针对星评员的、专门的欢迎式。（设置横幅和标牌、鲜花等）。

（5）不准超规格，安排星评员住房（只按一个标准房和一个普通套房安排房间）或在星评员的房间内做出超常布置，或放置超常规客用品。

（6）不准为星评员安排店外宴请。

（7）不准为星评员谋取私利，提供便利。

（8）不准为星评员专门安排与星评员工作无关的游览活动。

（9）不准以任何方式打听暗访检查员的姓名、行程安排和检查情况。

（10）不准代替星评员评定打分，撰写和邮寄检查报告。

【案例导入 5-2】

2013年年底，国家出台新规终结了已实行7年的出差定点饭店制度。多个省份跟进下令五星级酒店不得作为政府会议场所后，一些五星级酒店随后主动"变脸"应对，"无星级"豪华酒店成为新现象。作为云南省昆明市西山地区最豪华的酒店之一，行官大酒店曾多次承接当地政务活动。昆明市旅游局行业管理科工作人员表示昆明至今没有五星级酒店。酒店前台工作人员在电话中却跟记者表示，酒店确为多家网站所显示的"五星/豪华"。中国旅游饭店业协会工作人员介绍，在开展2014年度星级饭店评定工作时，全国范围内共50多家星级酒店主动"降星"，像北京JJ富园酒店就直接放弃了五星级酒店资格。"越来越多的高档酒店不得不放低身段，开始走大众平民路线。"这两年酒店餐饮消费额一直在掉，只能靠大幅降价或团购来维持。云南省昆明市一家三星级酒店的总经理艾某说："酒店从2013年年中已开始裁员并降低餐费标准。2012年年初589元的标准间价格，现在降为238元。"由于经营艰难，有些高档酒店则走上了"被出售"之路——2014年年初JJ集团12.6亿元就一举出售了昆明老字号银河宾馆。而作为浙江省首家五星级酒店，昆明南苑宾馆也未能逃离被出售的命运。云南省旅游协会副秘书长尹子辉说，随着中央八项规定的出台，2013年成为我国星级酒店经营状况的一个分水岭，"目前，整个高档酒店业仍在深度调整中"。

> **思考**
>
> 这个案例给了我们什么启示？

二、检查员管理

旅游酒店星级评定检查员必须通过国家统一培训考核，领取国家级或地方级检查证。取得检查证的各级检查员每两年接受一次考核。

各级检查员在检查酒店时，除须持有检查证外，还须持有星级评定机构的介绍信，否则无效。

旅游酒店星级评定检查员应当评分公正；尊重酒店的管理规章制度；互相监督；彼此合作；不随意以个人看法解释标准；不对外发表评论；不对外传播检查的分数；不得借用检查员身份为个人谋取利益。

星级评定检查工作暂不收费。检查员往返受检酒店的交通费以及评定期间在酒店内所发生的合理费用，均由受检酒店据实核销。

三、酒店星级评定前的检查

星级评定机构接到酒店提出的正式申请后，委派检查员对酒店进行检查。旅游酒店星级评定检查员再认真研究《酒店星级申请报告》，掌握被评定酒店的概况和特点，并准确填写其中有关部分后，听取酒店领导介绍，并由店方派人陪同，根据《旅游饭店星级的划分与评定》，实地检查酒店所申请星级的必备条件。

根据《旅游饭店星级的划分与评定》标准，采用明察、暗访、普查、抽查的方法，全面检查酒店。按照《旅游饭店星级的划分与评定》，核实各项目的实得分数和得分率。星级评定检查员与被评定酒店交换意见，肯定其长处，指出其存在的问题。

星级评定检查员向星级评定机构汇报检查情况，提出客观的评定意见。

四、星级复核

星级复核是星级评定工作的重要组成部分，旅游酒店评定星级不搞终身制，其目的是督促已取得星级的酒店持续达标，其组织和责任划分完全依照星级评定的责任分工。

根据评定规定，已经评定星级的酒店，应按照2010版《旅游饭店星级的划分与评定》中的标准参加复核，星级复核分为年度复核和三年期满的评定性复核。

年度复核工作由酒店对照星级标准自查自纠，并将自查结果报告相应级别星评委。相应级别星评委根据自查结果进行抽查。

评定性复核工作由各级星评委委派检查员以明察或暗访的方式开展星级酒店访查工作。

·思 考 题·

1. 如何提高旅游服务质量？提高旅游服务质量的意义是什么？
2. 国家星级评定的标准有哪些？
3. 旅游饭店的意义和内涵？列举你知道的旅游饭店。
4. 我国星级评定机构有哪些？
5. 酒店星级评定划分的条件有哪些？星级评定的分数有哪些？
6. 我国对酒店进行星级评定的流程包括哪些？
7. 论述服务质量理论的含义？服务的基本要求和选择？
8. 酒店的管理制度要求主要包括哪些方面？
9. 简述我国星级评定的办事机构、组成人员和职能。
10. 我国不同地区酒店星级评定的办事机构和委员会包括哪些？
11. 我国星级评定的流程是什么？星级复核是指什么？如何进行星级复核？

第六章 旅游饭店行业规范

第一节 酒店行业规范的出台

一、出台原因

目前我国旅游法规还不够完善，一般的法律法规难以照顾到酒店行业的特殊性，而我国对旅游酒店业的国际惯例又宣传得不够，酒店与客人出现纠纷后，往往各执一词，以致客人的权益得不到保护，一定程度上影响了酒店的经营。

二、相关规范

中国旅游饭店协会依据国家有关法律法规于2002年颁布并实施《中国旅游饭店行业规范》，并于2009年8月进行了修订。《中国旅游饭店行业规范》是中国旅游酒店业的第一部行业规范。它的出台标志着中国旅游酒店业向更加成熟的方向迈出了新的一步，管理进一步走向深入和细化。过去我国一些单体酒店、酒店集团虽然也有自己的规范，但其对企业的约束力、与国际惯例的衔接、对客人权益的保护程度、对有关部门裁决依据的效力都无法与《中国旅游饭店行业规范》相比。《中国旅游饭店行业规范》第一次全面、系统地将酒店与客人之间易产生权益纠纷的各个方面进行了明确的规定，对保护酒店客人的合法权益、保障酒店的正常经营有积极的促进作用。该规范倡导诚实守信强化酒店对客人的承诺，维护客人和酒店的合法权益，规范企业经营活动，维护企业经营秩序，引导酒店按国际规则办事，使酒店经营更加符合国际惯例，逐步建立酒店行业的信誉和行业规范体系。

《中国旅游饭店行业规范》的实施是贯彻党中央国务院大力整顿旅游市场秩序精神的实际行动，是主动应对我国加入世贸组织、全球经济一体化竞争和挑战的积极举措，是完善旅游酒店业法规建设的重要步骤，是引导酒店客人消费行为、保障其合法权益的坐标，是推动我国旅游酒店业持续健康发展的航标，是我国加强饭店行业管理工作的重要抓手。旅游饭店包括在中国境内开办的各种经济性质的饭店，含宾馆、酒店、度假村等。酒店应当遵守国家的有关法律、法规和规章，遵守社会道德规范，诚信经营，维护中国旅游业的正常发展。

第二节　旅游饭店行业规范的主要内容

《中国旅游饭店行业规范》规范了酒店的经营行为，保护了客人的合法权益，维护了酒店的正常经营秩序，尤其针对酒店同客人常发生的一些主要纠纷做了相应的规范。

一、客人物品报失纠纷

在法律上，酒店有保护酒店客人财物安全的义务。凡是来到酒店住宿的客人往往携带一些物品入店。有些酒店忽视了有效保护好住店客人的财物安全的义务，造成客人财物的损坏或被窃。客人物品报失纠纷在酒店业相当普遍。很多酒店为处理这类纠纷颇费精力。客人报失的情况各种各样，有的是错误报失，有的是虚假报失，有的是真正失窃。在真正的失窃案中，又有多种情况，有的留有现场，有的没有留下任何痕迹。有的失窃案是酒店的过错所为（如服务员在清扫完客人的房间后未锁上房门，以致客人的物品被盗）。有的失窃案是客人的过错（如客人外出或睡觉时自己未锁上房门而导致物品被窃）。针对酒店常发生的情况，《中国旅游饭店行业规范》第十五条规定："饭店应当采取措施，防止客人放置在各房内的财物灭失、毁损。由于饭店的原因造成客人财物灭失、毁损的，饭店应当承担责任。"此条规定明确了酒店所承担的责任。物品，在法律上分为一般物品和贵重物品。酒店有保护住店客人贵重物品安全的义务。但有些酒店忽略了对客人贵重物品的保护，如没有设置酒店专用的、有双锁的客人贵重物品保险箱，或者设置的地方不方便、不隐蔽，或者没有提醒客人将贵重物品存放在贵重物品保管箱内保管等，以致客人的贵重物品丢失。由于贵重物品价值很高，客人的贵重物品报失纠纷是客人物品报失案中十分突出和棘手的问题。酒店在具体处理客人财物尤其是贵重物品纠纷时，对于究竟何种情况酒店应当赔偿，何种情况不承担赔偿责任，双方往往各执一词。尤其是一些没有留下任何痕迹的报失案，公安和司法部门也难以做出判断。往往是客人盯得紧一点，酒店就适当多赔偿一些。酒店如何防范客人在住店期间财物被窃，发生客人报失事件后，酒店如何承担责任，《中国旅游饭店行业规范》做了较详细的规定，从而避免或者减少此类纠纷的发生。

【案例导入 6-1】

虚惊一场

一天上午 9 点 30 分，昆明 JH 酒店保安部接到九层服务员报告："918 房台湾来的老太太报失，称她从台湾带来的 14 枚金戒指被盗，其中最贵重的一枚钻石戒指价值达一万多元人民币。"接到报告后，客房部经理和保安部经理随即上楼拜访，了解案情过程，得知：该女士是昨日下午到达昆明的，3 点左右下榻宾馆。除了吃晚饭离开房间一个小时左右外，其他时间均在房内。加上这是她 40 多年来第一次回昆明探亲，那天夜里络绎不绝地接待亲朋好友，最后一批访客送走时已是凌晨 1 点多，继而即整理随带的行李物品，由于心情激动，她彻夜未眠。回忆过程中说道，她是将14枚戒指用红布包着塞在一只鞋内，存放在行李包里的。当天下午，老太太曾从包内取过一枚戒指送给来访的亲友，此后一直未动过此包。到今天上午8点30分，才发现鞋内那块红布包及戒指都不见了，故而心急如焚，于是就报失。老太太一位自称在某省直机关工作的亲戚用强硬的语气说："要立即向公安机关报案，如处理不好，还要向新闻界投诉宾馆。"从他的语气中表露，怀疑是宾馆服务员所为。两位经理一方面耐心听取客人的叙述，另一方面对他们从思想上和精神上做好抚慰工作。请他们再认真回忆、仔细寻找，并一再提醒有没有存放在其他地方，没有采取马上向公安机关报案的简单方法。

经内部认真分析，没有采取简单报案的理由有四点：

（1）据现场观察门窗完好，无作案迹象，新住客房内无人的时间只有一小时，外来作案的可能性很小。

（2）经查当班服务人员一贯表现良好，服务人员作案的可能性也非常小。

（3）最大的可能有两种：一种是老太太已经65岁，加上疲劳，有可能将存放地点记错了；另一种可能是来访客人较多而复杂，许多还是第一次见面的亲友，或许是其中有人顺手牵羊。

（4）报公安机关立案侦查，如果是其客人亲友作案，会使她们亲友间产生矛盾进而导致对宾馆不满。

所以，宾馆当时给客人的答复是：

（1）宾馆内部组织力量采取必要措施侦破，同时请他们继续冷静回忆、寻找。

（2）待宾馆分析、侦查后，于中午12点前对报案与否给予明确答复。

结果，一小时左右就接到电话说："戒指全部找到了。"原来是老太太在整理行李时把礼品放入了旅行包。此案件画上句号。

评析：宾馆客人的财物被盗后，客人或酒店直接通知公安局有关部门，这叫"报案"，客人未向公安局报案，而向宾馆反映丢失情况，属于"报失"。"报案"会对宾馆形象造成不利的影响，也会涉及宾馆客人的亲戚朋友，使他们之间产生矛盾，反过来又会波及客人对宾馆的不满。

无论是"报失""报案"，宾馆的管理人员和服务人员都应协助客人（或公安局）调查失窃原因，积极采取措施，及时了解和反映有关情况，尽快解决客人（或公安局）提出的问题，圆满地做好各项工作。本案例中，客人在房间内丢失财物，是一种既常见又最容易影响酒店声誉的事情，任何一位客人如果在客房里丢失财物，都必然会将责任归结为酒店管理不善，而不会检查自身的原因。因此，酒店必须要有一整套严格的制度，以防止此类事情的发生和在发生此类问题后尽可能将承担的责任降至最低。

客房部在接到客人财物报失后，应沉着、冷静，并立即会同保安部门按以下程序处理。

（1）查清事情经过及损失程度，取得以下主要资料。

①客人的个人基本情况（案例中的失主是一位 65 岁的老太太，可能记忆力较差）。

②失物的外观及辨认特征。

③在此期间是否在房间接待过一些朋友或访客。

④失主是否有怀疑的人及理由。

⑤失物的价值及是否购买保险。

（2）请客人自己再仔细回忆和查找一次（报失物件可能总会被找出，因为客人往往会忘记在什么地方，本案例正是如此）。

（3）如果仍未找到，征得客人同意，帮助客人再做一次详细查找，并让客人亲临现场。

（4）对酒店有关员工进行调查。

【资料链接 6-1】

一、保管客人贵重物品

第十七条　饭店应当在前厅处设置有双锁的客人贵重物品保险箱。贵重物品保险箱的位置应当安全、方便、隐蔽，能够保护客人的隐私。饭店应当按照规定的时限，免费提供住店客人贵重物品的保管服务。

第十八条　饭店应当对住店客人贵重物品的保管服务做出书面规定，并在客人办理入住登记时予以提示。违反第十七条和本条规定，造成客人贵重物品灭失的，饭店应当承担赔偿责任。

第十九条　客人寄存贵重物品时，饭店应当要求客人填写贵重物品寄存单，并办理有关手续。

第二十条　饭店客房内设置的保险箱仅为住店客人提供存放一般物品之用。对没有按规定将贵重物品存放在饭店前厅贵重物品保险箱内，而造成客房里客人的贵重物品灭失、毁损的，如果责任在饭店一方，可视为一般物品予以赔偿。

第二十一条　如无事先约定，在客人结账退房离开饭店以后，饭店可以将客人寄存在贵重物品保险箱内的物品取出，并按照有关规定处理。饭店应当将此条规定在客人贵重物品寄存单上明示。

第二十二条　客人如果遗失饭店贵重物品保险箱的钥匙，除赔偿锁匙成本费用外，饭店还可以要求客人承担维修保险箱的费用。

二、保管客人一般物品

第二十三条　饭店保管客人寄存在前厅行李寄存处的行李物品时，应当检查其包装是否完好、安全，询问有无违禁物品，并经双方当面确认后，给客人签发行李寄存牌。

第二十四条　客人在餐饮、康乐、前厅行李寄存处等场所寄存物品时，饭店应当当面询问客人寄存物品中有无贵重物品。客人寄存的物品中如有贵重物品的，应当向饭店声明，由饭店员工验收并交饭店贵重物品保管处免费保管；客人事先未声明或不同意核实而造成物品灭失、毁损的，如果责任在饭店一方，饭店按照一般物品予以赔偿；客人对寄存物品没有提出需要采取特殊保管措施的，因为物品自身的原因造成破损或损耗的，饭店不承担赔偿责任；由于客人没有事先说明寄存物品的情况，造成饭店损失的，除饭店知道或者应当知道而没有采取补救措施的以外，饭店可以要求客人承担相应的赔偿责任。

二、客人人身损害纠纷

客人在酒店内因受伤或死亡而引发的纠纷在酒店业较为普遍，其原因各异。有的客人受伤或死亡事件是酒店的设施、设备的缺陷所致；有的是外来犯罪分子作案所为；还有的是因其他人员的侵害。

在法律上，一旦成为酒店的客人，酒店就有保护客人人身安全的义务。一些酒店对保护好客人的人身安全没有引起足够的重视，火灾、抢劫、凶杀等事件在酒店业时有发生。有的酒店客房的房门上没有装置防盗链、房门窥镜、火灾应急疏散图；客房内无住客须知、防火指南；客房卫生间内无防滑措施等，以致客人的人身遭受伤害。有的酒店在地面打蜡或拖地时未放置告示牌提醒客人，致使客人滑倒受伤等。

有些客人在酒店内受伤或死亡是因自身的原因，如洗澡摔倒、饮酒过量、身体不适等而致伤或死亡。还有的甚至是客人在酒店内自杀身亡。

很多情况是，只要客人在酒店内受伤或死亡，家属就要求酒店承担责任，而酒店往往认为是客人自身的原因而拒绝承担责任。《中国旅游饭店行业规范》针对不同情况，做了相应的规定。

【案例导入 6-2】

酒店客人遭他人毒打谁之责

2004 年 5 月 23 日，商人李某到昆明富力万达 WH 酒店住宿，下台阶时不慎摔倒，扭伤了脚踝，花费医疗费 500 元。经查，酒店的楼梯安检合格，但李某认为如果配置更人性化一点，他可能就不会摔倒。当晚，李某又在 WH 酒店客房里遭仇人甲毒打，致成重伤。警方事后从酒店的安全监视系统记录资料中发现，凶手甲在入室作案前，曾尾随李某在短时间内多次上下电梯，但酒店保安人员无一人上前对形迹可疑的嫌疑人进行盘查；李某也曾接到甲的电话，但认为酒店安全，甲不敢找到这里，就没有告诉酒店保安。事后犯罪嫌疑人甲被抓获，但只有财产 5 000 多元可供赔偿。李某向法院提起民事诉讼，要求酒店赔偿医疗费、伤残补助等 30 万元。酒店拒绝赔偿。

思考

1. 李某扭伤脚的医疗费该谁承担？如何承担？
2. 李某遭甲毒打所造成的医疗费、伤残补助该如何担责？

三、客人自带酒水纠纷

由于酒店出售的不仅是商品本身,还包括酒店的服务和环境等,所以酒店出售的酒水价格高于一般商店酒水的价格。酒店业的惯例是,一般情况下,酒店谢绝客人自带酒水和食品进入酒店的餐厅等场所享用。但是,有些人对此概念较为模糊。

对此《中国旅游饭店行业规范》第二十九条做出了明确的规定:"饭店如果谢绝客人自带酒水和食品进入餐厅、酒吧、舞厅等场所享用,应当将谢绝的告示设置于经营场所的显著位置,或者确认已将上述信息用适当方式告知客人。"由于一些人对《中国旅游饭店行业规范》中的第二十九条这一规定不理解,在《中国旅游饭店行业规范》出台后的一段时间内提出了反对意见。

由此在社会上引起前所未有的广泛讨论。《中国食品报》在2002年4月28日头版以"禁带酒水,一石激起千层浪"为标题,详细报道了社会各界的种种看法;《中国旅游报》于2002年5月22日以"《中国旅游饭店行业规范》第二十九条掀起轩然大波"为题开展了专题讨论;浙江等电视台还专门组织酒店业内人士、法学界专家学者和社会其他有关人士在电视节目中做现场专题讨论;还有的旅游院校以"酒店是否可以谢绝客人自带酒水"为题开展了大辩论。

为何《中国旅游饭店行业规范》第二十九条会在社会各界引起如此轩然大波?正如《扬州晚报》2002年5月8日的一篇专题文章所阐述的:其原因之一是,一些人未能理解"旅游饭店"的含义,将旅游饭店与小餐馆混为一谈。《中国旅游饭店行业规范》中的饭店指的是包括住宿和餐饮在内的旅游饭店(这样的饭店英文为Hotel),而不是街头路边的小餐馆(仅提供餐饮服务的饭店Resturant)。

在国外,酒店和客人之间有种默契,客人一般不会自带酒水到饭店饮用。我国酒店行业的惯例也是,不准客人将酒店以外的酒水带入酒店内饮用。

为什么酒店(尤其是高星级旅游饭店)限制客人自带酒水进入酒店饮用?因为酒店出售的不仅是酒水本身,还包含它的服务、场地、环境等。所以,旅游酒店出售的酒水价格适当高于一般商店酒水的价格,具有一定的合理性。人们都知道,不可以将外面的食品和饮料带入肯德基、麦当劳等国际著名的连锁餐厅享用,那么为什么投资很大的酒店就不能谢绝客人自带酒水呢?如果大家都把酒水或者食品带入酒店的餐厅、舞厅和酒吧等场所享用,那么谁又会去经营餐厅、舞厅和酒吧呢?

所以,酒店可以谢绝客人自带酒水和食品进入餐厅、酒吧、舞厅等场所享用,但酒店应当将谢绝的告示设置于有关场所的显著位置。

四、侵害客人隐私权纠纷

侵害客人隐私权的纠纷近年来在酒店业也较为突出。由于一些酒店是从过去传统的招待所模式的酒店转变过来的,不太注意保护客人的隐私权。随着法制的健全,越来越多的客人对酒店侵害其隐私权表示不满。从法律的角度来看，虽然客房是属于酒店的，但客房一旦出租给客人，使用权即属于客人。有些酒店不注意保护客人的隐私权，随意将客人的情况透露给他人，或者工作人员随意进入住客房间，客人对此很有意见，由此产生纠纷。《中国旅游饭店行业规范》第十六条规定：饭店应当保护客人的隐私权。饭店员工未经客人许可不得随意进入客人下榻的房间，除日常清扫卫生、维修设施设备或者发生火灾等紧急情况外。

【案例导入 6-3】

总机电话能任性接转吗

凌晨一点左右，昆明某酒店前台话务员接到一位女士的电话，女士来电要求转 3115 房间。话务员立即将电话直接转入 3115 房间。第二天早晨，大堂经理接到 3115 房间孙小姐的投诉电话，说昨晚的来电不是找她的，她的正常休息因此受到了干扰，希望酒店对此做出解释。大堂经理经调查，了解到该电话要找的是前一位住 3115 房的客人，他已于昨晚 9 点退房离店了。孙小姐是快 12 点时才入住的，她刚洗完澡睡下不久，就被电话吵醒了，能不生气吗？

谁知一波未平，一波又起。原住 3115 房的刘先生紧接着也打来了投诉电话，说昨晚他太太打电话来找他，由于话务员不分青红皂白就将电话接了进去，接电话的又是一位小姐，引起了误会，导致太太跟他翻脸。刘先生说此事破坏了他们的夫妻感情，如果不给他一个圆满的答复，他一定会投诉那个话务员，而且今后他公司的人都不会再入住该酒店。

评析：总机话务员在为客人接转电话时，一定要核对被接转电话的客人信息，不能随意接转客人房间电话，否则，会引起麻烦。酒店在此案例中存在服务流程不规范的问题，也直接侵犯了两位住店客人的隐私权。因此，酒店应该向两位住店客人真诚道歉，并向刘太太解释事情的来龙去脉，以期解除其中的误会，求得刘太太的谅解。必要时，可出具证明证实刘先生在当晚 9 点就已离开了酒店。同时感谢刘先生及时将此事告知酒店，引起了酒店的重视，从而帮助酒店提高服务水平。

五、酒店收取房费纠纷

2009 年 8 月，中国旅游饭店业协会公布了新版《中国旅游饭店行业规范》，将原先的第十条"旅游饭店客房收费以'间/夜'为计算单位（钟点房除外）。按客人住一'间/夜'，计收一天房费；次 12 时以后、18 时以前办理退房手续者，饭店可以加收半天房费；次日 18 时以后办理退房手续者，饭店可以加收一天房费"，修改为"饭店应在前厅显著位置明示客房价格和住宿时间结算方法，或者确认已将上述信息用适当方式告知客人"。从旅游饭店行业协会对酒店的经营管理的规范角度上来说，对客人退房的时间不统一规定，有一定道理。因为客人住店消费是经济行为，应该交给市场去选择调整，既没有限制竞争也没有盲目地一刀切，而是把权力交给了消费者和经营者。应当说，行业规范的修改是中国旅游饭店业协会从行业管理的角度调整行业规范中涉及本行业收费问题的表述方法。但这一修改不是对酒店收费方式——"12 点退房"的全部否定。

【案例导入 6-4】

2019 年 3 月 17 日王某入住了昆明西山区的洲际酒店。他于 17 日 16 时到店 18 日 14 时退房。该酒店收取了王先生一天半的房费。王某认为，自己入住的时间是 22 小时，不但不满一天半，而且连 24 小时都不到。酒店多收半天房费的做法没有法律依据，属于霸王条款，违背了公平交易原则。王某一纸诉状将酒店告到了法院，要求宾馆退还多收的半日房费 324 元，书面赔礼道歉并赔偿各种经济损失 6 000 元。

王某的诉状称：2019 年 3 月 17 日下午 4 点，他入住了的昆明西山区的洲际酒店 2403 房间，房价为每日 648 元人民币。次日下午 2 点，他在宾馆前台退房离店。当时，服务员要求他多支付半日的房费，理由是他过了中午 12 点才退房。他在宾馆只入住了 22 小时，连一天都不到，故要求宾馆退还多收的半天房费 324 元，并承担交通费、误工费等其他各项费用共计 6 000 余元。在 6 月 19 日的庭审中王某出具了入住发票、火车票等证据，以证实自己的入住和离开时间。

法庭没有做出当庭判决。但一石激起千层浪，此案在全国的媒体上广泛进行了报道。此案一经报道，立即引起了全社会对酒店收费问题的高度关注，有些媒体对饭店现行的收费方式是否合理合法提出了质疑。

2019 年 7 月 8 日北京市玄武区法庭一审做出了宣判。法庭认为：客店双方关于 12 点前退房的合同规定，并未损害各方利益，不在法律干预范围之内，驳回起诉。法院在判决中称：王某入住酒店时，在有提示"退房时间是中午 12 时整，延时加收半费"的《宾客住房单》和《预收定金》票据上签了名，属于对宾馆要约的承诺。

分析：从该判例可以看出，只要酒店在客人入住的时候对酒店收费的方式明确地告知了客人，并得到了客人的认可，酒店则不存在不合理的格式合同的问题。

【资料链接 6-2】

相关链接之饭店收费

第九条 饭店应当将房价表置于总服务台显著位置，供客人参考。饭店如给予客人房价折扣，应当书面约定。

第十条 饭店应在前厅显著位置明示客房价格和住宿时间结算方法，或者确认已将上述信息用适当方式告知客人。

第十一条 根据国家规定，饭店如果对客房、餐饮、洗衣、电话等服务项目加收服务费，应当在房价表或有关服务价目单上明码标价。

六、客人洗涤衣物破损纠纷

客人洗涤衣物引发的纠纷在酒店较为常见。有的酒店在客人送洗衣物之前不仔细检查客人的衣物有无破损，而在客人收到衣物后对其破损一概予以否认。也有的可能是客人在送洗衣物之前已经破损，但客人自己也不知道，洗涤后才发现问题，引起纠纷的发生。针对酒店常发生的情况，《中国旅游饭店行业规范》第二十五条规定：客人送洗衣物，酒店应当要求客人在洗衣单上注明洗涤种类及要求，并应当检查衣物状况有无破损。客人如有特殊要求或者酒店工作人员发现衣物破损的，双方应当事先确认并在洗衣单上注明。客人事先没有提出特殊要求，酒店按照常规进行洗涤，造成衣物损坏的，酒店不承担责任。客人送洗的衣物在洗涤后及时发现破损等问题，而酒店无法证明该衣物是在洗涤以前破损的，由饭店承担相应责任。

七、客人车辆毁损或灭失纠纷

保管好来店消费客人的车辆，是酒店服务的一部分，因为没有停车服务有些客人是不会来酒店消费的。所以酒店应当保护好来店消费客人的车辆安全，防止车辆被窃和损坏。有些酒店没有有效地保护好客人的车辆安全以致发生纠纷。

近年来，酒店和客人之间因为停车场内的车辆毁损或灭失所发生的纠纷十分突出，有的是场内车辆或者其零部件被盗，有的是车辆受损。因为各酒店所发生的情况各异，在承担责任上，也应有所不同。而酒店内一旦发生上述情况，无论酒店是否有过错，车辆是否停在指定的地方，双方之间是否事先有约定，客人都要求酒店进行赔偿。

对于酒店范围内的客人车辆灭失或毁损，在何种情况下酒店应当负责，何种情况可以免除或者减轻酒店的责任，根据酒店业的实际情况，《中国旅游饭店行业规范》第二十七条规定：饭店应当保护停车场内客人的车辆安全。由于保管不善，造成车辆灭失或者毁损的，饭店应承担相应责任，但因为客人自身的原因造成车辆灭失或者毁损的除外。双方均有过错的，应当各自承担相应的责任。

八、其他行业规范

除了以上列举的这些通用的行业规范外，在不同的省份地区及酒店也有自己特定的规范如《酒店行业文明公约》《××市酒店行业规范》等。

第三节　实施旅游饭店行业规范的意义

《中国旅游饭店行业规范》出台后引起了社会各界前所未有的广泛关注。在中国旅游饭店业协会举行的记者招待会上公布了《中国旅游饭店行业规范》后，中央电视台当晚即做了报道。接着，从中央到各地方电视台，从中央级报刊到各省、市级报刊都给予了广泛的报道，充分显示了社会各界对《中国旅游饭店行业规范》的高度关注。在《中国旅游饭店行业规范》的新闻发布会上,众多人士均做了高度评价,主要表现在以下几个方面。

一、《中国旅游饭店行业规范》的出台标志着中国旅游饭店业向更加成熟的方向迈出了新的一步

中国旅游饭店业是目前国内市场化程度较高,并与国际接轨较为顺畅的行业。但是由于种种原因,我国旅游饭店业尚无统一的行业规范,在一定程度上影响了饭店的经营管理和发展。因此,《中国旅游饭店行业规范》成为中国旅游饭店业发展几十年来规范饭店经营行为的第一部规范,是指导和规范旅游饭店自律行为的准则,同时也是评价饭店经营行为是否符合行业规范、国际规则和法律、法规的依据。该规范的实施,标志着中国旅游饭店业逐步走向成熟。

二、实施规范是主动应对我国加入世贸组织、全球经济一体化竞争和挑战的积极举措

随着我国加入世贸组织和全球经济一体化,我国旅游饭店业同样面临竞争和挑战。因而,要在国际市场竞争中生存和发展,需要采用国际规则和惯例去评价。《中国旅游饭店行业规范》的实施摒弃了过去一家饭店一种规范,行业没有统一规范的弊端,采用了与国际规则接轨的办法,对中国旅游饭店业融入国际酒店业竞争具有积极的意义。

三、实施规范是完善旅游饭店业法规建设的重要步骤

随着旅游酒店的大量增加、社会公众到酒店消费的增多,酒店同客人的纠纷也随之增多。由于目前我国旅游酒店方面的法规还不够完善,我国对旅游酒店业的国际惯例宣传不够,酒店与客人发生纠纷后,往往各执一词,无据可依,客人的权益得不到保护,一定程度上也影响了酒店的经营。《中国旅游饭店行业规范》的出台明确了酒店的义务和责任。

四、实施规范为其他行业制定相应规范及酒店工作程序提供参考依据

近年来,《中国旅游饭店行业规范》继续在中国旅游饭店业和服务行业中发挥重要作用。新闻媒体对其进行了广泛报道,社会知晓度有所提高。该规范为其他服务行业制定行业规范提供了示范和借鉴,促进了行业的规范化发展。

一些全国性和地方性的行业规范在制定时也参考了《中国旅游饭店行业规范》的内容。例如,某地区于近期颁布了新的《本地区旅游饭店行业规范》,借鉴了《中国旅游饭店行业规范》的一些建议和标准,以确保当地的旅游饭店业也能按照国家标准提供服务。

很多酒店在这一背景下对其工作程序和管理制度进行了修正,以更好地符合《中国旅游

饭店行业规范》的要求，提升服务质量和管理水平，以满足不断增长的旅游需求。

五、实施规范是引导酒店客人消费行为、保障其合法权益的有效手段

客人到酒店消费促进了旅游酒店业的发展。为了保障客人的合法权益，根据国家有关法律、法规，《中国旅游饭店行业规范》将客人在旅游酒店消费的具体权利进行了细化界定，明确了酒店在接受客人、保护客人人身和财物安全方面的有关责任，使客人获得更多的知情权，让客人明明白白去酒店消费。

六、实施规范是推动我国旅游饭店业持续健康发展的航标

随着我国旅游市场的日趋成熟，根据国际行业惯例和我国旅游酒店的经营管理现状，《中国旅游饭店行业规范》对我国旅游酒店在经营中的权利和义务及相应的行为准则等进行了相应规定，为旅游酒店平等协商解决有关纠纷提供了有力的参考和依据，使我国旅游酒店的交易成本有所降低，企业整体运行效益和竞争实力得以提升。

七、实施规范为我国旅游饭店行业管理提供依据

随着我国社会主义市场经济的不断完善，各级政府将法制化、规范化建设作为促进行业发展的必要手段。如果说《旅游饭店星级的划分与评定》作为技术标准在推动我国旅游酒店经营管理水平与服务质量的提高上起到了重大的历史性作用，则《中国旅游饭店行业规范》的出台，将从规制的层面促进我国旅游酒店统一规范的形成，为行业管理部门提供重要依据和丰富的管理手段。

· 思 考 题 ·

1. 《中国旅游饭店行业规范》的主要宗旨是什么？
2. 客人物品丢失时酒店方应该如何处理？
3. 针对客人贵重物品和一般物品的保管分别有哪些法规？
4. 客人人身受损害应该如何进行维护？
5. 客人自带酒水，酒店应该如何杜绝这种现象？
6. 酒店如何维护客人的隐私权？
7. 酒店如何收取房费是合理的？
8. 客人洗涤物品破损，酒店应给出什么赔偿？
9. 客人车辆毁损或灭失，客人和酒店各自应承担什么责任？
10. 实施旅游饭店行业规范的意义是什么？
11. 行业规范和法规的区别是什么？

第七章 酒店服务合同

【案例导入 7-1】

2015年1月10日是天津张女士与刘先生结婚的大喜日子。人生大事当然要隆重举办,提前半年,张女士就开始着手准备自己的婚礼。在认真确定前来贺喜的亲朋好友人数后,张女士和刘英于2014年9月来到市内某大酒店提前预订婚宴,准备举办婚礼,并同时向亲友发出了喜帖。不料,2015年1月初,张女士与刘某婚期临近,张女士去酒店核实宴会相关事宜,却突然得知酒店已将原来预订的就餐大厅改订给了他人。"4个月之前就订好了酒席,并交了1 000元的订金,怎么酒店方说变就变了?而且喜帖已经发下去了,这么短的时间,让我们上哪去找办婚宴的酒店?"

酒店经理说,张女士前来预订婚宴的时候,酒店方面还没有接到招待任务,但是现在事情已经无法改变。因1月10日那天酒店有重要接待任务,无法满足张女士与刘某的婚宴要求,所以只能请他们另行选择酒店安排婚宴。酒店方面同意退还张女士所交订金,但是其他赔偿无法满足。2015年1月7日,张女士与刘先生多次找到酒店要求承担违约责任,赔偿精神损失。但是都没有达成一致。

思考

张女士的赔偿要求是否合理,酒店应不应该担责?

第一节 酒店服务概述

一、合同及特征

合同是指平等主体的自然人、法人、其他组织之间设立、变更、终止民事关系的协议。其特征有以下几点。

(1)合同是平等主体之间的法律行为。行政机关对酒店的行政管理关系(如酒店的审批、许可等事宜)、酒店与员工的管理关系等不适用于《民法典》合同编的调整。

(2)合同的民事权利义务关系表现为债权债务关系,而非人身关系,故"婚姻、收养、监护"等民事协议不适用于《民法典》合同编的调整。

（3）合同是两个以上当事人"合意"的结果。

二、酒店服务合同

酒店服务合同是酒店与客人之间设立、变更、终止酒店法律关系的协议。其主要形式有酒店住宿合同、酒店保管合同、酒店租赁合同和酒店预订合同等。酒店服务合同的主体仅限于酒店和客人，是酒店在对客服务过程中，双方形成的服务与被服务的关系，并通过预订、登记入住、开单等法律行为而确立的一系列的契约关系。酒店服务合同明确了酒店和客人双方之间的债权债务关系，有利于酒店服务过程和活动的实施，对酒店和客人来说均具有重要的意义。

三、酒店服务合同的内容

（1）酒店的名称、地址，客人的姓名、身份证号等。

（2）标的。标的是酒店服务合同双方权利义务共同指向的对象。标的是合同法律关系的客体，没有标的，合同关系也就不存在。酒店服务合同标的包括酒店产品或服务，如客房服务、餐饮服务、康乐服务等。

（3）数量和质量。数量和质量是指酒店服务合同标的数量，以及相应的服务等级要求。

（4）价款和酬金。

（5）履行的地点、期限、方式。餐饮服务要明确就餐大厅或包房名称，以及就餐的日期和餐别；住宿则要提供抵达酒店的时间和入住的天数等。

（6）违约责任。

（7）解决争议的方法。

第二节　酒店服务合同的订立

【案例导入 7-2】

2015年，绍兴市区一家酒店与当地的汽车销售公司签有长期合作协议，协议规定公司招待客户时前往酒店就餐，公司业务经理章某等人均可签单消费，餐费由公司按月结算。最近几年来，双方一直按此约进行，没有争端。2017年8月，章某照例多次带人前往该酒店用餐，前后共签单消费1.3万余元。9月初，酒店再次与公司结算时，公司方面表示，章某已于7月份辞职离开公司，不再具有签单权。其8月份的消费也与公司业务毫无关系，公司拒绝支付章某8月份的消费签单。

一、酒店服务合同订立的概念

酒店服务合同是酒店与客人就酒店接待服务的主要条款达成合意的过程。酒店服务合同的订立意味着酒店与客人之间的意思表示一致。

二、订立酒店服务合同主体的资格

（一）具有民事权利能力

民事权利能力是指民事主体依法享有民事权利和承担民事义务的资格。民事权利能力是整个民事能力制度的基础，包括行为能力、意思能力、责任能力。客人的民事权利能力始于出生，终于死亡；而酒店的民事权利能力始于成立，终于破产清算。

（二）具有民事行为能力

民事行为能力是指民事主体以自己的行为取得民事权利和设定民事义务的资格。民事行为能力分为完全民事行为能力、限制民事行为能力和无民事行为能力。其中，安全民事行为能力客人是指 18 周岁以上或 16~18 周岁，以自己的劳动收入为主要生活来源，能完全辨认自己行为的客人；限制民事行为能力客人是指 10 周岁以上和不能完全辨认自己行为的客人；无民事行为能力客人是指不满 10 周岁和完全不能辨认自己行为的客人。酒店的民事行为能力也是始于成立，终于破产清算。酒店有限责任公司和酒店股份有限公司等法人企业具有完全独立的民事行为能力，而不具有法人地位的酒店则多是限制民事行为能力或无民事行为能力。

（三）代理合同

客人依法可以委托代理人订立酒店服务合同。所谓委托代理人订立酒店服务合同，是指客人委托他人以自己的名义与酒店签订合同，并承担由此产生的法律后果的行为。酒店对客服务过程中主要包括委托代理和指定代理。委托代理代订合同有以下特征：

（1）代理人以被代理人的名义做出。

（2）代理人向酒店做出意思表示或接受意思表示。

（3）在委托授权范围内做出。代理人签订酒店合同必须具有被代理人的代理证明书或授权委托书，以被代理人的名义签订。

三、订立酒店服务合同的主要形式

（一）口头形式

口头形式主要是指酒店与客人直接通过当面交谈、电话联系等口头形式来订立酒店服务合同，适用于"即时清结""即时履行"的合同，如客房送餐、委托代办等酒店服务。此形式鼓励交易，但不利于举证解决合同纠纷。

（二）书面形式

书面形式是指酒店与客人通过合同书、信件和数据电文（包括电报、电传、传真、电子数据交换和电子邮件）等有效载体的形式来订立酒店服务合同。例如，预订确认书、入住登记表、行李寄存单和贵重物品保管卡等。

（三）其他形式

其他形式是指根据当事人的行为或者特定情形推定成立的合同，也称默示合同。此类合同是指当事人未用语言明确表示成立，而是根据当事人的行为推定合同成立。

四、酒店服务合同订立的程序

（一）要约

要约是指酒店或客人以缔结合同为目的，向对方提出合同条件，希望对方接受的意思表示，即要约人希望与他人订立合同的主动意思表示。酒店和客人任何一方发出要约，必须以缔结酒店服务合同为目的，而且要约内容必须确定和完整。要约是一种法律行为，一经承诺合同即成立；要约人在要约发出的有效期内受要约的约束。

要约邀请又称"要约引诱"，是指希望他人向自己发出要约的意思表示。发出邀约邀请的当事人只是希望对方发出要约，并不追求缔结合同。因此，要约邀请并不是合同订立的必要程序。例如，酒店向客户寄送的价目表和在各种媒介投放的商业广告等都属于要约邀请，酒店的目的是通过这些手段吸引客户和刺激客户消费的动机，实现客人向酒店发出要来酒店消费的要约。

（二）承诺

承诺是指受约人无条件地接受要约人所提出的要约条款，并愿意订立酒店服务合同的意思表示，也称"接受提议"。酒店和客人任何一方做出承诺，必须由接受要约的一方做出，而且要在要约的有效期内向要约人做出与要约内容完全一致的承诺，不能有实质性变更。承诺是一种法律行为，承诺的法律效力在于一经承诺并送达于要约人，酒店服务合同便宣告成立。

五、格式条款

格式条款是指当事人为了重复使用而预先拟定，并在订立合同时未与对方协商的条款。在酒店服务合同中，格式条款主要表现为酒店业的些行规和惯例，如"12时退房""预抵当日18时未到，预订自动取消"等。

一部分酒店服务合同中的格式条款是从行业规定和国际惯例演变而来的，只要酒店遵循公平原则来确定酒店与客人之间的权利和义务，并且事先向客人告知或履行说明的义务，在一定范围内还是有效的。

如果客人对酒店服务合同的部分格式条款的理解发生争议，应当按照通常理解和不利于酒店利益的解释规则处理。

霸王条款是指酒店单方面制定的逃避法定义务，减免自身责任的不平等的格式条款。当前酒店常见的霸王条款有如下几种：

（1）本促销活动最终解释权归酒店营销部。

（2）本店停车免费，车辆损坏或丢失，本店一概不负责。

（3）谢绝客人自带酒水。

（4）本店商品，一经售出，概不退换。

酒店合同中的霸王条款都是酒店的内部规定，未与酒店客人协商，而且是免除酒店责任，或是加重客人责任的不平等格式条款。因此，从《民法典》合同编追求公平的立法原则来看，霸王条款是没有法律效力的。

第三节　酒店服务合同的效力和履行

【案例导入 7-3】

某五星级酒店于 2008 年 1 月在该市晚报上刊登广告，推出"新春团圆宴"优惠活动，参加办法为：第一，电话咨询；第二，传真或到酒店签订酒店合同；第三，指定银行账户存款。因报社排版失误，餐费 820 元人民币被排成了 320 元人民币。

客人李某通过电话向酒店确认了广告内容的真实性，并将 320 元存到该账号上。就餐当天，李某全家来到酒店却被告知餐费是 820 元而不是 320 元时，他提出解除预订，并要求酒店双倍退还 320 元，还要承担其全家来往路费、误工费等。理由是他依报纸上的条件已经与酒店达成协议。双方协商不下，李某遂以该酒店欺诈消费者为由向人民法院提起诉讼。

思考

1. 该酒店在市晚报上刊登的促销广告是要约吗？为什么？

2. 该酒店是否构成欺诈消费者？能否满足李某提出的赔偿请求？

一、酒店服务合同效力

酒店服务合同效力是指酒店服务合同签订后所产生的法律上的约束力。主要表现为酒店服务合同当事人有约束力，酒店与客人双方产生的权利义务关系，而且这种权利义务关系受法律保护，任何一方不履行，都要承担相应的法律责任。酒店服务合同产生效力的条件有以下几个方面。

（一）主体合格

酒店和客人双方是否具有相应的民事权利能力与行为能力，以及代理人是否有资格等。如果合同主体不合乎法律的要求，酒店服务合同订立则无法律效力，形成无效的酒店服务合同。

（二）意思表示真实

意思表示真实，指酒店与客人在订立合同过程中任何一方表示于外部的意思与其内心真实意思是一致的，不存在任何一方因欺诈、胁迫或乘人之危而做出的不真实、不自由的意思表示。

（三）内容合法

内容合法，就是酒店与客人订立的合同内容不得违反法律，也不得损害社会公共利益。例如，酒店不得容留客人在客房内从事吸毒、卖淫、嫖娼等违法活动。因此，要注意："合同成立"并不同于"合同生效"。

二、无效酒店服务合同

无效酒店服务合同是指酒店与客人签约成立，由于违反法定事由而不受法律保护，没有法律约束力的酒店服务合同。无效酒店服务合同只能由人民法院、仲裁机构确认，而不能由酒店、客人，或任何其他第三方来确认。无效酒店服务合同确认的主要依据有下列几种情况：

（1）酒店和客人一方或双方不具有合同主体资格。

（2）酒店和客人任何一方以欺诈胁迫的手段订立合同，并损害国家利益。

（3）违反法律或损害社会公共利益，恶意串通，损害国家集体或者第三人利益，以合法形式掩盖非法目的，损害社会公共利益违反法律行政法规的强制规定。

对于无效酒店服务合同，酒店和客人可以采取返还财产、赔偿损失和折价补偿等方式，尽量让双方利益恢复到合同未订立时的状态。

三、可变更和可撤销的酒店服务合同

可变更和可撤销的酒店服务合同是酒店服务合同成立之后，存在法定事由，由酒店或客人一方提出申请，人民法院或仲裁机构在审理后可准许变更或撤销有关内容的酒店服务合同。同样的，可变更和可撤销酒店服务合同只能由人民法院、仲裁机构确认，而不能由酒店、客人，或任何其他第三方来确认。可变更和可撤销酒店服务合同确认的依据主要有下列几种情况：

（1）必须具有法定事由：存在"重大误解"，显失公平一方以欺诈胁迫的手段或者乘人之危，使对方在违背真实意思的情况下订立合同的事由。

（2）必须有一方当事人请求变更或撤销。

（3）必须是由人民法院、仲裁机构来行使。

可变更和可撤销酒店服务合同一经人民法院或仲裁机构确认，酒店和客人便可以采取停止履行、返还财产和赔偿损失等方式，尽量让可变更和可撤销酒店服务合同的法律效力中止。

四、酒店服务合同的履行

酒店服务合同的履行是酒店服务合同具有法律约束力的首要表现，是指酒店服务合同双方当事人，依法完成合同规定的义务和实现各自权利。酒店服务合同的订立是前提，酒店服务合同的履行是关键。

（一）坚持全面履行原则

坚持全面履行原则指当事人除按合同规定的标的履行外，还要按合同规定的数量、质量、期限、地点、价金、结算方式等各方面全面、适当地履行。不能用其他标的来代替合同标的，也不能以偿付违约金、赔偿金来代替履约。

（二）诚实信用履行原则

酒店服务合同当事人应根据合同的性质、目的和交易习惯履行通知、协助、保密等义务。

五、履行担保

酒店服务合同的担保，是指在订立酒店服务合同时，为保证其履行，酒店和客人双方经协商一致采取的具有法律效力的保证措施。常用的酒店服务合同担保有保证和定金两种形式。

（一）保证

保证是指保证人和酒店约定，当酒店客人不履行债务时，由保证人按照约定履行相应债务的行为。

（二）留置

留置是指当酒店客人不按照合同约定的期限履行债务，酒店有权留置其在酒店内的财产的行为。

（三）定金

定金是指酒店客人依法或者约定，按照合同标的额的一定比例，预先支付给对方当事人的货币。其性质既有履行担保功能，又有违约补救功能。

第四节　酒店服务合同的变更、终止和解除

【案例导入 7-4】
　　一天上午，一顾客来到总服务台，要求取消前几天预订好的两桌寿宴，并要求退还预交的 200 元订金。这时总台服务员按照酒店的有关规定向这位顾客做出如下解释：要取消须提前一天办理，而此时是当日，许多您预订的菜品已准备好，此时取消会给酒店造成很大损失，酒店收取订金的目的就是避免此类损失，请您理解。这时客人发火了，拿出酒店开出的订金收据与酒店论理，并要求见大堂经理。经理接过收据仔细一看，上面写得清清楚楚，张先生预订 2003 年 11 月 6 日中午餐厅雅间 2 桌，标准 500 元/桌，并注明了订金 200 元，没有什么不妥。这时客人严厉地说："上面写得很清楚，我是'预订'，不是'预定'，我交的是'订金'，非'定金'，你们读过书没有？我这个'订'是可以改变的，而这个'定'才是不可变更的，为什么不能退？"

一、酒店服务合同变更

　　酒店服务合同变更是指酒店服务合同成立以后，尚未履行完毕之前由酒店和客人双方依法对原合同的内容所进行的修改或补充。其包括以下 3 层含义。
　　原酒店服务合同关系存在。酒店服务合同的变更是在原酒店服务合同成立以后，尚未履行完毕之前进行的，所以原酒店服务合同关系存在，没有变更的条款依然具有法律效力。酒店服务合同内容部分变动，例如，酒店服务合同中餐饮数量客房类型与等级的变化等，需要当事人协商一致。

二、酒店服务合同终止

　　酒店服务合同终止是指酒店服务合同当事人双方终止合同关系，合同所确定的当事人之间的权利、义务关系消灭。

（一）结账终止

　　客人结算完消费账单，履行完客人消费付款义务，并结束在酒店的消费活动，则酒店服务合同关系终止。

（二）解除终止

　　客人也可以因计划有变提前退房，提前结束酒店住宿服务合同。但客人一定要事先通知

酒店，并取得酒店的同意；同时客人也要积极配合酒店，做好退房结账的相关工作。因此，当酒店和客人任何一方要解除酒店服务合同时，都要及时通知对方，并且给对方提供协作等义务。当酒店服务合同终止后，双方的权利义务关系即宣告结束。

三、酒店服务合同解除

酒店服务合同解除是指酒店服务合同成立并生效后，因双方当事人的协议或者法定事由，而使合同权利义务关系终止的行为，即在合同关系有效期未满前，当事人提前终止合同的效力。酒店服务合同解除包括双方协议解除和单方法定解除两种形式。其中，酒店服务合同单方法定解除情形有下列几种：

（1）因不可抗力事件，致使酒店服务合同的义务不能履行。

（2）在履行期限届满之前，客人和酒店任何一方明确表示或者以自己的行为表示不履行主要债务。

（3）酒店和客人任何一方在酒店服务合同履行期间存在违法行为。

（4）法律规定的其他情形。

四、酒店服务合同解除的法律后果

酒店服务合同的解除，其通知或协议应当采取书面形式；合同解除不影响当事人要求赔偿的权利、不影响合同中约定的清算条款、不影响约定的解决争议的条款。

需要注意的是，酒店服务合同终止与酒店服务合同解除的"结果"相同，但"过程"不同：①解除是终止的特殊形式；②出现的情形不同。

第五节　酒店服务合同违约责任

【案例导入 7-5】

6月16日张先生到某酒店预订了7月4日中午在一楼大厅举办宴席，交付了1 500元押金，酒店开具了注明有"若有变动，押金不退"的收据。6月20日张先生因肠炎住院治疗。21日张先生家人与酒店电话联系，说明情况，希望退订。24日酒店回复不能退订。于是25日张先生家人亲自到酒店交涉，希望往后延迟。28日酒店电话回复说不能延迟，张先生只好取消在该酒店举办宴席的计划。现在张先生希望讨回押金。

一、酒店服务合同违约责任

违反酒店服务合同的责任，又称酒店服务合同违约责任，是指酒店服务合同当事人不履行或不完全履行合同所规定的义务，依据法律规定或酒店服务合同约定所应承担的法律责任。

二、违约责任的严格责任原则

该原则指有违约事实违约方就必须承担违约责任（在发生不可抗力的情况下除外）。违约事实是客观条件，包括合同完全没有履行和合同没有完全履行两种情况。严格责任原则不要求证明违约方是否有过错事实，无论是故意还是过失，主观上有无过错，都要承担违约责任。补充：过错责任原则，需要满足存在"违约事实是过错事实"。在发生违约事实的情况下，谁有过错，即由谁承担违约责任，没有过错的当事人不承担违约责任。

三、违约责任的承担方式

（一）继续履行

继续履行是指一方违约偿付了违约金后，根据对方的要求，在对方指定或双方约定的期限内，继续履行合同中规定的义务。

（二）补救措施

补救措施是指违约方采取的除继续履行、支付违约金、订金等方式以外的其他补救措施。例如，酒店餐饮服务合同中，如菜品口味不符合要求，可采取换菜、打折、赠送等方式承担违约责任。

（三）赔偿损失

赔偿损失是指合同当事人由于不履行合同义务或者履行合同义务不符合约定，给对方造成财产上的损失时，由违约方以其财产赔偿对方所蒙受的财产损失的一种违约责任形式。赔偿损失是世界各国一致认可的也是最重要的一种违约救济方法。构成违约赔偿损失的条件有损害事实和违约行为，而且两者之间有因果关系。赔偿损失的依据应以违约给对方所造成的损失为标准，不能随意夸大损失，赔偿不能超过订立合同时的预期收益；对于因经营欺诈给对方造成的违约损失采取两倍的惩罚性赔偿；双方要积极努力，尽量减少违约损失。

四、违约金

违约金是指合同当事人依法规或者约定，一方违约时向对方支付的一定数量的货币，违约金属于承担违约责任的一种形式，是以"补偿性"为主、"惩罚性"为辅的违约责任承担形式。违约金分为法定违约金与约定违约金。违约金为约定违约金时，应当在合同中订立，没有订立约定违约金的合同，当事人无权要求对方偿付违约金；违约金的数额应与违约损失大体相当，如果违约金过高或过低于违约损失，当事人可以请求仲裁机构或者法院予以适当减少或增加。

五、定金

定金是指合同当事人依法或者约定、按照合同标的额的一定比例，预先支付给对方当事人的货币。定金既有履行担保功能，又有违约补救功能。

（一）定金与违约金的区别

（1）定金预先支付，违约金事后补救。

（2）定金为双向担保，违约金是单向的。

（3）定金有定金制裁（支付定金方违约，无权要求返还定金；收取定金方违约，双倍返还定金），违约金无此罚则。

（4）定金责任为领罚性责任，以惩罚为核心，不以有实际损失为条件，违约金是补救性责任，以补偿损失为要务。对于合同中既有定金，又有违约金约定的，一般由受偿方选择一种方式而获得补偿。

（二）定金与押金

定金与押金都采取货币担保形式，都是预先向合同一方支付货币。但两者存在以下不同点：

（1）功能不同。定金有担保和违约补救功能，押金具有担保功能，而不具违约补救功能。

（2）金额不同。定金一般在标的额的 20%以下，押金可以超过或者等于合同标的额。例如，消费者租 VCD、书籍等一般要支付押金。

（3）罚则不同。定金有定金制裁，而押金没有。

（三）定金与订金

定金与订金（就是"预付款"）都属于预先支付货币的形式，虽一字之差，法律意义却大不相同。

（1）功能不同。定金有担保功能，可以保证合同双方履行合同，否则会有定金制裁给违约方予以制裁；而订金不具担保功能，任何一方合同违约，都可申请返回订金。

（2）金额不同。定金一般在标的额的 20%以下，订金可以超过、少于或者等于合同标的额。

（3）罚则不同。定金有定金制裁，而订金没有。对于酒店服务合同中收取的价款，如果没有明确是定金或订金的，一律视为订金，也就是法律意义上的"预付款"。

（4）不可抗力。不可抗力是指不能预见、不能避免、不能克服的客观情况，主要包括地震、水涝、洪灾等自然灾害现象，以及政治骚乱、罢工、战争等社会现象。对于因不可抗力造成酒店服务合同不能部分或全部履行，可以部分或者全部免除责任。

（5）酒店服务合同纠纷处理。酒店服务合同纠纷是指当事人双方对酒店服务合同履行的情况和对不履行或者不完全履行酒店服务合同的后果产生的争议。其处理方式如下：

①协商和解解决；

②调解解决；

③诉讼解决（二审判决为终审判决）。

·思 考 题·

1. 酒店服务中最常见的质量问题是什么？如果消费中发现与合同不符的情况，客人如何按照合同约定主张自己的权益？

2. 酒店如何确保客人的安全？

3. 在费用方面，客人与酒店之间可能会出现哪些争议？

4. 当客人需要退订或取消预订时，酒店和客人之间会出现哪些问题？

第八章 酒店的法律责任

第一节 酒店法律责任概述

一、酒店法律责任的概念

酒店法律责任是指酒店因违法行为而必须承担的具有强制性的法律后果。酒店在经营活动中作为法律关系的主体，如果不履行或不适当履行义务，或者违反国家的有关规定，就应当承担相应的法律责任。

二、法律责任与义务

法律上所谓责任和义务是两个不同的概念，它们有不同的本质。义务是法律规定当事人所应为的行为，它与权利相对应。义务的履行即为权利的实现，义务的违反即发生责任。所以，法律责任是以义务的存在为前提的，无义务即无责任。只有义务人违反义务时才发生责任。

三、法律责任的特点

法律责任与其他社会责任相比，有其自身的特点：在法律上有明确、具体的要求和规定；由国家强制力保证其执行；由国家授权的机关依法制裁。

第二节 酒店的民事责任

【案例导入 8-1】

在某家饭店，饭店要求客人将贵重物品存放在饭店的安全寄存箱内，并且有明显的告示，足以引起客人的注意。客人没有按照饭店的要求去做，而且在睡觉时忘记将门锁上，以致贵重物品被窃，经查该物品确实属于被盗。由于被盗的物品无法追回，客人上告法院。客人提出的理由是：物品确实是在自己的房间被盗，并出示了有力的证据（经法庭确认，事实清楚）。饭店的理由是：在客房和住客登记表上均注明"客人的贵重物品需存入安全寄存箱内"，而客人并没有按照饭店的要求去做，而且在睡觉时没有锁好门，致使物品被窃。

法院最后认定，双方均有一定的理由，但都有过错。饭店在安全工作方面欠佳，如果饭店的巡逻提醒客人锁好房门或发挥好监控系统的作用，是可以阻止盗贼进入客房内作案的；客人的责任在于未遵守有关规定，而将贵重物品放在房间内，并且没有将房间门锁好，导致物品被盗。

一、民事责任的概念

民事责任是平等主体之间违反民事法律规范应当承担的法律责任。承担民事责任的方式主要有：停止侵害；排除妨碍；消除危险；返还财产；恢复原状；修理、重作、更换；赔偿损失；支付违约金；消除影响、恢复名誉；赔礼道歉等。

二、因违反合同产生的责任

《民法典》第五百七十七条规定："当事人一方不履行合同义务或者履行合同义务不符合约定的，应当承担继续履行、采取补救措施或者赔偿损失等违约责任。"第五百七十八条规定："当事人一方明确表示或者以自己的行为表明不履行合同义务的，对方可以在履行期限届满前请求其承担违约责任。"

酒店违约行为可能是对客人的违约，既违反旅游服务合同，也可能是对其他企业的违约。违反合同的行为是对预先约定义务的违反，是对相对权利的侵犯。凡是酒店的违约行为给对方造成损失的，酒店都要承担相应的法律责任。

三、因侵权产生的责任

《民法典》第一千一百六十五条规定："行为人因过错侵害他人民事权益造成损害的，应当承担侵权责任。依照法律规定推定行为人有过错，其不能证明自己没有过错的，应当承担侵权责任。"过错包括故意和过失。行为人有意造成他人损害，或者明知其行为会造成他人损害仍实施加害行为的，为故意。行为人由于疏忽或者懈怠，对损害的发生未尽合理义务的，为过失。无论是故意还是过失，只要给对方造成侵权，就应当承担责任。

第三节　酒店的刑事责任

【案例导入 8-2】

在美国伊利诺州 XED 饭店，曾有一位客人在房内匆忙穿衣时，一腿缠在短裤内，跌倒在地，头部撞在墙上，肿起一大包，并引起疼痛。当晚，同室人员向饭店报告了此事，说明他的脑后有一大肿块，正在呕吐。饭店派出一妇女前去帮助护理，该妇女自称有执照和实践经验，实际上她并无执照。她未能诊断出客人的伤势，而该客人当时已是脑部出血。当最后客人找到医生诊断时，为时已晚，必须要动大手术，并且脑部将永远受损。如果当时能够及早地做出诊断，脑部的损伤是可以避免的。在此案中，由于饭店的过错，法院判饭店赔偿该客人 21 万美元。

刑事责任，是指犯罪主体由于其行为触犯刑法，构成犯罪而导致受刑罚处罚的责任。酒店在经营管理活动中，其行为违反国家的刑法，情节严重，造成重大影响或产生严重后果，构成犯罪的，依法承担刑事责任。

《中华人民共和国刑法》第十四条规定："明知自己的行为会发生危害社会的结果，并且希望或者放任这种结果发生，因而构成犯罪的，是故意犯罪。"第十五条规定"应当预见自己的行为可能发生危害社会的结果，因为疏忽大意而没有预见，或者已经预见而轻信能够避免，以致发生这种结果的，是过失犯罪。"故意犯罪，应当负刑事责任。过失犯罪，法律有规定的才负刑事责任。行为在客观上虽然造成了损害结果，但不是出于故意或者过失，而是由于不能抗拒或者不能预见的原因所引起的，不是犯罪。

《中华人民共和国刑法》第三百六十一条规定："旅馆业、饮食服务业、文化娱乐业、出租汽车业等单位的人员，利用本单位的条件，组织、强迫、引诱、容留、介绍他人卖淫的，依照本法第三百五十八条、第三百五十九条的规定定罪处罚。"根据刑法的规定，酒店的主要负责人犯此罪的，从重处罚。

第三百六十二条规定："旅馆业、饮食服务业、文化娱乐业、出租汽车业等单位的人员，在公安机关查处卖淫、嫖娼活动时，为违法犯罪分子通风报信，情节严重的，依照本法第三百一十条的规定定罪处罚。"酒店有违反《中华人民共和国消防法》的行为，构成犯罪的，依法追究刑事责任。

第四节 酒店的行政责任

【案例导入 8-3】

江苏省太仓市某三星级迎宾馆从 1998 年 12 月至 1999 年 4 月期间,以招聘"按摩女"为名,先后招聘 15 名女青年在宾馆的休闲中心从事卖淫活动。"按摩女"一经录用,就要交出身份证,由副总经理浦某统一保管。宾馆统一安排住房,还制定了"按摩女"管理制度。宾馆还定期对"按摩女"进行 B 超和妇科检查,并统一发放避孕工具和药品。案发后,总经理杨某、休闲中心经理王某被判死缓,副总经理浦某被判有期徒刑 9 年。

行政责任,是指因行政违法行为而承担的法律责任。行政责任可以分为违法行政责任和行政违法责任。违法行政责任,是指行政机关及其公职人员在行政管理中滥用职权和违法失职行为而导致的行政责任。行政违法责任,是指因行政管理行为违反行政管理法规而承担的法律责任。酒店在经营管理中违反国家的行政法规,将依法受到相应的行政处罚,包括罚款,没收非法所得,责令改正、警告、吊销营业执照等。对有以下行为的酒店,有关部门将视情节轻重给予警告,通报批评,罚款,没收非法收入,停业整顿,吊销营业执照等。

(1)开办酒店未经主管部门批准,向工商行政部门申请登记,领取营业执照的。

(2)超越获准的营业范围的。

(3)进行违法经营的。

(4)违反国家价格管理规定的。

(5)违反用工制度的。

(6)违反外汇管理规定的。

(7)服务质量低劣,造成不良影响的。

(8)无理拒绝有关行政管理部门检查的。

(9)违反其他行政管理法律、法规规定的情况的。

·思 考 题·

1. 酒店经营过程中最常见的法律责任是什么?
2. 什么是客人人身伤害责任?
3. 什么是合同违约责任?
4. 酒店食品安全和卫生责任包括哪些内容?
5. 酒店如何确保服务质量和安全?

第九章 酒店安全管理

第一节 酒店治安安全管理

【案例导入 9-1】

2010年8月20日上午,广州市东山区公安分局接到在该辖区某酒店内有严重的违法活动的举报,当即对该酒店进行治安检查,查出11间客房里有人吸毒,另一些房间内有人赌博,并收缴一批毒品和赌具。据违法分子交代,他们已在该酒店进行了一段时间的违法活动。该酒店严重违反了《旅馆业治安管理办法》中"旅馆内,严禁卖淫、嫖宿、赌博、吸毒、传播淫秽物品等违法犯罪活动"的规定,使酒店成为不法分子吸毒、赌博等违法犯罪活动的场所,性质严重。2010年9月9日,广州市东山公安分局和广州市工商局联合作出决定:由于该酒店治安秩序混乱,藏污纳垢情况严重,责令其停业整顿。

一、酒店治安管理概述

社会安定、治安良好、客人有安全感是酒店业又快又好发展的基本条件,酒店业治安状况的好坏,对酒店行业的发展至关重要。我国十分重视酒店业的治安管理,先后发布了一系列法律规范保障酒店治安管理。《中华人民共和国治安管理处罚法》于2005年8月28日第十届全国人民代表大会常务委员会第十七次会议通过,自2006年3月1日起施行,2012年又进行了修正。《旅馆业治安管理办法》于1987年9月23日经国务院批准,1987年11月10日由公安部发布,自发布之日起施行;2011年1月8日对部分条款做出修订。《娱乐场所管理条例》于2006年1月29日经国务院批准公布,自2006年3月1日起施行,2016年2月6日根据《国务院关于修改部分行政法规的决定》对部分条款进行修订。

二、开办酒店的治安管理

开办酒店,其房屋建筑、消防设备、出入口和通道等,必须符合消防、治安法规的有关规定,并且要具备必要的防盗安全措施。申请开办酒店,应经主管部门审查批准,经当地公安机关签署意见,向工商行政管理部门申请登记,领取营业执照后,方准开业。经批准开业的酒店，如有歇业、转业、合并、迁移、变更名称等情况，应当在工商行政管理部门办理变更登记后 3 日内，向当地的县、市公安局、分局备案。违反上述规定开办酒店的，公安机关可以酌情给予警告或者处以 200 元以下罚款；未经登记，私自开业的，公安机关应当协助工商行政管理部门依法处理。

三、酒店经营中的治安管理

（1）凡经营酒店住宿业，要依法建立各项安全管理制度，设置保卫部门或配置安全人员。

（2）酒店接待客人住宿必须登记。登记时，应当查验客人的身份证件，按规定的项目如实登记。接待境外客人住宿，还应当在 24 小时内向当地公安机关报送住宿登记表。当前酒店住宿登记存在"一人登记多人住宿""本人登记他人住宿""住宿不登记"等多种违规现象。这些乱象造成酒店宾馆成了犯罪嫌疑人、逃犯的首选藏身地。给酒店经营带来重大安全隐患。因此，床位数达到一定规模的酒店宾馆，应全部安装治安信息系统。待客人入住后，要将他们的身份证信息录入酒店的治安信息系统，以备公安部门检查。客人登记入住后，也不得私自留客住宿或者转让床位。

（3）酒店应当设置客人财物保管箱、柜或者保管室、保险柜，指定专人负责保管工作。对客人寄存的财物，要建立登记、领取和交接制度。

（4）酒店对客人遗留的物品，应当妥当保管，设法归还原主或揭示招领；经招领 3 个月后无人认领的，要登记造册，送当地公安机关按拾遗物品处理。对违禁物品和可疑物品，应当及时报告公安机关处理。

（5）严禁客人将易燃、易爆、剧毒、腐蚀性和放射性等危险物品带入酒店，对违禁物品和可疑物品，应当及时报告公安机关处理。

酒店内，严禁卖淫、嫖宿、赌博、吸毒、传播淫秽物品等违法犯罪活动，绝不能对在酒店中从事卖淫、嫖宿、赌博、吸毒、传播淫秽物品等违法犯罪活动袖手旁观，必须及时向当地公安机关报告。

酒店工作人员发现违法犯罪分子、形迹可疑的人员和被公安机关通缉的罪犯，应当立即向当地公安机关报告，不得知情不报或隐瞒包庇。

四、酒店娱乐场所的治安管理

在酒店内开办舞厅、音乐茶座等娱乐、服务场所的，除执行《旅馆业治安管理办法》《娱乐场所管理条例》等有关规定外，还应当按照国家和当地政府的有关规定管理。

（1）国家倡导弘扬民族优秀文化，禁止酒店娱乐场所从事违反宪法确定的基本原则的；危害国家统一、主权或者领土完整的；危害国家安全，或者损害国家荣誉、利益的；煽动民族仇恨、民族歧视，伤害民族感情或者侵害民族风俗、习惯，破坏民族团结的；违反国家宗教政策，宣扬邪教、迷信的；宣扬淫秽、赌博、暴力以及与毒品有关的违法犯罪活动，或者教唆犯罪的；违背社会公德或者民族优秀文化传统的；侮辱、诽谤他人，侵害他人合法权益的；法律、行政法规禁止的其他内容。

（2）酒店娱乐场所及其从业人员不得从事黄赌毒等违法活动，也不得为黄赌毒等违法活动提供条件。

（3）营业场所的出入口、主要通道要安装闭路电视监控设备和设置明显指示标志，在营业期间保证闭路电视监控设备正常运行，并将闭路电视监控录像资料留存30日备查。

（4）歌舞娱乐场所的包厢，包间内不得设置隔断，并应当安装透明门窗。包厢、包间的门不得有内锁装置。营业期间，歌舞娱乐场所内亮度不得低于国家规定的标准。

（5）娱乐场所使用的音像制品或者电子游戏应当是合法正版的产品。游艺娱乐场所不得设置具有赌博功能的电子游戏机等游戏设施设备，不得以现金或者有价证券作为奖品，不得回购奖品。每日凌晨2时至上午8时，娱乐场所不得营业。

（6）任何人不得非法携带枪支、弹药、管制器具或者携带爆炸性、易燃性、毒害性、放射性、腐蚀性等危险物品和传染病病原体进入娱乐场所。迪斯科舞厅应当配备安全检查设备，对进入营业场所的人员进行安全检查。

（7）营业期间应当保证疏散通道和安全出口畅通，不得封堵、锁闭疏散通道和安全出口，不得在疏散通道和安全出口设置栅栏等影响疏散的障碍物。

（8）不得接纳未成年人，也不得招用未成年人。除国家法定节假日外，酒店设置的电子游戏机不得向未成年人提供。应当在营业场所的大厅、包厢、包间内的显著位置悬挂含有禁毒、禁赌、禁止卖淫嫖娼等内容的警示标志，未成年人禁入或者限入标志。标志应当注明公安部门、文化主管部门的举报电话。

（9）娱乐场所应当建立从业人员名簿和营业日志，且营业日志不得删改，并应当留存60日备查。娱乐场所应当与保安服务企业签订保安服务合同，配备专业保安人员；不得聘用其他人员从事保安工作。

（10）娱乐场所应当建立巡查制度，发现娱乐场所内有违法犯罪活动的，应当立即向所在地县级公安部门、县级人民政府文化主管部门报告。

第二节 酒店食品安全管理

一、食品安全责任的概念

酒店应当向客人提供符合食品安全与卫生标准的饮食，否则，由此造成的客人身体损害，酒店应承担责任。

如果酒店提供不安全的食品，造成了后果，虽然该食物并非酒店本身生产，而是从店外购买来售给客人的，酒店也应当承担责任。当然，酒店享有向食品生产部门追偿损失的权利。

二、酒店经营不安全食品的责任

（一）酒店生产不安全食品的责任

酒店生产不安全食品，造成客人人身伤害，应当承担责任，这种伤害包括故意或过失。但无论是故意还是过失，只要是由于酒店的原因而造成客人食物中毒或引起食源性疾病，酒店将承担相应的责任。

由于酒店生产不安全食品，造成客人食物中毒或食源性疾病的，酒店不但要承担客人的医疗费等项费用，情节严重的还要受到相应的处罚。

（二）酒店销售不安全食品的责任

由于酒店销售不安全食品，造成客人食物中毒或食源性疾病，也应当承担责任。有的酒店出售的食物不是由本酒店制作的，而是从酒店外的食品生产单位购进，然后再售给客人的，这时如造成客人人身损害，酒店应当先向客人赔偿损害，然后再向原生产单位追偿损失。

（三）对酒店经营不安全食品的处罚

（1）有关主管部门按照各自职责分工，没收违法所得、违法生产经营的食品和用于违法生产经营的工具、设备、原料等物品。

（2）违法生产经营的食品货值金额不足1万元，并处2 000元以上5万元以下罚款。

（3）货值金额1万元以上的，并处货值金额5倍以上10倍以下罚款。

（4）情节严重的，吊销许可证。

三、对损害赔偿的请求

客人因为食用了酒店提供的饮食而受到损害，受害人可以向县以上食品安全监督管理部门提出损害赔偿要求，请求给予处理。

由县以上食品安全监督管理部门根据具体情况和有关法律规定，确定赔偿范围和数额，作出决定。

当事人如果不服从决定，可以向人民法院起诉，通过民事诉讼程序解决。受害人或其代理人也可以直接向人民法院请求损害赔偿的诉讼。

四、对食物中毒事故的处理

如发现客人出现食物中毒，应立即报告本部门经理。部门经理在接到客人可能食物中毒的报告后，应立即通知医生前往诊断。

酒店要对客人所用的所有食品取样备检，以确定中毒原因，并通知当地卫生防疫部门。

五、其他责任问题

（一）客人自身的原因

由于个别客人自身的原因，食用后引起过敏或中毒，酒店不承担法律责任。

由于客人不注意饮食卫生而引起的疾病，酒店也不承担责任。

（二）食品瑕疵的问题

食品不符或发现食品中有沙子、苍蝇、小虫等异物，客人有权要求酒店调换或退还。

第三节 酒店消防安全管理

【案例导入 9-2】

2017年10月1日，消防大队在对GLD酒店有限公司进行突击检查时发现，该单位多项消防设施故障，不具备防灭火功能，严重威胁公共安全。10月2日下午，高新消防大队依法对其实施临时查封，要求其立即停业整改。然而10月3日11时许，该酒店员工王某在明知酒店被消防大队依法临时查封后，仍擅自将消防大队粘贴在酒店控制室电源箱上的封条拆开，并将电源开关合上后让酒店继续通电营业。事后，王某主动投案。长沙市公安局高新区分局根据《中华人民共和国消防法》，对王某行政拘留七日。

思考

王某为何被处以七日的行政拘留？该酒店在此过程中可以免责吗？

一、消防法律制度概述

我国十分重视消防立法工作，目前已初步形成了以《中华人民共和国消防法》为基本法律，以消防法规和技术规范、标准以及地方性消防法规相配套的消防法规体系。1998年4月29日，第九届全国人民代表大会常务委员会第二次会议审议通过了《中华人民共和国消防法》（以下简称《消防法》），同年9月1日起施行；现行《消防法》又于2008年10月28日修订通过并公布，自2009年5月1日起施行。为适应经济社会快速发展的需求，《消防法》正在修订之中。

此外，1999年5月11日公安部部长办公会议通过并发布施行《公共娱乐场所消防安全管理规定》，以及公安部先后颁布了与《消防法》相配套的《建筑工程消防监督审核管理规定》《火灾事故调查规定》《消防监督检查规定》《机关、团体、企业、事业单位消防安全管理规定》等部门规章。

二、酒店消防安全管理内容

（1）酒店工程在建设前，应当将酒店消防设计文件报送公安机关消防机构进行消防设计审核，审核通过后方能发放申领施工许可证。

（2）酒店在投入使用、营业前，应当向所在地县级以上公安机关消防机构申请消防安全检查，未通过检查的，不得投入使用。

（3）酒店的法人代表或者主要负责人是酒店的消防安全责任人，对酒店的消防安全工作全面负责。酒店应当落实逐级消防安全责任制和岗位消防安全责任制，明确逐级和岗位消防安全职责，确定各级、各岗位的消防安全责任人。

（4）酒店的舞厅、餐厅、酒吧等场所，必须按核定人数接待，不得超员。

（5）酒店要设有与附近公安消防队直通的火警电话，客房内应有安全疏散路线图。餐厅、楼层及走道应当配置相应种类的轻便灭火器材，各楼层宜配备供住客自救用的安全门或M2缓降器、软梯、救生袋等避难救生器具等。

（6）酒店应当按照国家有关规定，结合本单位的特点，建立健全各项消防安全制度和保障消防安全的操作规程，并公布执行。

酒店消防安全制度主要包括以下内容：消防安全教育，培训；防火巡查、检查；安全疏散设施管理；消防（控制室）值班；消防设施、器材维护管理；火灾隐患整改；用火、用电安全管理；易燃易爆危险物品和场所防火防爆；专职和义务消防队的组织管理；灭火和应急疏散预案演练；燃气和电气设备的检查和管理（包括防雷、防静电）；消防安全工作考评和奖惩；其他必要的消防安全内容。

三、酒店火灾的预防

（1）在建筑装修方面严格把关，选用材料要符合防火安全要求，严禁使用易燃可燃材料进行大面积装修。

（2）规范电路设备的安装，加强电路设备的日常维修和维护。

（3）强化防火安全意识，健全各项制度。随时提醒客人注意防火安全，提倡安全服务用语，在物资仓库设醒目的防火标志。在工作人员中普及防火及灭火常识。

（4）配备充足的消防器材设施，做好灭火准备。在酒店公共区域配备灭火装置，在客房内配备手电筒、逃生绳等逃生器材；定期组织人员搞好灭火演练，不断提高酒店内部的自防自救能力。

四、酒店火灾应急预案

（1）发现火情后，应第一时间确定火势大小。如果是在火灾初起阶段，应就近取灭火工具进行灭火。如果火势较大个人无法控制，应迅速将火警信息向直接级领导和酒店消防中心汇报。

（2）酒店总经理根据火情情况，决定报警后，酒店立即启动消防应急预案。通知工程部停止电梯使用，然后全酒店断电，开启应急照明装置，并立即组织力量扑救火灾。

（3）组织酒店人员有序引导酒店客人疏散，避免造成客人恐慌。

（4）对因参加救火受伤、致残或死亡的人员，按照国家有关规定给予医疗或抚恤。

【案例导入9-3】

2017年2月25日8时22分，南昌市公安消防支队指挥中心接到报警，位于红谷滩新区的某星级酒店1楼KTV发生火灾。南昌市消防支队指挥中心立即调派8个中队、20辆消防车、160余名消防救援人员赶赴现场扑救，火灾共造成10人死亡、13人受伤。初步调查，火灾是由于切割装修材料引起的。7名相关责任人员被公安机关控制。事故正进一步调查中。

事故发生后，媒体曾刊文十问南昌酒店火灾。

1. KTV为什么会有现场切割施工？

建筑一至二层为KTV，该KTV于2月17日起停业，2月20日开始整体拆除内部装修材料，打算后期重新装修改造。

2. 火是怎么着起来的？

火灾原因初步认定为工人在一楼至二楼楼梯用气割枪切割楼梯扶手过程中，高温熔融物掉落到楼梯下方，引燃堆放的废弃沙发蔓延成灾。

3. KTV店和现场作业工人是什么关系？

KTV店管理层决定要拆除KTV原有装修，以15万元的价格承包给刘某（刘某没有相关资质，没有专业施工队伍），刘某以12.7万元转包给万某拆除墙面装修等。同时，刘某又以2万多元的价格将拆除的物品卖给收破烂的李某，约定李某要自行把一楼至二楼的金属楼梯切割走。

4. 楼梯底下的沙发原本该由谁清理？

据包工头刘某和切割工李某介绍，沙发应该由二楼拆墙班组工头万某清理，刘某曾多次催促万某，万某一直拖延。

5. 肇事切割工是否经过专业培训？

据切割工李某自己介绍，平时以收破烂为业，没有经过专业的切割培训和相关资质。

6. 最早发现起火的是谁？是否组织扑救？

据切割工李某介绍，他和另一个同伴先发现起火，立即寻找灭火器灭火，一楼KTV因为已经停业，灭火器被收走，李某找到大厅旁边的室内消火栓，利用消防软管进行了灭火扑救，但火势太大，便放弃灭火。李某的同伴称，火灾发生时，接梯底下有多个沙发，着火的沙发在靠里面，他努力搬走外面的沙发想进去灭火，但是火势在一分钟内便猛烈燃烧，在他搬完第三个沙发后，已经不能靠近火源，随后自行逃生，手上有救火的伤痕。李某逃生时，搬走了切割用的两个氧气瓶和煤气罐。

7. 火灾现场为何浓烟不断？

KTV内有大量的沙发座椅，还有已经拆下来的塑料材料、隔音棉、木质板材皮料、垃圾等，堆放在大厅，燃烧后短时间内会产生巨大烟雾。

8. 火势为什么蔓延这么快？

据切割工李某介绍，一楼楼梯上方有从二楼天花板掉下来的装饰布艺，瞬间被一楼沙发引燃，再引燃二楼沙发和其他可燃物。沙发里面主要的成分是海绵，海绵是用合成树脂（塑料）做成的，属于易燃材料，火灾蔓延速度快，燃烧生成大量含基的气体，毒性大，窒息性强，过多吸入后会中毒身亡。

9. 发生火灾时KTV内的消防设施为何没有启动？

据包工头刘某介绍，他从KTV老板处接到拆除业务后，要求KTV切断了店内原有的电源和消防设施的水源，以方便施工。

10. 遇难者为何没能第一时间逃生？

起火时二楼有20人左右，靠近楼梯的南面和中间位置的大部分工人发现火灾后自行逃生，二楼遍地都是拆除下来的装修垃圾，对工人逃生有阻碍作用，最终发现遗体的部位附近的疏散通道被堵塞，影响了工人逃生。

> 思考
>
> 如果这起重大火灾事故的起火原因最终确定是由电焊切割装修材料引起的，该事故的责任方有哪些？各方应该承担什么样的法律责任？

第四节　酒店反恐规定管理

【案例导入9-4】

2016年4月的一天上午6时许，一男一女两名客人抵达广州市HX酒店要求入住，其中女性客人提供了相应的证件，而男性客人在前台工作人员索要证件时称身份证遗留在上一家住宿的酒店，且以妻子身体不适为借口要求先开房休息，并保证后期将补回身份证件给前台。前台便为其办理了相应手续。但截至退房，该男性客人仍未补办登记手续。当地派出所在查办案件中发现该旅客与一条涉恐线索有关。2016年4月26日广州警方依据《中华人民共和国反恐怖主义法》对该酒店作出 10 万元罚款处罚，并对酒店当天值班主管人员作出罚款处罚 1 万元，当班服务员 500 元罚款，酒店内部停业 1 个月的处罚，并做出通报。这是广州市首例根据《中华人民共和国反恐怖主义法》规定对违法企业作出的处罚决定。

一、违反反恐怖主义法有关规定的责任的概念

恐怖主义，是指通过暴力、破坏、恐吓等手段，制造社会恐慌、危害公共安全、侵害人身财产，或者胁迫国家机关、国际组织，以实现其政治、意识形态等目的的主张和行为，组织、策划、准备实施、实施造成或者意图造成人员伤亡、重大财产损失、公共设施损坏、社会秩序混乱等严重社会危害的活动的行为均为恐怖主义。恐怖主义已成为影响世界和平与发展的重要因素，是全人类的共同敌人。制定反恐怖主义法是完善国家法治建设、推进全面依法治国方略的要求，也是依法防范和打击恐怖主义的现实需要。为了应对暴力恐怖事件呈多发频发态势，对国家安全和人民生命财产安全构成严重威胁，2011 年 10 月 19 日，第十一届全国人大常委会第二十三次会议表决通过了《关于加强反恐怖工作有关问题的决定》。这是我国第一个专门针对反恐工作的法律文件。对恐怖活动、恐怖活动组织、恐怖活动人员做出界定，为反恐立法迈出第一步。2014 年各地发生多起恐怖事件，3 月召开的全国两会上，多名代表、委员建议尽快制定反恐怖法。反恐立法是一个全面的法律体系问题，在防范、打击等整个过程中都要发挥反恐怖法的作用，而不单是打击严惩恐怖分子的问题。2014 年 4 月，由国家反恐怖工作领导机构牵头，公安部会同全国人大常委会法工委、国安部、国务院法制办等部门成立起草小组，组成专班，着手起草反恐怖主义法。在起草过程中，多次深入一些地方调查研究，召开各种形式的研究论证会，听取各方面意见，并反复征求中央国家安全委员会办公室、各有关单位、地方和专家学者的意见，同时还研究借鉴国外的有关立法经验，形成了《中华人民共和国反恐怖主义法（草案）》。

二、违反反恐怖主义法有关规定的处罚

反恐怖主义法中的一些规定涉及了酒店业。2016 年 1 月 1 日起施行的《中华人民共和国反恐怖主法》（简称《反恐怖主义法》）第二十一条规定："电信、互联网、金融、住宿、长途客运、机动车租赁等业务经营者、服务提供者，应当对客户身份进行查验。对身份不明或者拒绝身份查验的，不得提供服务。"第八十二条规定："明知他人有恐怖活动犯罪、极端主义犯罪行为，窝藏、包庇，情节轻微，尚不构成犯罪的，或者在司法机关向其调查有关情况、收集有关证据时，拒绝提供的，由公安机关处十日以上十五日以下拘留，可以并处万元以下罚款。"第八十六条规定："电信、互联网、金融业务经营者、服务提供者未按规定对客户身份进行查验，或者对身份不明、拒绝身份查验的客户提供服务的，主管部门应当责令改正……由主管部门处十万元以上五十万元以下罚款，并对其直接负责的主管人员和其他

直接责任人员处十万元以下罚款。"对于违反《反恐怖主义法》规定的单位，情节严重的，由主管部门责令停止从事相关业务、提供相关服务或者责令停产停业；造成严重后果的，吊销有关证照或者撤销登记。

第五节　酒店一般传染病管理

【案例导入 9-5】

2020年年初，一场突如其来且没有硝烟的战争，不仅打乱了酒店所有的工作计划，还迫使酒店按下了暂停键。这场"战'疫'"席卷全国，使旅游酒店业受到严重打击，珠海LML假日酒店也不例外，于2月5日被迫停业。疫情期间，在酒店总经理唐某的领导下，酒店管理团队一手抓安全，一手抓复业。在疫情经媒体报道的初期，酒店迅速成立疫情防控工作领导小组，准确制定"疫情防控工作方案"并加以落实。根据疫情进展和政府部门的政策指导，不断完善各项防控举措，对内精准施策、精细实施，加强酒店公共区域清洁、消毒工作，并建立检查记录，为客人提供安心的入住环境。如在酒店大堂进出口处设置消毒地垫、前台体温检测、翔实登记、电梯按钮覆盖透明膜并配备免洗手液和纸巾，酒店商务车辆消毒等。同时，加强内部员工群防控，构建"无风险"环境，如全面部署佩戴口罩检测体温、员工餐厅及宿舍全面消毒（调整专用隔离宿舍用于外地返珠员工使用）、梳理员工健康状况并建立个人档案。除此之外，酒店应急采用针对疫情专题的"蓝豆云"酒店疫情消杀卫生任务智慧模板，组织开展线上专题培训，提升员工防疫专业性，科学管理。另外，酒店管理团队还关注社会热点动态和市场环境，借势积极复业。复业后，酒店根据市场环境和社会热点，打出了一套营销和经营的组合拳，并立刻在市场上产生广泛影响和良好的反应。

新冠疫情给酒店业造成了不可估量的损失。不仅要面对经营上的损失，而且员工安置、合同履约风险、被征用酒店注意事项、保险理赔等问题也摆在了管理者的面前。

一、酒店卫生防疫管理制度

（一）根据《中华人民共和国食品卫生法》和国务院《宗教事务条例》《浙江省宗教事务条例》有关规定

（1）建立卫生防疫管理小组，明确一名管委会成员专门负责卫生防疫工作，做到明确分工，各负其责。

（2）组织信教公民学习宣传卫生防疫常识和有关规定，贯彻执行国家卫生防疫方针政策，做到"讲究卫生，人人有责""控制疾病，预防为主"。

（3）环境卫生落实分组包干，责任到人，经常进行卫生大扫除。物品堆放要整齐，保持宗教活动场所的卫生清洁。

（4）后勤（食堂）工作人员须每年进行体检，身体健康方可上岗，严禁患有传染病的人员上灶台，作业时要穿整洁的工作服、戴工作帽。

（5）信教公民在场所内聚餐时，事前应对餐具进行"一洗二刷三冲四消毒五保洁"，禁止霉烂未熟食品上桌。

（6）伙房、配菜操作间须安装纱门（窗），地面、灶台、炊具、桌面等保持清洁。做到整洁无油腻，无老鼠、无蚊蝇、无蟑螂。

（7）严禁采购"三无"食品及霉烂、变质、过期、污染等食物，严禁生、熟混储。

（8）宗教活动场所内如发生传染性疾病的情况，应立即向有关部门（包括乡镇政府、卫生局、防疫站、民宗局、统战部）报告疫情，保留、封锁现场（包括食品、餐具等），迅速将病人送医院治疗，暂停信教公民聚会等活动，防止疫情扩散。

（二）根据《餐饮业食品卫生管理办法》有关规定

1. 厨房

（1）厨房的最小使用面积不得小于8平方米。

（2）墙壁应有1.5米以上的瓷砖或其他防水、防潮、可清洗的材料制成的墙裙。

（3）地面应由防水、不吸潮、可洗刷的材料建造，具有一定坡度，易于清洗。

（4）配备有足够的照明、通风、排烟装置和有效的防蝇、防尘、防鼠以及污水排放和符合卫生要求的存放废弃物设施。

2. 凉菜间

配有专用冷藏设施、洗涤消毒和符合要求的更衣设施，室内温度不得高于25℃。凉菜间必须每天定时进行空气消毒。

3. 蛋糕间

用于制作裱花蛋糕的操作间，应当设置空气消毒装置和符合要求的更衣室及洗手、消毒水池。用于原料、半成品、成品的刀、墩、板、桶、盆、筐、抹布以及其他工具、容器必须标志明显。并做到分开使用，定位存放，用后洗净，保持清洁。冷藏冰箱内生熟要分开陈列。洗刷餐饮具必须有专用水池，不得与清洗蔬菜、肉类等其他水池混用。已消毒和未消毒的餐饮具应分开存放，并在餐饮具贮存柜上有明显标记。

（三）食品加工人员的卫生要求

（1）工作前、处理食品原料后或接触直接入口食品之前都应当用流动清水洗手。

（2）不得留长指甲、涂指甲油、戴戒指。

（3）不得有面对食品打喷嚏、咳嗽及其他有碍食品卫生的行为。

（4）不得在食品加工和销售场所内吸烟。

（5）服务人员应当穿着整洁的工作服，厨房操作人员应当穿戴整洁的工作衣帽，头发应梳理整齐并置于帽内。此外还必须建立健全卫生管理制度，配备专职或者兼职的食品卫生管理人员。做好从业人员健康检查和培训工作。保持内外环境整洁，采取有效措施，消除老鼠、蟑螂、苍蝇和其他有害昆虫及其滋生。

二、重大卫生防疫期间，酒店用工应注意的法律问题

【案例导入 9-6】

某酒店财务工作人员反映，酒店被本地的管委会当做隔离酒店期间，酒店要求他去服务被隔离人员。他拒绝，公司给的回复：如果不去，就辞职。

思考

疫情期间酒店可以强制工作人员服务隔离人员以及辞退工作人员吗？这样做违反劳动法吗？

（一）隔离酒店管理办法

（1）对于进入隔离区的工作人员（医护人员、保洁送餐人员）与外勤工作人员（保安、警察等）做到分区域居住管理。隔离点工作人员当天工作结束后，不得私自外出，可在隔离酒店的清洁区生活休息，工作人员之间非必要不接触。所有工作人员做好每日健康监测和定期核酸检测，必须完成全程疫苗的接种。最终完成隔离点工作的人员撤离后，按要求进行居家健康管理。

（2）根据当地政府的补偿标准进行补偿。一般政府会进行公告通知，没有及时公告的可以向政府申请信息公开查询。

（二）使用员工年休假折抵待工时间的注意要点

酒店的服务行业属性决定了其工作时间的特殊性，一线酒店员工直接服务客人，往往难以确定加班具体时间，故有部分酒店采用弹性补休的政策。对于因重大卫生防疫影响导致员工在家待工并已使用完法定带薪年假以及公司福利带薪年假，如有，可以使用已产生但员工尚未使用的加班补休折抵待工期间的工资。

关于酒店是否可以使用员工明年年休假的问题，《职工带薪年休假条例》第五条第二款规定，企业可以跨一个年度安排职工的年休假。但是，《企业职工带薪年休假实施办法》第九条明确规定，跨一个年度安排年休假的，应征得职工本人同意。因此，建议应提前知会职

工本人对于使用 2021 年度年假的意见，并采用书面形式固定员工的意见。

（三）重大卫生防疫下的工资保障

企业停工停产在一个工资支付周期内的，企业应按劳动合同规定的标准支付职工工资。超过一个工资支付周期的，若职工提供了正常劳动，企业支付给职工的工资不得低于当地最低工资标准。

根据《最低工资规定》，最低工资是在劳动者提供正常劳动的情况下，用人单位应支付的最低劳动报酬。只有在因劳动者本人原因导致未提供正常劳动的，才不适用最低工资的规定。疫情导致酒店营业缩减，员工无法正常出勤，并非员工主观原因导致，因此对于提供了劳动的员工仍应适用最低工资标准。

结合以上规定，在按照出勤天数核算的工资低于最低工资标准的情况下，酒店需要补足核算工资与最低工资标准的差额部分。

（四）针对重大卫生防疫，酒店可以尝试调整

1. 薪酬管理

根据人社厅明电〔2020〕5 号，企业因受疫情影响导致生产经营困难的，可以通过与职工协商一致采取调整薪酬、轮岗轮休、缩短工时等方式稳定工作岗位，尽量不裁员或者少裁员。

酒店可以与员工协商一致，在受疫情影响期间签订劳动合同的补充协议，如调整薪酬、减少工作时间、采取轮换分批次上岗轮换休息的模式。

根据《劳动合同法》第三十五条的规定，用人单位与劳动者协商一致，可以变更劳动合同约定的内容。变更劳动合同，应当采用书面形式。若涉及对劳动合同的调整，酒店应与员工签订书面协议。考虑到疫情影响，部分员工不具备直接书面签署条件的，则应利用电子邮件、OA、微信、短信等多种形式，保留与员工的协商过程记录，确保双方的真实意思一致。

2. 政策扶持及行业互助

除自身积极采取措施外，酒店也应关注职能部门发布的各类帮扶政策。

政策层面，工业和信息化部发布了《关于应对新型冠状病毒肺炎疫情帮助中小企业复工复产共渡难关有关工作的通知（工信明电〔2020〕14 号）》，各地方纷纷出台了相应的企业扶持政策，如上海的《致全市各企业书》、广州的"暖企 15 条"等。国务院也出台了免缴缓缴社保公积金的相关规定。另外，相关部门也针对酒店旅游等受疫情影响严重的行业出台针对性的帮扶措施，以协助酒店渡过难关。

在行业层面，我们也已看到多家一线管理公司减免了业主受疫情影响期间的管理费等收费。可见，面对重大疫情，不仅需要政策帮扶，也有赖于管理公司与业主的积极互助、共克

时艰。

三、重大卫生防疫下的酒店运营与法律法规研究

（一）关注现金流

（1）积极关注国家金融红利，尽量向银行申请延长账期。用好国家及各地方金融红利政策。央行已经在2月3日开展1.2万亿公开市场逆回购资金投放，确保流动性充足供应。基于重大卫生防疫所造成的经济损失，多地已下调企业贷款利率，增加信用贷款和中长期贷款规模。我们要利用好金融杠杆，争取最优惠的融资利率等政策福利。

（2）向下游缩短账期和转移库存。在条件允许的情况下，尽可能向上游延长账期，向下游缩短账期和转移库存。比如，用可售房的间夜来抵扣每天需支付的布草洗涤费用或是旅行社收取的服务费，适当转移库存和压力。财务部门要认真盘查2—6月所有应收款和应付款的情况，与供应商协商，延迟支付应付款。努力保住账上的存量现金。

（3）减免租金。如果资金紧张或者严重不足，要积极反映，向国企、房地产商和房东申请减免3—6个月的酒店物业的租金，或者延迟支付。

（4）延缴社保。为了保障员工的稳就业，各地已经出台了政策，疫情过后3—6个月延期缴纳社保，并对不裁员和少裁员的企业返还2019年缴纳的失业保险费用等政策，并可以请求各地人社部门为中小旅游企业提供3—6个月的员工培训补贴。

（5）税收减免，国家税务总局已经通知，疫情期间生活服务类企业免征增值税，一些省市也出台了减免企业一季度土地使用税和房产税的优惠政策。应利用好这些税收政策，最大限度地降低困难时期企业的税负。

（6）公积金费用调整，根据企业实际困难情况，可以向政府公积金中心申请调减企业缴费比例，或申请缓期缴纳。

（7）节约开支，把各种运营费用的开支压缩到最低，保留极少且必需的工作人员值班，可一岗多职，其余人员放假。放假期间所有人员包括高管只发放基本工资（参照国家劳动法规政策）。

（二）研究法规

在重大卫生防疫事件的打击下，即将迎来一批合同违约潮，这属于不可抗力影响。单体酒店和酒店管理公司要与公司法务人员、法律顾问一起认真研究相关法律、法规和各种合同条款，处理好酒店的房产租约、借贷款合同、变更或解除劳动合同、供应商供货协议、保险以及与客户签订的各种客房、餐饮、会议场地的预订与租期取消、变更和终止等事务。酒店一定要有预案。遇到问题，及时向政府相关部门、行业主管部门、同行和专业法律机构等请

教、交流，并取得必要的帮助与支持，按照合法、合理、合情的原则来处理酒店可能面对的法律风险问题。

（三）保障安全

1. 保障员工安全

重大卫生防疫期间，对于店内每位员工上岗前，要提供足够的防护物资，对员工防护工作进行培训和检查。要求员工每日测量体温，凡是存在发热咳嗽者，一律自我隔离或前往发热门诊就诊。

2. 保障客人安全

在重大卫生防疫期间，对所有客人的身份信息，包括籍贯、长居地、近期动向、未来动向等信息，都要做好登记。最好添加客人微信，第一时间跟客人保持沟通。保证酒店每日进行消毒清理，给客人创造安心的居住环境。

3. 保障现金安全

重大卫生防疫期间容易出现偷盗抢劫，财务要及时收走前台的营业款，建议少留一点备用金。

四、内外沟通

酒店管理层要及时了解重大卫生防疫最新情况，及时要向员工普及重大卫生防疫知识。通过酒店内部微信群、视频或音频会议、布告栏、内部邮件和刊物等形式告知员工。有条件的人员，可以上线培训课程。多巡查，特别是客房与前台这两个关键点。多检查员工是否按政府要求认真在做、有没有按要求做好自身防护，有没有按要求提醒客人防护。外部沟通，利用指示牌、告示、短信、微信、广播、电话等等各种适当的方式，在酒店公共区、房间、健身房、公厕等向客人宣传防控措施与要求，提高客人的防控意识。按照政府要求，做到人人有登记、事事有记录。到店客人应做到人人测体温，做好登记。

五、苦练内功

重大卫生防疫期间多学习多提升，可以在线上远程培训收益管理、线上营销、渠道管理、食品卫生、领导力、销售技巧、沟通技巧、岗位技能等，全面练好内功。

制定重大卫生防疫结束后半年价格体系，同一房型可以根据付款方式、单双早、取消方式差异等，制定不同的价格体系，并覆盖全部价格带，为酒店日后营业带来不同价格的流量。

六、开源节流

(一) 清理优化库存

要对易腐败的食物、原材料和用品进行处理,尽量减少损失,收回资金。如果卖不掉,建议赠送给有需要的人,如员工、社区、医院等。继续营业的酒店,要保证至少有三个月的库存,因为到重大卫生防疫中后期,由于供应的减少,易耗品、物料、原材料等的价格很可能上涨。消毒、杀菌和防护用具与物品可多买一些,包括清洁剂、杀菌消毒水、消毒杀菌喷雾器、鞋套、手套、医用外套、头套、防护镜、口罩等。当然,酒店不要囤积物品,把有限的资源提供给需要的人。

(二) 降低人工成本

放假或补休,给去年还没有放年假的员工放年假,给没有补休的补休。根据需要,给员工放长假,放假期间根据劳动法和酒店实际情况,只发底薪或最低生活费,减少酒店流动资金的压力,等酒店正常的生产经营恢复后,再回来上班。也可以采取停薪留职的办法,还可以采取补休和调休的办法,即现在安排休息,将来减少休息,互相冲抵。无论采取哪种方式,都要与政府法规保持一致,都要做好员工沟通工作,让员工认识理解到这是不得已的办法,取得员工的支持,同舟共济,共克时艰。

(三) 节能和清洁

工程部要采取措施节约水、电、气等能源,尽量减少开支。入住的客人尽量安排在同一楼层,将其他楼层的电源都关上,只保持应急灯。做广告用的灯箱、招牌等能关的就关掉,只保留必需的。各部门进行彻底的清洁卫生,清扫卫生死角,进行彻底的消杀工作。有条件的酒店要与政府、军队和医疗机构合作,接待与安置医护人员、政府和各种救援人员。

(四) 刮毒疗疮

亏损较大,可有可无的部门应果断关门停业,减少损失,妥善分流员工和处理往来账务。如果能外包给第三方,最好外包,以赚取租金,取得固定收入。

(五) 开展外卖服务

有餐饮的酒店,可打通线上线下,发展外卖业务。当解禁之后,酌情提供外包服务,如物业管理服务、清洁卫生服务、上门提供餐饮宴会服务等。

(六) 为重大卫生防疫结束后开业做准备

准备不外乎人、财、物、时间、空间和信息等几方面。管理的基本职能是计划、组织、指挥、控制和协调，此项工作要落实到部门、班组，有备无患。如果没有准备，重大卫生防疫结束，恢复营业，又会陷入新的一轮手忙脚乱，以致错失商机，造成新的损失。

· 思 考 题 ·

1. 酒店火灾安全问题的重要性体现在哪些方面？
2. 酒店可从哪些方面确保客人人身安全？
3. 酒店设备安全重要吗？为什么？
4. 如何减少酒店客人意外伤害风险？
5. 列出酒店安全管理基本法律知识（至少10条）。

第十章 酒店侵权责任及赔偿制度

第一节 侵权责任概述

【案例导入 10-1】

酒店偷拍案件

2019年6月15日,在河南郑州,游客黄先生和女朋友办理入住了当地的YT酒店,却在房间的电视机下方发现插座里藏有一个针孔摄像头。事发当晚,黄先生立即报了警,并找来酒店管理方。在这期间,酒店负责人处理态度不当,不承认相关责任,并直言郑州80%的酒店都安装了摄像头。民警接警赶到酒店后,临时抽检了其他房间,也发现了存在针孔摄像头的情况。郑州警方经过缜密侦查和多方取证,于22日晚将嫌疑人抓获,依法对其进行了拘留和罚款的处罚。

分析:在酒店偷拍事件中,酒店未尽到安全保障义务,偷拍的侵权违法行为让公民自由与权益受到了严重威胁,酒店顾客的隐私权无法得到保障。长此以往,很可能会使旅客群体中的恐慌情绪蔓延,甚至造成社会信任的撕裂,并最终加重社会的运行成本。

同时,这种偷拍视频往往会被非法销售给色情网站去获得利益,一方面酒店顾客的私密行为很可能通过互联网传播扩散,对其造成严重的权益侵害,另一方面也助长了网络色情产业链的扩散并难以完全消除,从而对整个社会都造成不良影响。

一、侵权责任的概念

(一)《中华人民共和国侵权责任法》的出台

《中华人民共和国侵权责任法》(简称《侵权责任法》)于2009年12月26日经十一届全国人大常委会第十二次会议审议通过,并于2010年7月1日起实施,是我国民法典的又一部重要支撑性法律。其核心在于保障私权,在我国法律体系中起支架作用,对包括生命权、健康权、隐私权等一系列公民的人身、财产权利提供全方位保护。

2020年5月28日,第十三届全国人大三次会议表决通过了《中华人民共和国民法典》,

自 2021 年 1 月 1 日起施行。《中华人民共和国侵权责任法》同时废止。

（二）《中华人民共和国侵权责任法》出台的意义

立法宗旨：保护民事主体的合法权益，明确侵权责任，预防并制裁侵权行为，促进社会和谐稳定。

基本功能：强调如何保障民事主体的私权利，以及权利受到侵害时如何进行救济。

（三）侵权行为与侵权责任

侵权行为一般是指行为人由于过错侵害他人的财产、人身，依法应承担民事责任的行为；行为人虽无过错，但法律特别规定应对受害人承担民事责任的其他侵害行为，也属于侵权行为。其具有以下特征：

（1）侵犯行为是侵害他人合法的人身、财产权利或者利益的行为。

（2）侵犯行为是由于过错实施的行为以及法律明确规定侵权行为的没有过错的行为。

（3）侵权行为是违反法定义务的行为，侵害的是他人的绝对权。

（4）侵权行为是造成他人损害的行为，这种损害包括财产损害、人身损害和精神损害。

（5）侵权行为承担的是民事责任，而不是行政责任或刑事责任。

侵权责任是指行为人侵害民事权利，依法应当承担的民事责任的行为，以及不存在过错而侵害他人的人身或财产，依法应承担民事责任的行为。这里所说的民事权利包括生命权、健康权、姓名权、名誉权、荣誉权、肖像权、隐私权、监护权、所有权、用益物权、担保物权、著作权、专利权、商标专用权、发现权、股权等人身财产权益。同一行为既应当承担刑事责任或者行政责任，又应当承担侵权责任的，不影响侵权责任的承担。同一行为既应当承担侵权责任又应当承担刑事责任或者行政责任，侵权人的财产不足以支付的，应先承担侵权责任。

依据责任的构成要件和适用的情况不同，侵权责任分为两类：一是一般的民事侵权责任；二是特殊侵权的民事责任，又称"缺陷产品侵权责任"。

（四）酒店侵权责任的概念

酒店如果违反法定义务或者由于过错侵害旅游者人身、财产，造成损害的，应当承担侵权责任，承担损害赔偿责任。损害赔偿，顾名思义是指对受到的损害进行赔偿，是损害的法律后果，实际上是一种侵权的民事责任。

酒店的侵权行为是对法定义务的违反，是对绝对权利的侵犯。因为法律规定，酒店有保障旅游者人身、财产安全的义务。发生在酒店的侵权责任，有多种形式，有可能是主动作为构成，也可能是被动不作为构成。

主动的作为，是指酒店的直接行为导致客人受到侵害。如酒店提供的饮食不符合国家的卫生标准，造成客人食物中毒。

被动的不作为，是指酒店应当采取安全措施，而由于疏忽大意未能意识到，或者虽能够意识到，但怀有侥幸的心理，没有采取措施，致使客人受到侵害。如酒店在拖地、地面湿滑的情况下，既没有采取防滑措施又没有提醒告示致使客人滑倒受伤。

侵权行为一旦发生，依照法律的法规规定，侵害人和受害人之间就产生债权债务关系。由侵权行为产生的债叫侵权行为之债。受害人有权要求加害人赔偿损失，加害人必须依法承担民事责任。

【案例导入10-2】

8月5日晚，微博名为"fiore花花"的女性网友发布视频称，其此前在上海一酒店住宿时，一半裸男子于7月31日凌晨闯入其房间内。8月6日，南都记者了解到，事发当天，警方已对该男子给予行政拘留五日的处罚。在看到监控录像视频后，发现该男子当天凌晨2时许便从酒店7楼开始尝试推开多个房间的房门。可见，该酒店的安保工作不到位，没有及时发现控制该男子的行为。

8月6日下午，该酒店对此事发布致歉声明称，经查实，虽然酒店安保发现男客人在走廊的异常行为后对其进行了制止和警告，但未及时采取有效控制其行为的措施。该酒店将对全国所有门店进行酒店安全全面自查，加强夜间安保、全面检查所有房间的门锁、酒店监控将由专人轮岗值守等。

分析：如果因为酒店的过错行为导致房客的人身财产安全受损，酒店应该承担相应的侵权责任。如果是因第三方的行为发生的侵权，就要进一步分析酒店是否对第三人侵权或犯罪行为致房客受损事件的发生尽到了合理注意义务，是否在安保方面存在问题而给侵权人以可乘之机，酒店对房客在经营管理范围内是否尽到了合理限度的安保义务。如果没尽到义务，就应该承担补充责任。

二、一般侵权责任

一般侵权行为是指行为人的过错直接致人损害的行为。其构成必须同时具备四个方面的要件。客人遭受人身伤害或财产损失要求酒店赔偿，如果是一般侵权，则要具备损害事实、行为违法、因果关系和酒店主观上有过错四个要件。

（一）损害事实

客人遭受人身损害，要求酒店进行赔偿，必须有损害的事实。损害事实包括财产损害、人身伤害和精神伤害（如侵害客人的人身自由或人格尊严等）。

（二）侵害人行为具有违法性

如果酒店对客人造成了损害，客人要求赔偿，必须是酒店的违法行为所造成的。如果因合法行为造成客人的损害，则行为人不承担责任。

（三）不法侵害行为与损害事实之间有因果关系

因果关系，是指客人所受到的损害与酒店提供的商品或者服务之间存在着原因和结果的关系，即酒店提供商品或者服务是客人受到人身或者财产损害的原因。如果客人在使用酒店的产品或者接受服务时确实受到了人身或财产损害，但是，这种损害与酒店提供的产品或者服务的行为之间没有因果关系，酒店一般不承担责任。

（四）酒店主观上有过错

客人的人身、财产受到损害是因为酒店主观上有过错。过错，包括故意和过失两种形式。故意，是指行为人明知自己的行为会带来不良后果，而希望或者放任其发生的心理。过失，是指行为人应当预见而没有预见，或者已经预见到而轻信不会发生的心理。

以上四个条件是有机联系的整体，缺少任何一个要件都不能构成一般侵权责任。如果行为人在主观上既无故意也无过失，即使造成一定损害结果，也无须承担民事责任。这就是民法理论上适用最广泛的"过错责任原则"。如果酒店对损害的结果有过错，但客人一方也有过错，则双方按过错程度的大小合理分担责任。

【案例导入 10-3】

微博博主"花总丢了金箍棒"曝光14家五星级酒店卫生"乱象"引发关注。据新京报此前报道，微博博主提供的视频素材显示，在其所入住的五星级酒店中，保洁人员用客用做抹布，一块毛巾同时用来擦杯子、洗手台和马桶。事件曝光后，其中13家五星级酒店在其官方微博上予以致歉。北京、上海等地的旅游和卫生监督部门也在视频发出后第二天进行了调查及检查。从目前政府部门和各酒店的表态来看，大家都认可该博主曝光的问题实际存在。然而讽刺的是，贵阳两个酒店集团在工作微信群内贴出该博主的护照扫描件，提醒团队对其"特别关照"。事发后涉事酒店又一次予以官方致歉。围绕本次事件，就该事件的几处细节问题加以阐述。

分析：酒店需承担相应的违约责任和侵权责任。①违约责任。住店旅客入住酒店，与酒店之间构成旅店服务合同关系。酒店提供其安全、卫生的场所服务消费者，若旅客有证据证明酒店有明显的卫生问题影响自身的休息和住宿，可以提出解除双方的合同关系，要求酒店退还住店费用。违约诉请的证明思路是对酒店行为是否构成违约、是否造成损害进行举证，主要的法律依据是《民法典》第五百七十七条：当事人一方不履行合同义务或者履行合同义务不符合约定的，应当承担继续履行、采取补救措施或者赔偿损失等违约责任。因此，如果旅客有证据证明酒店的卫生问题影响了他们的休息和住宿，他们可以依法解除合同，并要求酒店退还住店费用，同时要求酒店承担因合同解除而受到的损失。

例如：① 该博主可以凭借在酒店拍摄到服务员不卫生的清洁方式为由向酒店提出退还房费，若遇到退款障碍，可以向消费者协会投诉或以解除合同关系为由向法院提起诉讼；② 侵权责任不规范的保洁行为从法律层面上构成对消费者的侵权，侵害了消费者的安全保障权。《中华人民共和国消费者权益保护法》第七条和第十八条规定，消费者享有在消费过程中人身财产不受损害的权利，与之对应的是商家的安全保障义务。同时，《民法典》也明确规定了法律保障的人身权利范围。以侵犯人身权利提出主张，举证责任相对繁重，要证明侵权行为发生、因果关系、损害结果实际存在。

【案例导入10-4】

承接上例，该博主以酒店侵犯其人身安全为由诉至法院，他不仅要证明酒店有不卫生的清洁行为，需要有实际的损害（如细菌感染、皮肤损伤、感染其他传染性疾病等），还要证明酒店的不卫生行为与他实际损伤之间存在因果关系(如不清洁的布草导致疾病的感染等)。因有酒店违规在网络上传播涉及个人护照等信息，涉嫌侵犯个人隐私。在此基础上，他还有权就信息泄露为由要求酒店承担侵权责任。

案例分析：视频中的做法，既违反了政府相关部门规章，也违反了视频中所有酒店的内部规范。《住宿业卫生规范》第二十二条第（三）项明确规定："清洁客房、卫生间的工具应分开，面盆、浴缸、坐便器、地面、台面等清洁用抹布或清洗刷应分设。"各大酒店对客房清洁都有一整套规范，包括布草更换、卫生间清洁、口杯清消等，单是抹布，某酒店集团就分为6种不同颜色和用途。然而这些都只是纸面上的规定。酒店检查客房清洁与否的主要标准，还是依靠肉眼识别。如客房检查时，杯子上有手指印扣分，不管是用什么布草擦杯子；浴缸里有毛发扣分，用什么材料清洁浴缸不做考证；马桶上有污迹扣分，怎么弄干净的一般不问。《公共场所卫生管理条例实施细则》第三十六条第（二）项规定：公共场所经营者未按照规定对顾客用品用具进行清洗、消毒、保洁，或者重复使用一次性用品用具的，由县级以上地方人民政府卫生行政部门责令限期改正，给予警告，并可处以二千元以下罚款；逾期不改正,造成公共场所卫生质量不符合卫生标准和要求的,处以二千元以上二万元以下罚款；情节严重的，可以依法责令停业整顿，直至吊销卫生许可证。毫无疑问，政府相关部门会对涉事酒店调查取证并加以处罚。

思考

酒店会受到什么样的处罚？

三、过失

过失责任，是指行为人对自己行为导致的损害后果，应当预见或者已经预见，但却因疏忽大意或自信不会出现而不予防止的主观认识。无论是故意还是过失，只要给他人造成了损害，行为人就应依法承担侵权责任。

酒店的业务活动是通过法人的机构、法人的工作人员的职务活动来实现的。因此，法人的工作人员执行职务的行为，也就是法人的行为，他们行为中的过失也就是法人的过失。2004年5月1日实施的《最高人民法院关于审理人身损害赔偿案件适用法律若干问题的解释》第八条规定："法人或者其他组织的法定代表人、负责人以及工作人员，在执行职务中致人损害的，依照规定，由该法人或者其他组织承担民事责任。上述人员实施与职务无关的行为致人损害的，应当由行为人承担赔偿责任。"

酒店的过失包括酒店及其工作人员（无论是正式职工还是临时工或实习生）在执行工作中的过失。酒店因过失而造成客人财物的毁损或灭失，或者造成客人人身伤害（无论工作人员是故意或过失），则酒店对受损害的客人负有法律上的赔偿责任。在法律上，酒店工作人员被视为酒店的代理人，他/她在工作中的一切行为，均被认为是酒店代理人的行为。如果酒店工作人员在工作中造成他人的人身伤害或者财物损失，那么酒店须承担其工作人员所造成的损失责任。当然，酒店有权在内部向有过错的工作人员追偿。

对于客人之间相互斗殴致使一方受损，而酒店或其工作人员已经采取了一定的措施，由于力量有限，未能有效地防止客人受到损害，酒店一般不承担责任。如果酒店并没有采取任何措施，听之任之，酒店则应承担一定的责任。酒店以外的人员加害于客人并造成客人的伤害，也要看酒店或其工作人员是否已经采取了防范措施。

【案例导入 10-5】

某厂职工刘某来到南京一家饭店的舞厅跳舞。正当他随着悠扬的乐曲起舞时，舞厅临街窗户的一块玻璃忽然被人砸碎，其中一小块碎片击中了刘某的右眼。当保卫人员追出门时，肇事者已逃得不见踪影。刘某在医院治疗中共花费医疗费6 000余元。刘某家人多次与舞厅交涉，要求舞厅赔偿其医药费及误工损失费。然而，得到的答复是，该事件非本舞厅所致，因此不能承担赔偿责任。

刘某向饭店所属区法院提出起诉，要求这家饭店承担赔偿责任。

在法庭辩论中饭店方的委托代理人认为：舞厅的玻璃被外人砸碎，责任完全在肇事者；舞厅的门票中并不包含人身保险费用，饭店不应承担赔偿责任。舞厅本身不存在过错，就不能适用《民法典》第一千一百六十五条"行为人因过错侵害他人民事权益造成损害的，应当承担侵权责任"的过错原则。

法院经过调查后裁定：在无法找到肇事者的情况下，刘某要求舞厅赔偿其经济损失是合理的。当然，舞厅在承担赔偿责任之后，依然享有向该案的肇事者追偿的权利。

本案分析：法庭的判决是合理的。刘某到舞厅跳舞，购买了门票，这实际上应视为订立合同的行为；舞厅卖门票给他，双方即由此形成了契约关系，门票则成为双方当事人合同的书面形式。舞厅作为合同的一方当事人,本身有义务为合同的另一方当事人提供安全的跳舞环境,也有责任保护跳舞者在舞厅内不受到伤害。虽然这家舞厅不是造成刘某受伤的直接侵害人,但在客观上舞厅已存在违约的行为,因为舞厅没有有效地保护跳舞者在舞厅内免遭外来的侵害;肇事者的侵害行为以及舞厅的违约行为共同导致了刘某的人身健康受到侵害,而舞厅的行为不符合法定的免责条件,因此肇事者与舞厅均负有责任赔偿受害人刘某的经济损失。

【案例导入 10-6】

屠某于 2017 年 9 月入住佛山市某酒店。9 月 3 日,酒店客房部员工董某趁屠某外出之际,进入屠某房间,盗走屠某放在保险柜内的 1 800 美元(折合人民币 11 863.62 元),港币 4 000 元(折合人民币 3 369.2 元),合计人民币 15 232.82 元。屠某报警后,董某于同月 9 日被抓获,并于 2017 年 12 月 11 日被佛山市南海区人民法院以盗窃罪判处有期徒刑八个月,并处罚金 1 000 元,但董某并未返还所盗窃的款项,酒店方也拒不承担赔偿责任。后屠某将董某和酒店告上法庭。

本案分析:一审裁判结果:判决董某、佛山某酒店连带向屠某赔偿 15 232.82 元。一审法院认为被告董某窃取原告的财物,造成原告损失,应赔偿予原告,原告请求董某赔偿损失,符合法律规定,予以支持。

对于请求某酒店共同承担赔偿责任,根据《中华人民共和国消费者权益保护法》第四十条第三款"消费者在接受服务时,其合法权益受到损害的,可以向服务者要求赔偿"的规定,原告入住佛山某酒店,接受佛山某酒店的服务,酒店作为经营者有义务保障原告的人身、财产安全,但酒店的员工董某在工作期间进入原告入住的房间,盗取原告存放在房间保险柜内的财物,造成原告的损失,该酒店没有履行法律规定的应尽义务,原告请求该酒店与董某共同承担赔偿责任,符合法律规定,本院予以支持。

四、特殊侵权责任

(一)特殊侵权责任的概念

特殊侵权责任,是指损害后果发生后,不按照一般侵权责任的四个要件,而是依照法律的直接规定所确定的侵权责任。特殊侵权也是有缺陷的产品所造成的侵权责任。有缺陷的产品,是指存在危及人身和该产品以外的其他财产安全的不合理的危险的产品。

(二)特殊侵权的法律特征

特殊侵权的法律特征主要表现在以下几个方面:

(1)特殊侵权行为主要适用特殊的归责原则,即无过错责任或者公平责任。

（2）特殊侵权行为由法律直接规定。这里所称的法律包括《民法典》侵权责任编和《中华人民共和国产品质量法》等。

（3）特殊侵权行为在举证上适用举证责任倒置原则，即指由加害人就自己没有过错或者存在法定的抗辩事由承担举证责任，受害人对此无需举证。

（4）法律对特殊侵权行为的免责事由作出严格限制。一般免责事由通常包括不可抗力和受害人故意。此外，受害人的过错、第三人的过错、加害人没有过错或履行了法定义务也可能基于特别规定成为免责事由。

（三）产品质量原因致人损害的特殊侵权要件

产品的质量责任，即饭店的产品（包括自己生产的、销售的、使用和管理的各种产品）因质量不合格，给客人的人身或财物造成损害时所承担的民事责任。饭店应当向客人提供符合卫生标准的饮食，否则，由此造成的客人身体损害，饭店应承担责任。

构成产品缺陷致人损害的侵权行为要件包括以下几项：

1. 产品质量不合格

产品质量不合格即该产品存在缺陷。所谓产品，是指经过加工、制作，用于销售的产品。缺陷则是指产品存在不合理的危险。这种危险危及客人人身和财产安全。判断危险标准有一般标准和法定标准。一般标准是指一般的消费者有权期待的安全性，法定标准是指国家标准以及行业对某些产品规定的保障人体健康和人身、财产安全的专门标准。

2. 不合格产品造成了客人人身伤害和财产损失事实

不合格产品造成了他人财产、人身损害。产品缺陷致人损害的事实包括人身伤害、财产损失和精神损害等。人身伤害包括致人死亡和致人伤残。财产损失不是缺陷产品自身的损失，而是指缺陷产品以外的其他财产损失，既包括直接损失也包括间接损失。这里所指的他人财产是指缺陷产品以外的财产，至于缺陷产品自身的损害，购买者可以根据民法典的规定要求销售者承担违约责任，而不是产品责任。精神损害，是指缺陷产品致人损害，给受害人所造成的精神痛苦和感情创伤。

3. 产品缺陷与受害人的损害事实间存在因果关系

损害事实应当是由该缺陷产品所致的，否则生产者或销售者不承担责任。产品缺陷致人损害，产品制造者与销售者承担的是连带责任，即受害人可以向产品的生产者要求赔偿，也可以向产品的销售者要求赔偿。属于产品销售者的责任的，产品的生产者赔偿后，产品的生产者有权向产品的销售者追偿。属于产品的生产者的责任的，产品的销售者赔偿后，产品的销售者有权向产品的生产者追偿。如果销售者不能指明缺陷产品的生产者也不能指明缺陷产品的供货者的，销售者应当承担赔偿责任。如果产品的运输者、仓储者对产品质量不合格负有责任的，产品生产者、销售者在向受害者赔偿后有权向运输者、仓储者要求赔偿。

第十章　酒店侵权责任及赔偿制度

【案例导入 10-7】

某市卫生防疫站接到市第三人民医院的报案电话，称有 5 人食物中毒正在医院抢救，该站立即派人前往调查。据受害人反映：7 月 23 日晚 8 时许，25 名人员在市 MYM 饭店聚餐，从次日凌晨 2 时起至 25 日上午 8 时，先后有 19 人发生不同程度的腹痛、腹泻、恶心、呕吐、发热等症状。市卫生防疫站从 7 月 26 日下午开始对此案进行调查。在初步掌握了食物污染源的情况下，7 月 27 日，依据民法典的规定，对 MYM 饭店作出停业改进的行政处罚。但 MYM 饭店拒不执行，继续非法营业 7 天。

此后，市卫生防疫站先后向有关单位和个人做了详细调查，并对病人的血液和大便进行检查、化验，经流行病学、临床症状、细菌毒理学、血清学等方法的综合检查论证，确认这是一起由副溶血性弧菌（原名嗜盐菌）作用而发生的集体性食物中毒，是由食用 MYM 饭店的不洁食物后而引起的。因此，该店对此次食物中毒事件负有完全责任。根据《中华人民共和国食品安全法》的规定，8 月 6 日，市卫生防疫站作出给予该店处以罚款的行政处罚决定。

（四）酒店建筑上的物件致使人损害的特殊侵权要件

1. 须有建筑物或建筑物上的搁置物、悬挂物致人损害的行为

建筑物包括与土地相连的各类人造设施，如酒店的建筑、设施、广告牌、电线杆等。搁置物、悬挂物是与建筑物相连的位于高处的附属物，如阳台上的花盆、悬挂于窗外的空调等。因这些物件的倒塌，脱落或坠落，造成他人损害的，适用建筑物致人损害的侵权行为。

2. 存在损害事实

建筑物及其附属物给他人造成了人身或财产损失。

3. 建筑物致害行为与损害事实之间有因果关系

即损害后果是由建筑物的倒塌、脱落或坠落造成的。

4. 建筑物的所有人或管理人有过错

建筑物致人损害的侵权行为同样适用过错推定责任，即一旦发生建筑物致人损害的后果，便推定其所有人或管理人有过错，除非所有人或管理人自己举证证明自己无过错的，否则应承担民事责任。

【案例导入 10-8】

3 月 7 日晚 7 点，XJ 酒店发生楼体坍塌。3 月 12 日 11 时，事故现场搜救出最后 1 名被困人员。至此，坍塌事故中被困人员已全部搜救出。据央视新闻报道，全部被困的 71 人中，有 29 人死亡。其中 27 人救出时已无生命体征，2 人送医抢救无效死亡。其他伤员则在泉州本地的 4 家医院救治。现场搜救工作结束后，国务院迅速成立福建省泉州市 XJ 酒店"3·7"坍塌事故调查组，并开展调查工作。

本案分析：

（1）主体要件。

根据泉州酒店坍塌事故调查组初步调查：该项目未履行基本建设程序，无规划和施工许可，存在非法建设、违规改造等严重问题，特别是房屋业主发现房屋基础沉降和承重柱变形等重大事故前兆，仍然心存侥幸、继续违规冒险经营；地方相关职能部门监管不到位、"打非治违"流于形式，导致安全关卡层层失效，最终酿成惨烈事故。

（2）行为要件。

行为要件是指国家只对侵权主体实施的执行职务的行为承担赔偿责任。这里可分为两个层次：致害行为必须是与执行职务有关的行为；国家只对违法执行职务的行为才承担赔偿责任（行政赔偿中的违法原则）。

（3）损害结果要件。

损害是指国家机关违背对公民法人所承担的义务，而使其受到不利影响的结果。国家赔偿法将侵权损害的范围概括为两种：一是人身权；二是财产权。根据央视新闻通报，全部被困71人中，有29人死亡，多名伤员在医院紧急救治。以上损害结果显而易见。

（4）损害行为与损害结果之间有因果关系。

据国务院福建省泉州市 XJ 酒店"3·7"坍塌事故调查组第一次全体会议介绍，房屋业主发现房屋基础沉降和承重柱变形等重大事故前兆，仍然心存侥幸、继续违规冒险经营，继而被选择成为隔离点。而事故直接原因以及隔离点的选择是否存在程序瑕疵等，目前还有待调查，大众期待进一步的事实细节披露。

第二节　侵权责任与违约责任

一、侵权责任与违约责任的相同性

现实生活中一种违法行为常具有两种性质，同时符合违约责任和侵权责任的构成要件。具体表现为以下几种情况：合同当事人的违约同时侵犯法律规定的强行性义务；在某些情况下，侵犯行为直接构成违约的原因，即所谓侵权性违约行为。不法行为人实施故意或重大过失侵犯他人权利并造成他人损害的侵犯行为时，如果加害人或受害人之间事先存在合同关系的，那么，加害人对受害人的损害行为，不仅可以作为侵权行为，还可以作为违反了事先约定的合同义务的违约行为对待。一种违法行为虽然只符合一种责任要件，但是，法律从保护受害人的利益出发要求合同当事人根据侵权行为制度提出请求和提起诉讼，或将侵权行为责任纳入合同责任的使用范围。

（一）侵权责任与违约责任的区别

（1）归责原则。不同国家的法律普遍规定违约责任适用严格责任或过错推定原则，也就是说不管合同当事人是否具有故意或过失，只要存在债务人不履行合同或履行不符合合同约定的事实，且不具有有效的抗辩事由，就必须承担违约责任。而侵权责任则一般规定以过错责任原则为基础，严格责任为补充。在我国的侵权之诉中，只有受害人具有重大过失时，侵权人的赔偿责任才可以减轻；而在合同之诉中，只要受害人有轻微的过失，违约方就可以减轻赔偿责任。

（2）举证责任不同。在违约责任中，受害人无须证明加害人的故意或过失，只需证明合同有效存在和合同的不履行或履行的不符合约定即可；而违约方应当证明自己没有过错，否则就要承担违约责任。在侵权责任中，受害人一般要证明行为人的故意或过失（特殊侵权责任除外）。因此，受害人在侵权责任中比在违约责任中承担着相对多的举证义务。

（3）诉讼时效不同。《民法典》规定，因侵权行为产生的赔偿请求权的期限一般为两年，但因身体受到伤害而产生的赔偿请求权的期限为一年；因违约而产生的赔偿请求权的诉讼时效为两年，但在出售质量不合格商品未声明、延期或拒付租金以及寄存财物毁损灭失的情况下，适用一年的诉讼时效。

（4）责任构成和免责条件不同。在违约责任中，只要行为人实施了违约行为且不具有有效的抗辩事由就要承担违约责任。而在侵权责任中，无损害事实则无侵权责任，损害事实是侵权责任产生的前提条件之一。关于免责条件，在违约责任中，除了法定的免责条款外，当事人还可以在合同中约定不承担责任的情况，而且即使不可抗力也可以约定其范围；在侵权责任中，只有法定免责条款，不可随意约定。

（5）责任形式不同。违约责任主要采用违约金的形式，且可约定也可法定。也就是说，在违约行为发生后，违约金的支付并不以对方发生损害为条件。此外，当事人可以在合同中约定损害赔偿的计算方法。而侵权责任主要采用损害赔偿的形式，损害赔偿以实际发生的损害事实为前提，且不能约定计算方法。

（6）责任范围不同。合同的损害赔偿主要是对财产损失的赔偿，不包括对人身伤害和精神损害的赔偿责任，而且，对于合同的赔偿来说，法律常常采用可预见性标准来限制赔偿的范围。但对于侵权责任来说，损害赔偿范围不仅包括财产损失还包括人身和精神损失的赔偿，不仅包括直接损失还包括间接损失。

（7）诉讼管辖不同。民事诉讼法规定，因合同引起的诉讼既可以由被告住所地法院管辖，也可由合同履行地法院管辖，合同当事人也可以在合同中约定管辖法院（但不得与法律规定冲突），而在侵权之诉中则不可以协议选择管辖法院。

二、侵权责任与违约责任的竞合

（1）责任竞合，是指某一具体的民事不法行为，违反了侵权规范和合同规范，同时具备违约责任的构成要件和侵权责任构成要件，导致法律上同时产生违约责任和侵权责任的一种法律现象。

（2）侵权责任和违约责任竞合产生的根本原因是两种责任的对立和统一。

（3）《民法典》第一百八十六条规定："因当事人一方的违约行为，损害对方人身、财产权益的，受损害方有权选择请求其承担违约责任或者侵权责任。"上述规定是指当事人一方的同一行为既是违约行为又是侵权行为时，受损害方不能既要求违约赔偿，又要求侵权赔偿，因为受损害方不能提出双重请求，只能两者择一。这样规定，对加害方也是公平的，不能对其同一行为承担双重责任，否则是不公平的。

【案例导入10-9】

2011年5月2日，是郭某外甥女结婚的日子，宴席定在东莞市大朗镇街道上的BF快捷商务酒店。5月2日下午，作为老姨丈，郭某亲自开车和迎亲车队赶到BF酒店，准备吉时迎接新娘。就在郭某站在酒店门外等候迎亲队伍的时候，一陌生男子突然冲上来，伸手意图抢走郭某脖子上的金项链。郭某随即与歹徒及其另两名持刀同伙发生争斗，其他亲戚听到呼救声后，立即过来帮忙。搏斗之下，郭某被捅成重伤，经抢救无效死亡，其他亲戚3人受伤。3名歹徒至今已被全部抓获。但是这起1死3伤的惨剧，大白天发生在繁华的闹市，又是在新人婚礼举办前，在当地引起了巨大反响。

事后，郭某的家属认为，按照相关规定，饭店必须保障客人的人身、财产安全。郭某是经过酒店允许在酒店大门迎亲的，而且还在其间进行了消费，故酒店应负有保障死者等人身、财产安全的义务。但从抢劫发生到郭某遇害的10多分钟里，BF酒店却连保安都没有露面，存在重大过错。因此，2011年7月，死者家属向东莞市第二人民法院起诉，状告东莞BF快捷酒店有限公司，要求其赔偿丧葬费、死亡赔偿金、精神抚慰金等共计27万多元。

受理此案的东莞市第二人民法院大朗法庭副庭长刘某经调查了解，发现郭某是家庭的主要经济支柱，现有3个小孩读书，目前犯罪嫌疑人虽然已被全部抓获，但刑事附带民事赔偿的预期并不乐观，而事发酒店在安保方面确实存在某些欠缺。经法院多次协调，双方最终达成了调解协议：BF酒店对郭某的不幸遭遇表示深切的同情和慰问，并捐助郭某家属55 000元，并当场给付完毕。

第三节 客人受损害的赔偿责任

一、客人财物损毁或灭失的赔偿责任

对客人财物造成损害的,首先应当恢复原状,不能恢复原状的,应当折价(以损害发生、发生地的通常价格为准)赔偿。由于客人自己的疏忽大意而使财物毁损或灭失的,酒店不应承担责任或减轻赔偿责任。因地震、洪水等自然灾害而造成客人财务损失的,酒店的责任可以减轻或免除。

客人的财物毁损或灭失要求进行赔偿时,应当具备以下几个条件:是酒店的客人,酒店有保护他的财物安全的法定义务;财物的毁损或灭失在酒店实际控制的范围内;财物的毁损或灭失是酒店的故意或者过失行为;客人能够提供毁损或灭失财物的名称、数量及其价值等。

财产损害赔偿当事人需要准备以下举证:损害事实发生的原因、经过、时间、地点的书证或物证;被损害财产所有权的证明;被损害财产的品名、规格、数量、质地、新旧程度、价值;被损害财产的毁损程度或灭失等证据;需委托他人代理诉讼的,提交授权委托书。

【案例导入10-10】

2012年8月3日,张某从杭州回家探亲,途宿霍山某宾馆,清晨起床时,发现随身携带的照相机、金项链和录影机等物品丢失,遂告知宾馆并向公安机关报案。后来,张某多次找到该宾馆,就赔偿问题进行协商,某宾馆以未收取保管费为由拒负赔偿责任。眼下,张某将宾馆告上法院,要求宾馆赔偿损失2万元。

本案分析:法院认为,宾馆没有履行提示、管理和安全保障责任,应当担主要赔偿责任;张某未申报存有一定过失,应自担次要责任,判决某宾馆赔偿张某损失1.4万元。

二、客人人身损害的赔偿责任

《民法典》第一千一百九十八条明确规定:宾馆、商场、银行、车站、机场、体育场馆、娱乐场所等经营场所、公共场所的经营者、管理者或者群众性活动的组织者,未尽到安全保障义务,造成他人损害的,应当承担侵权责任。因第三人的行为造成他人损害的,由第三人承担侵权责任;经营者、管理者或者组织者未尽到安全保障义务的,承担相应的补充责任。根据我国法律的规定,由于酒店的原因侵害了客人的人身安全,造成客人人身损害的,应当承担相应的赔偿责任。《民法典》第一千一百七十九条规定:侵害他人造成人身损害的,应当赔偿医疗费、护理费、交通费、营养费、住院伙食补助费等为治疗和康复支出的合理费用,以及因误工减少的收入。造成残疾的,还应当赔偿残疾生活辅助器具费和残疾赔偿金;造成死亡的,还应当赔偿丧葬费和死亡赔偿金。

人身损害可以分为一般伤害、造成残疾、造成死亡3种情况。

酒店在提供产品或者服务过程中，造成客人或者其他人受害人人身一般损害、残疾、死亡的，酒店有以下赔偿范围：造成客人或者其他受害人人身一般损害的，酒店应当赔偿医疗费、治疗期间的护理费、因误工所减少的收入等项费用；造成客人或者其他受害人残疾的，酒店赔偿的范围包括医疗费、治疗期间的护理费、因误工所减少的收入、残疾者生活补助费、残疾赔偿金、受害人抚养的人所必需的生活费、假肢费等项费用；造成客人或者其他受害人死亡的，赔偿的范围包括丧葬费、死亡赔偿金以及死者生前抚养的人所必需的生活费等项费用。如果受害人死亡之前有抢救费、医疗费、护理费等费用的，酒店也应当一并赔偿。

因为第三人造成客人人身损害的，酒店在承担责任后，可以向第三人追偿。

人身损害赔偿当事人需要准备以下举证：证明损害事实发生的经过、原因、时间、地点的书证（证人、证言）、物证；到有关部门指定的医疗部门就诊的证明；医疗部门的所有诊断证明处方、病历及各项医疗费用单据，包括挂号费、检查治疗费、医药费、住院费等；医疗部门出具的陪护证明，转院证明、病休证明；单位出具的垫付医疗费用证明误工损失（受害人工资、奖金、误工天数、固定补贴）证明；就医交通费用单据；如要求伤残赔偿，需提供高级法院法医室或公安部门的伤残鉴定及赔偿数额依据；需委托他人代理诉讼的，提交授权委托书。

【案例导入 10-11】

2014年，张先生从外地来北京出差，住进酒店后突发脑出血死亡。张先生的家属将酒店起诉至法院，要求酒店赔偿各项损失共计70余万元，同时要求公开赔礼道歉。近日，海淀法院审结此案，判决酒店赔偿20万元。张先生家属诉称，2014年10月，张先生从外地到北京出差，入住酒店。10月2日，张先生在酒店门口站立不稳倒地昏迷，酒店工作人员到门口查看后未予理睬。后其他客人发现后告知前台工作人员，酒店工作人员将张先生扶到大堂沙发处后未采取任何措施便回到前台。张先生坐在大堂期间不断咳嗽呕吐，但酒店工作人员仍未采取任何措施。40分钟后，酒店工作人员报警，并拨打急救电话。急救人员到达现场并将张先生送往医院。几天后，张先生在医院死亡，死因为脑出血。在张先生发病到酒店工作人员报警之间近1个小时内，酒店工作人员未及时采取救助措施，未尽到合理安全保障义务，延误了治疗的最佳时期，直接导致此前身体非常健康的张先生死亡。故要求酒店赔偿其各项经济损失共计70余万元。

本案分析：酒店辩称，其为快捷酒店，对客人没有特别的照顾义务。张先生是自身患病死亡，其病症不是普通人可以识别的情况。在发现张先生身体不适后，酒店员工对他采取了适当的救助措施，尽到了安全保障义务，不应承担额外的赔偿责任。

法院经审理认为，张先生作为酒店的客人，其独自在酒店内发生身体不适，酒店工作人员发现后未能及时采取积极有效措施，于40余分钟后才拨打报警及急救电话，给张先生的治疗造成了一定延误，故应承担相应的赔偿责任，具体赔偿比例由法院根据酒店在此事件中的过错程度予以酌定。最终法院判决酒店赔偿张先生家属各项经济损失共计 20 万元。

三、精神损害的赔偿责任

（一）精神损害赔偿的法律规定

《民法典》第一千一百八十三条第一款规定："侵害自然人人身权益造成严重精神损害的，被侵权人有权请求精神损害赔偿。"

（二）精神损害赔偿的概念

精神损害，是指民事主体精神活动的损害。

精神损害赔偿，是指对公民的生命权、健康权、身体权、姓名权、肖像权、名誉权等受到不法侵害，并造成伤害后果，致使受害人或近亲属人格权受到非财产性的侵害行为所造成的精神损害给予适当经济补偿的一种民事法律制度。

（三）精神损害的归属

民事赔偿中的人身损害的费用比较好计算，如医疗费、交通费、护理费等，法律明确规定了相应的标准。按我国传统民法理论，精神损害仅限于姓名权、肖像权、名誉权等人身权范围。

（四）精神损害的赔偿问题

《民法典》第一千一百八十三条第一款规定："侵害自然人人身权益造成严重精神损害的，被侵权人有权请求精神损害赔偿。"一般来讲，精神损害数额多综合被害人精神损害的程度、侵害人的过错程度、侵害行为的社会后果及影响、当地的经济条件等多种因素予以确定。

这些因素可以归为以下两类。

1. 法定因素

法定因素，即侵害人的过程、程度、侵权行为具体情节、侵权造成的后果和社会影响、受害人精神损害程度及持续状况。

2. 酌定因素

酌定因素，即根据立法精神，从司法实践中总结出来的，由法院灵活掌握、酌情适用的因素，即当事人主体类型、双方经济状况、侵权人认错态度和受害人的谅解程度、侵权人实际赔偿能力、社会状况变化等因素。

【案例导入 10-12】

2013 年 6 月，北京市民赵某到成都出差时入住了 DD 酒店。当晚，赵某感觉被叮咬，起床检查发现床上有若干小虫。赵某随即与酒店负责人进行协商,要求去医院检查身体并要求酒店方将小虫送检以确定小虫是否有病毒,但双方协商未果。

当晚,赵某报警后独自前往医院就诊并更换了酒店。回京后,被叮咬的患处迟迟未愈,赵某前往北京多家医院检查治疗。后赵某就赔偿问题多次往返成都、北京两地,试图与酒店协商但均未果。

之后赵某以健康权受到侵害为由向法院提起诉讼,诉请法院判令被告公开书面道歉,出示事发时小虫的检测报告,并要求被告支付医药费、交通住宿费、误工费 24 018.74 元,精神损害抚慰金 5 000 元。

本案分析:高新法院经审理后认为,被告 DD 酒店作为住宿服务提供者,对入住其酒店的原告赵某应尽到合理范围内的安全保障义务。由于被告 DD 酒店提供的住宿服务导致原告赵某被不明小虫叮咬,并造成损害,被告 DD 酒店应在原告赵某损害范围内承担赔偿责任。

本案被告 DD 酒店未在合理范围内尽到安全保障义务,确已造成原告赵某精神压力和感情伤害,综合分析本案事实并根据被告的过错程度、侵权场所、所造成后果等情况,法院酌定精神损害抚慰金为 1 000 元。

第四节　旅游投诉与诉讼时效

一、索赔时效的概念

索赔时效,是指权利人于一定期间内不行使请求旅游质检部门或者人民法院保护其民事权益的权利也就丧失了其权利,旅游质检部门或法院对权利人的民事权益不再予以保护的法律制度。

二、《旅游投诉处理办法》

《旅游投诉处理办法》于 2010 年 5 月 5 日发布,2010 年 7 月 1 日起实施。《旅游投诉处理办法》既维护客人的权益不受侵犯,也保护酒店健康发展,更有助于酒店提高和改善服务水平,使客人与酒店的权益得到更好的保障;完善了旅游投诉受理、旅游纠纷解决的法律体系,对规范旅游投诉处理程序、和谐化解旅游纠纷具有重要的意义;为旅游质监工作提供了有力依据,可以促进依法行政、规范管理,和谐化解旅游纠纷。

三、旅游投诉时效

《旅游投诉处理办法》规定,客人向旅游投诉处理机构进行投诉的有效期为 90 天。客人如果需要投诉,需要在旅游合同规定时间 90 天以内,超过旅游合同结束之日 90 天,旅游投诉处理机构不再受理投诉。

四、诉讼时效

我国法律规定的诉讼时效有以下 3 种情况：

（一）一般时效

一般时效是指除法律有特别规定以外的一般索赔纠纷适用的时效（2 年）。

（二）特殊时效

特殊时效是指由国家法律、法规特别规定适用于某些特殊索赔纠纷的时效，如寄存的财物被丢失、损毁或者拒付租金等情况（1 年）。

（三）最长时效

最长时效是指权利人自其权利受到侵害之日起 20 年内的任何时间发现其权利被侵害，均可请求法院依诉讼程序保护其权利（20 年），称为"最长时效"。

【案例导入 10-13】

某天下午，一批来自某单位的客人来酒店餐厅用餐。餐后客人提出该单位在店内有 2 万元内存，要求签单。经信用结算组查阅，发现客人所报金额与签单人姓名均与原始记录不符。为了维护签单权益，信用结算组便通知餐务中心该单位并无内存，而宾客坚持称确有内存，一定要签单。餐务中心与客人协调，提出先将本次餐费结清，由账台出具收条，待有确切证明能够签单，再退还此款，在内存中结算餐费。客人当时表示同意。

过了两天，该单位存款当事人与酒店联系，说明上次餐费可以签单，酒店立刻退还了钱款。而此时宾客以酒店工作有疏漏为由提出投诉，并要求餐费折扣。餐务中心与信用结算组共同向客人解释了缘由，再三说明这也是为了维护该单位内存的安全以及保密性而执行的一项工作制度，对此事给宾客造成的不便表示歉意，餐务中心给予该单位用餐 8.8 折优惠，信用结算组也提出将尽快改进工作方法，避免类似误会的发生。

事后，质管办召集两部门针对此投诉进行分析。财务部态度非常积极，提出了一项改进方法，向各内存单位签单人发放临时卡片，其他客人消费时只需出示此卡同样签单有效，能够使工作做得更圆满一些。餐务中心也表示将增强两部门之间的协调与合作，促使服务产品更完美。

本案分析：餐务中心与信用结算组均体现了积极主动的服务意识和合作精神。第一，在事件发生过程中，信用结算组在宾客提供的资料与记录不相符时，严格执行专人签章有效制度，是正确的。餐务中心则积极配合，向宾客做好解释工作，并采取了宾客能够接受的较灵活措施缓解了一时矛盾。第二,当发生宾客投诉时,两部门并没有互相推诿,而是开展了主动性工作,不但协力处理好宾客善后事宜,使宾客满意而归,还从中积累经验,提出了具有可行性的改进措施,努力使今后的服务工作做得更好。

·思 考 题·

1. 酒店的开放区与非开放区的安全管理有何区别?
2. 酒店的消防措施有哪些?
3. 酒店人员如何应对受伤及意外情况的处理?

第十一章 国内法与国际法

第一节 法的一般分类

法的分类是指从一定的角度或根据一定标准将法律规范或法律制度划分为若干不同的种类。

一、一般法和特别法

一般法是指在效力范围上具有普遍性的法律，即针对一般的人或事，在较长时期内，在全国范围普遍有效的法律，如《民法典》。特别法是指对特定主体、事项，或在特定地域、特定时间有效的法律，如《中华人民共和国治安管理处罚法》。一般而言，特别法的效力优于一般法。

二、实体法和程序法

实体法规定的权利和义务直接来自人们在生产和生活中形成的相互关系的要求，如所有权、债权、政治权利义务，如刑法、行政法等。程序法的主要内容是规定主体在诉讼活动中的权利和义务，即主体在寻求国家机关对自己权利予以支持的过程中的行为方式，其作用在于保证主体在实际生活中享有的法律权利得以实现。因此实体法和程序法也被称为主法和助法。

三、根本法和普通法

在采用成文宪法的国家，根本法是指宪法，在国家法律体系中享有最高的法律地位和法律效力。宪法内容的制定、修改的程序都不同于其他法律。普通法是指宪法以外的其他法律。普通法的内容一般只涉及社会生活的某一方面，如民法、行政法、刑法等，其法律效力低于宪法。

四、成文法和不成文法

成文法是指由特定国家机关制定颁布，以不同等级的规范性法律文件形式表现出来的法律规范，故又称"制定法"。不成文法是由国家机关以一定形式认可其法律效力，但不表现为成文的规范性法律文件形式的法律规范，一般是指习惯法。英美法系的判例法是由法院通过判决创制的法，它虽然表现为文字形式的判决，但不同于由立法机关制定的规范性法律文件，因此通常将判例法视为与制定法相对应的一种法律渊源，归入不成文法一类。

第二节　国内法

国内法，是指本国制定或认可并在本国主权管辖范围内生效的法律。国内法是按照法律制定的主体和适用范围所做的法的分类。

一、法律部门

法律部门，是指对一国现行法规按所调整的社会关系及与之相适应的调整方法的不同所做的基本分类。一个国家的法律规范所调整的社会关系是多种多样的，凡调整同一种类的社会关系并采用同种调整方法的法律规范的总和，就构成一个独立的法律部门。

二、宪法

宪法是国家的根本大法，是一个国家的总章程，它所规定的是社会和国家生活中的根本性问题。宪法在我国法律体系中居于主导地位，它规定了我国社会制度和国家制度的基本原则，规定公民的基本权利和义务以及国家机构组织和活动的基本原则。宪法在我国法律体系中居于主导地位，主要表现在以下几个方面：

（一）宪法的内容不同于一般法律

宪法规定的是国家制度和社会制度的基本原则，包括国家性质、政治制度、经济制度、国家机构、公民的基本权利与义务、国家机关的体系及相互关系和组织活动原则等根本性的大问题。而一般法律只规定国家生活和社会生活中某个方面的具体问题。

（二）宪法的效力不同于一般法律

宪法具有最高法律效力，一般法律的精神和条文都不得与宪法相抵触，否则无法律效力。

（三）宪法的制定和修改程序不同于一般法律

宪法的制定和修改有特定的程序，比一般法律的立法程序要严格。《中华人民共和国宪法》第六十四条规定："宪法的修改，由全国人民代表大会常务委员会或者五分之一以上的全国人民代表大会代表提议，并由全国人民代表大会以全体代表的三分之二以上的多数通过。"一般法律的制定只需要一般的程序。

《中华人民共和国宪法》是我国的根本大法，是我国的立法基础，具有最高的法律效力。除《中华人民共和国宪法》外，我国还有《中华人民共和国国务院组织法》《中华人民共和国人民法院组织法》《中华人民共和国人民检察院组织法》《中华人民共和国民族区域自治法》等从属于宪法部门的宪法性法律。

最新的《中华人民共和国宪法》修改是 2018 年第十三届全国人民代表大会第一次会议通过的《中华人民共和国宪法修正案》修正的。

三、民法

民法有广义民法与狭义民法之分。广义的民法指调整平等主体之间所有的财产关系、人身关系和婚姻家庭关系的法律;狭义的民法仅指调整一定范围的财产关系和人身关系的法律。财产关系是人们在生产、分配、交换和消费中形成的经济关系。财产关系的内容很广,民法所调整的不是所有财产关系,它主要调整商品关系,包括财产所有权关系、继承关系、债权关系、知识产权关系,是平等主体的公民之间、法人之间、公民和法人之间发生的财产关系,即横向的财产经济关系。这里的人身关系主要是指公民的名誉权、肖像权、生命健康权,法人的名称权、名誉权等。这些人身权不仅是刑法调整的对象,也是民法调整的对象。

其他一些财产关系由其他有关的法的部门调整。例如,政府对经济的管理,国家和企业之间以及企业内部等纵向经济关系或者行政管理关系,不是平等主体之间的财产、经济关系,主要由有关经济法、行政法调整。

民法是我国法律体系中的核心法律,用以调整和规范民事关系。它涵盖了自然人(指基于自然生命而活动的人)和法人(指具有民事权利能力和民事行为能力,依法独立享有民事权利和承担民事义务的组织)之间的财产关系和人身关系。《民法典》以自愿、公平、等价有偿、诚实信用等原则和方法作为调整手段,旨在确保自然人和法人的民事权利,维护我国社会主义商品生产和商品交换的秩序。

我国的法律体系包括多部法律,其中一些直接或间接涉及民事关系的调整。《民法典》是其中最为综合和重要的法律,其他法律如《中华人民共和国专利法》《中华人民共和国商标法》等,共同构成了我国的民事法律体系,为保护个人和法人的民事权益提供了法律依据。

四、刑法

刑法是法律体系的一个部门,它规定什么样的行为应被认定为犯罪,并规定这类行为应负什么责任,处以什么种类的刑罚。犯罪,是指危害统治阶级利益和统治秩序,依照统治阶级制定的法律负有责任并可处以刑罚的行为。

刑法是规定犯罪和刑罚的法律规范的总和,包括《中华人民共和国刑法》和其他刑法法律规范性文件。刑法是国家法律体系中的一个重要组成部分,它的主要任务是用刑罚同一切犯罪行为作斗争,以保卫国家安全、保卫人民民主专政的政权和社会主义制度,保护国有财产和劳动群众集体所有的财产,保护公民私人所有的财产,保护公民的人身权利、民主权利和其他权利,维护社会秩序、经济秩序,保障社会主义建设事业的顺利进行。

《中华人民共和国刑法》第十三条规定:"一切危害国家主权、领土完整和安全,分裂国家、颠覆人民民主专政的政权和推翻社会主义制度，破坏社会秩序和经济秩序，侵犯国有财产或者劳动群众集体所有的财产，侵犯公民私人所有的财产，侵犯公民的人身权利、民主权利和其他权利，以及其他危害社会的行为，依照法律应当受刑罚处罚的，都是犯罪，但是情节显著轻微，危害不大的，不认为是犯罪。"从刑法规定的犯罪概念和刑法的总体精神来看，犯罪的特征有3个：

（一）犯罪是严重危害社会的行为，具有严重的社会危害性

犯罪是危害社会的行为，具有一定的社会危害性。行为如果对社会没有危害性，或者危害性很轻微就不构成犯罪。犯罪只能是一种危害社会的行为，而不是思想。思想无论是如何有害或者多么反动，如果没有外化为人的行为，都不是犯罪。犯罪的危害性，是指给国家、社会或者个人利益造成实际损害或者有造成实际损害的可能性。

（二）犯罪是触犯刑律的行为，具有刑事违法性

犯罪是违反刑法规范的行为，具有刑事违法性。刑法规范，是指刑法所规定的禁止人们实施一定的行为和要求人们实施一定行为的行为规范，违反刑法规范的行为即具有刑事违法性。行为如果缺乏违法性，就不能认定为犯罪，如正当防卫和紧急避险的情况下实施的行为，就不能认定为犯罪。

（三）犯罪是应受刑罚惩罚的行为，具有应受刑罚处罚性

犯罪必须是依法应受刑法惩罚的行为，这是法治原则的必然要求，也是罪刑法定原则在犯罪概念中的具体体现。依法应受刑罚惩罚，表明行为违反刑事禁令或者刑事命令，应当受到刑罚惩罚，即按照行为人所负的责任达到了可以受刑罚的程度。

犯罪的以上3个特征紧密相连，缺一不可。行为没有社会危害性，立法者不会将其规定为犯罪，行为没有触犯刑法而不具有惩罚性，无论其危害性有多大，司法机关都不能将其作为犯罪对待。

五、劳动法

劳动法，是调整劳动关系以及与劳动关系密切联系的其他关系的法律规范的总和。它包括劳动合同的签订、变更终止和解除的规定和程序，工作时间和劳动报酬的规定，安全保护和劳动卫生规程，劳动纪律和奖惩办法，劳动保险和生活福利制度，女工的保护规则，及对于年老、患病和残疾者实行物质保险等方面的法律规范。

劳动法对于巩固和发展社会主义劳动组织，调动劳动者的积极性和创造性，不断提高劳动效率，改善劳动条件，保护劳动者的身心健康，以及在发展生产的基础上，逐步提高劳动

者的物质财富和文化水平起着重要作用。

【案例导入 12-1】

李某于 2017 年 6 月 1 日入职某酒店担任人事专员。2020 年 4 月 13 日，李某因该酒店欠付工资事宜，与酒店人力资源部总监罗某、工会主席林某在当地派出所就相关事宜进行协商。协商中，罗某提出与李某解除劳动合同，并书面确认了向李某支付欠付工资及解除劳动合同赔偿金的数额。后该酒店未支付相应款项，并通知李某其人事关系有关事宜需重新进行协商，李某遂回复该酒店，双方之间劳动关系已于 2020 年 4 月 13 日在派出所解除，酒店应按约支付相关欠付工资及赔偿金。该酒店对此予以拒绝。后李某申请仲裁，要求确认双方劳动关系于 2020 年 4 月 13 日解除，并要求某酒店支付欠付工资及赔偿金。仲裁支持了欠付工资的部分请求。李某不服，诉至法院。法院认为，罗某作为某酒店的人力资源总监，其有权代表公司提出解除劳动关系。现其已与李某在派出所协商确定了解除劳动关系的一系列方案，明确了赔偿金的数额以及给付时间，协议对双方均具有约束力，应按照协议严格履行。一审判决支持李某关于工资及赔偿金的诉请。该酒店不服上诉，二审法院审理后作出终审判决：驳回上诉，维持原判。

六、经济法

我国经济法是一个新兴的法律部门，它是国家为组织领导和管理经济的需要而制定调整纵向的经济管理关系和与此有密切联系的横向经济关系的法律规范的总称。经济法涉及的范围比较广泛，一般包括：所有制、土地和资源计划及经营管理、工业、农业、商业、交通、外贸及工商行政管理、对外经济技术合作、财政税收、金融、保险、卫生、环境保护以及劳动、社会福利等。经济法是从民法、行政法等法律部门中分离出来的一个重要的法律部门，它的调整对象包括国民经济管理关系，国家与经济组织之间和各经济组织内部的纵向经济关系，以及一定条件下的某些横向经济关系。为了适应经济体制改革和对外开放的需要，保障和促进社会主义现代化建设的顺利进行，我国近年来制定了大量的经济方面的法律。

经济法和民法的主要区别如下：

（一）两者调整对象不同

经济法主要是调整国家对经济的管理、国家和企业之间以及企业内部等纵向的经济关系；而民法是调整平等主体的公民之间、法人之间、公民和法人之间的财产关系，即横向经济关系和人身关系。

（二）两者调整的原则不同

民法调整的主要原则是当事人在民事活动中的地位平等、自愿公平、等价有偿、诚实信用；而经济法主体之间的法律地位是不平等的，反映了上下级的隶属关系。

七、诉讼法

诉讼是人类社会制止和解决社会冲突的主要手段。"诉讼"一词是由"诉"与"讼"两字组成的。"诉"为叙说、告诉、告发、控告之意，"讼"为争辩是非、曲直之意。两个字连用即向法庭上诉，在法庭上辩冤、争辩是非曲直。在法律上，诉讼是指国家专门机关在诉讼参与人的参加下，依据法定的权限和程序，解决具体案件的活动。诉讼法，是关于诉讼程序的法律规范的总和。其内容主要是关于司法机关及其他诉讼参与人进行诉讼法律的原则、程序、方式和方法的规定；关于检查或监督诉讼活动，特别是侦查、审判活动是否合法，以及纠正错误的原则、程序、方式和方法的规定；关于执行程序的规定。其任务是从诉讼程序方面保证实体法的正确实施。诉讼法按其性质，分为刑事诉讼法、民事诉讼法和行政诉讼法。

（一）刑事诉讼法

刑事诉讼法是关于刑事诉讼程序的法律规范的总和。它包括我国刑事诉讼法和全国人民代表大会及其常设机构的有关决议、决定。例如，关于死刑案件的核准问题的决定，关于迅速审判严重危害社会治安的犯罪分子的程序的决定等。它主要规定刑事诉讼的性质、任务、原则与制度，以及刑事立案、侦查、起诉、审判、监督、执行等程序。《中华人民共和国刑事诉讼法》的特点是改纠问式为控辩式。这一特点确立了控诉方和被控诉方在法庭上的平等地位，体现出"罪从判定"：任何人未经人民法院的判决，均应视为无罪的原则，从而显示出司法制度对人最宝贵的权利——生命和自由的高度重视原则。

（二）民事诉讼法

民事诉讼法是关于民事诉讼程序的法律规范的总和。它主要规定在我国民事诉讼法中，包括民事诉讼的性质、任务、原则与制度，以及起诉、调解、审判、监督、执行等程序。它的任务是保证人民法院查明事实，分清是非，正确适用法律，及时审理民事案件，确认民事权利与义务关系，制裁民事违法行为，保护国家、集体和个人利益，教育公民自觉遵守法律。

（三）行政诉讼法

行政诉讼法是指由国家制定和认可的，人民法院和行政诉讼参与人在审理行政案件中所进行的各种诉讼活动，由这些诉讼活动产生的诉讼关系的法律规范的总称。简单地说，行政诉讼法就是国家规定的关于行政诉讼的法律规范的总称。行政诉讼，是指公民、法人或者其他组织不服行政机关所作的处理决定，依法起诉，审判机关依法审理的活动。行政诉讼包含以下几方面的基本内容：

（1）原告是行政管理相对人，即公民、法人或组织。

（2）被告是行使国家行政管理职权的行政机关，是作出行政处罚决定或者其他行政处理决定的行政机关，或者是作出行政复议决定的行政机关。

（3）原告提起诉讼是因不服行政机关的行政行为，包括行政处罚决定、其他行政处理决定和行政复议决定。

（4）提起的行政诉讼案件必须是法律、法规明文规定当事人可以向人民法院起诉的行政争议案件。

（5）行政诉讼必须在人民法院的主持下，按照一定的诉讼程序和方式进行。

八、行政法

行政法，是指调整行政领域的社会关系（即调整国家行政机关在行使执行、指挥、组织、监督等各种职能过程中发生的各种社会关系）的法律规范的总和。它是国家行政机关工作的法律依据，也是人们在有关活动中所必须遵循的原则。行政法是国家整个法律体系中的一个重要的、独立的法律部门。

行政法是通过国家机关发挥组织、指挥、监督和管理职能的法律形式。行政法调整一定的行政关系。在这一关系中，国家处于领导者和指挥者的地位，并以自己的意志规定另一主体的行为，所以行政关系是按指令和服从原则建立起来的隶属关系。行政法调整的对象是国家行政机关在行政活动过程中所发生的各种社会关系。如国家行政机关之间，国家行政机关和企业事业单位、社会团体之间，国家行政机关和个别公民之间所发生的法律关系，即行政法律关系。它涉及的范围比较广泛，包括民政治安、工商、文教、卫生、人事等各方面的行政管理。行政法所规定的内容较为广泛，散见于各种形式的法律、法规之中，主要包括国家行政管理体制，行政管理活动的基本任务、内容、原则，国家行政机关的权限、职责范围、活动的方式和方法，国家工作人员的选拔、使用、任免、奖惩等规范。

行政不同于行政权，两者既有联系又有区别。行政是指国家的组织活动，行政权是指行政机关的权限。在我国，国务院和其他各级人民政府都是行使行政权的国家行政机关。行政法对于实现国家领导起着重要作用，是我国法律体系中重要的基本法部门。近年来，我国制定了一系列的行政法律、法规。

第三节 国际法

一、国际法的概念

国际法是以国家之间关系为主要调整对象，规定其权利与义务的有约束力的原则、规则和制度的总称。为了同国际私法相区分，国际法又称"国际公法"。

国际法是一个特殊的法律部门，与国内法相比较，它有下列3个特征：

国际法的主体（权利与义务的承担者）主要是国家。个人不能成为国际法的主体，而国内法的主体主要是个人，一些类似国家的政治实体以及由国家组成的国际组织，在一定条件下和一定范围内也被认为是国际法主体。

国际法的制定者是参与国际关系的各国通过协议而制定对国家有约束力的国际法原则、规则和制度，它没有超于国家之上的立法机关来制定任何对国家有约束力的所谓"国际立法"。

在强制实施方面，国际法不像国内法那样有强制的执行机构，它的强制只能主要依靠各国本身单独的或集体的行动。

二、国际法的渊源

国际法的渊源主要是国际条约和国际惯例，此外，也来源于国际组织的有些决议以及各国有关国际问题的国内法和司法判例经国家认可的部分。

国际条约是国际法的主要渊源，国际条约按其参加国的多少，可分为多边条约和双边条约。前者是指世界上多数国家参加的条约，由于多数国家参加的条约带有普遍性，因而这种条约就直接构成国际法的渊源。两个或少数国家缔结的条约称"双边条约"，它只对缔约国有约束力，不直接构成国际法的渊源。如果有许多条约作出相同或类似的规定，它们就可能成为国际法的渊源。

国际惯例是国际法的重要渊源。国际条约是国际的明示协议，而国际惯例是默示协议。国际惯例是各国通行的做法，并被认为具有法律的约束力。近年来，在联合国的倡议下，已将外交领事条约和海洋等方面的国际惯例，以公约的形式确定下来。

国际法的渊源除了国际条约和国际惯例外，还有国际组织的决议。只有普遍性的国际组织决议，且这些决议反映着国际法原则规则和制度，才能成为国际法的渊源。

为把国际法或国际法某一部分的原则、规则制度，全面、系统地用类似法典的形式制定出来，1947年11月21日联合国大会通过《国际法委员会章程》，设立国际法委员会，作为联合国负责编纂工作的主要机构。截至1982年，经国际法委会拟订的公约草案和条款草案有《国家权利义务宣言》《纽约堡法庭宪章》及法庭判决所承认的国际法原则、《危害人类和平及安全治罪法》《消除未来无国籍状况公约》《最惠国条款》《外交关系公约》《领事关系公约》《特别使团公约》《领海和毗连区公约》《公海公约》《大陆架公约》以及关于国家在条约继承方面的公约等。

三、国际法的基本原则

国际法的基本原则有：各国主权平等，和平解决国际争端，禁止以武力威胁或使用武力，不干涉别国内政，民族自决，和平共处五项原则等。

和平共处五项原则是：互相尊重主权和领土完整、互不侵犯、互不干涉内政、平等互利与和平共处。其中，主权原则是最基本、最重要的，国家的独立权、自卫权、平等权和管辖权都与主权原则有密切关系。

四、国际私法的概念

国际私法，是指调整含有涉外因素的民事关系的法律规范的总称。由于涉外因素又称"国际因素"，而西方在传统上又将民法和商法称为私法，而此种关系是在进行对外关系以及本国人（自然人和法人）与外国人（自然人和法人）交往过程中产生的，所以国际私法因此而得名。

既然有些民事关系含有涉外因素，那么就需要首先解决在什么情况下适用国内法，在什么情况下适用国际法以及哪一部法。这正是国际私法的任务。

五、国际私法的渊源和调整范围

国际私法的渊源是国际条约、国内法和国际惯例。

国际私法所调整的范围包括外国人在本国的民事法律地位，涉外所有权关系，对外贸易关系，涉外民事案件的司法管辖和仲裁，外国法院的判决或外国仲裁机构裁决的承认和执行等。

【案例导入 12-2】

这些酒店的收费是否符合国际惯例？

杭州某酒店客人张先生于 4 月 20 日 18 时入店，21 日 15：40 退房。该酒店收取了一天半的房费，客人十分不满，当即向酒店提出："一天 24 小时，我只住了 22 小时，连一天都不到，为何收取一天半的房费？"

上海的王小姐去广州旅游，由于飞机晚点，到达饭店时已是晚上 11 时，第二天早晨 9 点钟退房。可是，饭店要收取她一天的房价。王小姐觉得自己住了还不到 10 小时，连半天都没有，为何要收取一天的房费呢？于是王小姐将酒店告到了广州市消费者协会。

甘肃的李女士于 8 月 11 日住进了兰州某宾馆，她是当天 0 时 30 分入住，当天 12 时 30 分退房的，该宾馆收取了她一天半的房费。李女士很不理解，自己只住了 14 个小时，为什么要付一天半的房费呢，遂将宾馆告上了法院。

> **思考**
>
> 这几起案例引起全国媒体的广泛报道与讨论。酒店方认为这样收费是依照国际惯例。而顾客方认为,非也。请问什么是国际惯例?

六、国际惯例

国际惯例是国际习惯和国际通例的总称,是指在国际上具有普遍性、明确性和长期性的习惯做法。国际惯例是国际交往中逐渐形成的不成文的原则、准则和规则。国际惯例一般包括国际外交惯例和国际商业贸易惯例,它是国际法的渊源之一(如1961年的《维也纳外交公约》)。

国际惯例最初为某些国家反复采用,以后为世界各国广泛接受和协用,并公认具有法律效力。1945年《国际法院规约》第三十八条规定,国际法院裁判时,对于"作为通例(一般实践)的证明并经接受为法律者"的国际习惯也应适用。

国际惯例的形成条件在于,有习惯事实,内容明确规范,与现行法律没有冲突而法律又未规定,经过国家承认,有一定的强制力保证。

同国际条约和各国国内法律相比,国际惯例是一种不成文的法律规范,只有经过国家权力的认可才有约束力。如今,世界各国越来越多地适用商业惯例,其主要原因在于,随着世界经济贸易的发展,各国交往愈加频繁,交易各方由于没有国际的统一实体法可依,而又不愿意适用对方国家的法律,于是交易各方就约定在合同的主要问题上采用国际惯例。这样既可避免依据冲突,规范引用一个国家的国内法来具体确定当事人在某项交易中的权利和义务关系,又可直接运用国际经济贸易中有关的实际经验,从而节省谈判时间。

国际商业惯例并不是法律,不具有强制性。但是,它一经被法律采用即具有法律地位和法律效力,而不再是本来意义上的国际惯例。我国现行的经济法规中,涉及的许多内容都是参照了国际惯例,在广泛吸收国外先进经验的基础上制定的,其中包含的国际惯例已通过国内立法融入我国的法律,成为不可缺少的组成部分。

国际惯例有5个特点:通用性,即在国际上大多数国家和地区通用;稳定性,不受政策调整和经济波动的影响;效益性,被国际交往活动验证是成功的;重复性,要重复多次地运行作用;准强制性,虽不是法律但受到各国法律的保护,具有一定的法律约束力。

在酒店管理方面,通常所说的国际惯例主要是指国际上众多酒店在经营管理方面长期形成的通行做法,与国际法范畴中的国际惯例有所区别。对于那些适合我国国情、国际社会中普遍认可的,具有约束力的那些惯例,我们应当自觉遵守和维护。

第四节 国际法与国内法的关系

国际法与国内法是不同的法律体系，但这两者之间相互联系，彼此之间起着互相渗透、互相补充和互相促进的作用。国家在制定国内法时，不能忽视其应尽的国际义务，在参与制定国际法时，又不能无视本国的主权。国际法不得干预国内法，国内法不得改变国际法，两者的关系应是协调一致的。

一、国际法与国内法关系概述

目前国际法中尚没有关于国内法与国际法关系的具体、统一、完整的规则。从国际实践看，在国内层面，国内立法不能改变国际法的原则、规则；国家不得以其国内法规定来对抗其承担的国际义务，或以国内法规定作为违背国际义务的理由来逃避其国际责任。同时，国际法不干预一国国内法制定，除非该国承担了相关的特殊义务。

比较复杂的是在国内层面，主要问题是国际法在国内法律秩序中的地位问题，包括国际法规则在国内法律框架中的适用以及国际法规则与国内法冲突时的解决。从各国实践中可以概括出以下主要内容：

除了牵扯到由此产生的因违背国际法义务而承担国家责任的情况外，国际法并没有在这个问题上加以具体要求。因此，原则上如何处理这一问题是一国国内法的事项。各国法律传统和法律制度不同，在这个问题上的立法和司法实践呈现出复杂多样性。

国际法包括成文的条约，也包括不成文的国家习惯。各国对于国际法的两种不同的渊源形式在国内法中的地位、处理也不尽相同。

条约一般只对缔约国具有拘束力，并且有不同的种类和内容。条约是当代国际法的主要渊源，这个问题在实践中无疑更加重要和紧迫。

一些学者基于认为国内法与国际法分属不同的法律体系的"两元论"理论模式出发，归纳出两种极端或典型的条约在国内适用的方式：转化和采纳。所谓"转化"，指采取这种方式的国家，要求所有条约内容都必须逐个经过相应的国内立法程序转化为国内法，才能在国内适用；所谓"采纳"或称"并入"，指国家在原则上认为，该国缔结的所有条约，都可以在其国内具有国内法的地位。采用"并入"方式的国家，一般是在其宪法中作出这种"一揽子"规定的。

其实，"转化""并入"的区分只是学术上的简化模式，在国际实践中，情况要复杂得多。绝对单一地采取上述某一种方式的国家很少，许多国家是两种方式兼用。从结果上看，国家都保留了适当的选择权、解释权和适用弹性。因此，对于各国的具体情况和做法，需要查阅、研究该国的国内法及相关实践。

关于国际法与国内法冲突的解决，也包括习惯和条约两个方面。各国的做法也不一致，大体有以下方式：推定为不冲突；修改国内法；优先适用国际法；优先适用国内法；以后法优于先法原则处理。从国际法的角度看，如果一国在国际法与国内法发生冲突时，由于优先适用其国内法造成其对国际法的违背，该国应对此承担相应的国家责任。

二、国际法与国内法的区别

（一）法的主体方面

国内法的主体是国内民众；国际法的主体是国家关系中的国家本身。

（二）法的对象方面

国内法的对象主要是私人之间的关系；国际法的对象主要是国家或政府间的关系。

（三）法的渊源方面

国际法的渊源主要是国际条约和习惯国际法；国内法的渊源主要是国内立法和国内习惯法。

（四）法的本质方面

国内法是一国主权意志的对内表现；国际法是国家主权意志的集体表现。

（五）法的效力方面

国内法的效力来自单个国家的意志；国际法的效力来自各国的共同意志。

（六）法的实施方面

国内法的实施以该国的强制力加以保证；国际法以国家单独或集体的强制措施为保证。

三、国际法与国内法的联系

国际法与国内法是相互联系的,因为国家是制定国内法的,同时也是参与制定国际法的,并且国家的对外政策影响其对国际法的立场。随着经济全球化和国际互联互通程度的日益加深，国际法与国内法在人权、环境和贸易领域等方面相互渗透的程度不断加深。

国际法除了规范国家关系外，也规范国内法律主体之间的关系；国内法除了规范国民之间的关系以及国民与政府之间的关系外，也规范某些国际关系。从政策和法律的一致性观点来说，国家既然承认了国际法，就有义务使它的国内法符合于它依国际法所承担的义务，违反国际法，就要承担相应的责任。

· 思 考 题 ·

1. 什么是国内法?
2. 为什么说宪法在我国法律体系中居主导地位?
3. 什么是国际法?
4. 国际法与国内法之间的关系是什么?

第十二章 涉外诉讼

第一节 涉外诉讼概述

【案例导入 13-1】

原告刘某与被告美籍华人陈某于2006年4月在山东某市工商行政管理局连册暨记开办了"MDL 酒店"。根据公司章程，注册资本全部由原告投资、被告负责经营管理。2008 年 4 月 25 日，陈某用"MDL 酒店"董事长的身份免除原告董事、副总经理的职务。刘某作为被告方的投资人，告到该市一区人民法院要求被告方撤销免除原告董事、副总经理的决定书。

2009 年 6 月区法院审理了此案。区法院经审理查明，原告用"MDL 酒店"的名称及相关资料和美国籍华人陈某的身份在市工商行政管理局注册登记了外商独资的 MDL 酒店公司，注册资金全部由原告投入，被告法人代表陈某只是负责经营管理工作。另查明，该公司章程第十六条、十九条、二十一条规定：董事长应在董事会开会前30天书面通知各董事；出席董事会的法定人数为全体董事，由董事缺席时通过的董事会决议无效。2009 年 4 月 25 日，陈某以"MDL 酒店"董事长的身份在未通知原告参加的情况下，召开董事会议，免除原告刘某董事职务和副总经理职务。法庭认为，原告"MDL 酒店"的名称及相关资料和美籍华人陈某的身份在某市工商行政管理局注册登记了被告的公司；并且注册资本全部由原告投资，故应当认为"MDL 酒店"系原告投资成立，原告是该公司的唯一出资人；陈某作为该公司的董事长，违反公司章程召开董事会作出董事会决议，原告申请撤销应予准许。据此，依照《中华人民共和国民事诉讼法》第一百三十条，《中华人民共和国民事诉讼法》第四条第一款、第十八条、第四十七条第二款、第四十九条第一、二款之规定，判决如下：

（1）原告为被告的唯一出资人。

（2）撤销被告作出免除原告董事、总经理的决议。

（3）案件受理费50元，其他诉讼费用 250 元，共计 300 元，由被告负担。

如不服本判决，可在接到判决书之日起 15 日内向本院递交上诉状，并按对方当事人的人数提出副本，同时交纳上诉费用 300 元，上诉于市中级人民法院。

> **思考**
> 请问该法院的判决是否恰当？为什么？

【案例导入 13-2】

《某区域货物供应合同纠纷案》

2019年12月15日，某区域的 ABC 酒店与 XYZ 公司签订供应合同，合同规定 XYZ 公司将供应特定数量的食品材料给 ABC 酒店。合同签订后，XYZ 公司开始履行合同，并提前向 ABC 酒店交付一批货物。

然而，不久后，ABC 酒店发现所收到的货物存在质量问题，与合同约定的不符。ABC 酒店要求 XYZ 公司负责替换或退还货物，但 XYZ 公司未能立即满足这一要求，也未支付与货物退还有关的费用。双方的供应合同陷入争端。

ABC 酒店认为 XYZ 公司的行为违反了合同，因此决定向当地法院提起诉讼，要求 XYZ 公司承担赔偿责任。法院审理此案时，依据相关法律规定，确认 XYZ 公司在供应合同中存在违约行为。最终，法院裁定 XYZ 公司赔偿 ABC 酒店的损失。

一、涉外诉讼的概念

诉讼民间称为打官司。涉外诉讼是某种具有涉外因素的民事和刑事等案件的官司。涉外诉讼一般分为涉外民事诉讼、涉外刑事诉讼和涉外行政诉讼等。涉外诉讼和国内诉讼有很大的不同，它具有某种涉外因素，因此在具体的受理与法律适用等问题上较国内诉讼要复杂得多。我国的民法典、民事诉讼法、刑法和刑事诉讼法都列有专章或专门的条款对涉外诉讼加以规定。国际上一些国家多在实体法与诉讼法中予以专门规定，或以单行法规的形式加以规定。

二、涉外民事诉讼的概念

涉外民事诉讼，是指法院在双方当事人及其他诉讼参与人的参加下，审理民事案件和解决民事纠纷所进行的活动，以及由这些活动所发生的关系。涉外民事诉讼是法院审判具有涉外因素的民事案件所适用的诉讼程序。所谓具有涉外因素的民事案件是指具有下列3种情况之一，并在我国法院进行诉讼的案件。

（1）诉讼的主体方面含有涉外因素，即诉讼当事人一方或者双方是外国人、无国籍人、外国企业或者组织。

（2）诉讼的客体方面含有涉外因素，即诉讼当事人争议的财产在国外。

（3）诉讼的内容方面含有涉外因素，即诉讼当事人之间民事法律关系发生、变更或者消灭的法律事实存在于国外。

三、涉外刑事诉讼的概念

涉外刑事诉讼是指含有涉外因素的刑事案件的诉讼。按照我国刑事法律的规定，这种涉外因素主要有以下几方面：刑事案件主体的刑事被告人或诉讼参与人的被害人是外国人（或者无国籍人），包括外国人或无国籍人在我国领域内犯罪的刑事案件、我国公民侵犯外国人或者无国籍人合法权利的刑事案件等。刑事诉讼涉及国家间的法律协助。如引渡刑事被告人、国际刑事司法协助等。刑事诉讼涉及国际条约、国家间协定的"法律适用"等问题。

四、涉外仲裁的概念

涉外仲裁，是指我国涉外仲裁机构根据双方当事人在合同中订立的仲裁条款或者事后签订的仲裁协议，依法对涉外经济争议、海事争议在事实上作出判断，在权利义务上作出裁决的法律制度。

五、涉外民事案件的管辖

根据世界各国有关涉外诉讼程序的立法和国际惯例，国际上主要有地域管辖、属人管辖、协议管辖和专属管辖。地域管辖，以领土为标志，是一国对该国领土范围的一切人、物、法律行为都具有的；属人管辖，是以当事人的国籍为标志，确定管辖权；协议管辖，是指允许双方当事人协议将争议事项交某国法院受理；专属管辖，是指一国主张其法院对某些国际民事案件有独占的和排他的管辖权。

我国对涉外民事案件的管辖权采用的基本原则是地域管辖原则，同时也对不同类型的外民事案件采取不同的管辖原则。在实践中，我国法院管辖涉外民事案件根据具体情况交替使用地域管辖、属人管辖、协议管辖等原则，以确保应由我国法院管辖的案件真正能由我国法院进行实际审理。《中华人民共和国民事诉讼法》第四编对涉外民事诉讼程序有特别规定，该编第二百六十六条规定："在中华人民共和国领域内进行涉外民事诉讼，适用本编规定。本编没有规定的，适用本法其他有关规定。"

六、涉外刑事诉讼的管辖

对涉外刑事案件的管辖，国际上通行的原则主要有属地原则、属人原则、保护原则、普遍原则和混合原则。

（一）属地原则

属地原则以一国领域为标准，凡在本国领域内犯罪，无论犯罪者是否本国人，无论受侵害权益是在本国还是外国，也无论受害人是否为本国人，均适用本国刑法。但是，当本国或其公民的权益在国外受到犯罪侵害时则不能有效保护，所以目前国际上很少有国家能独自采用此原则。

(二)属人原则

属人原则是指刑法效力以犯罪人国籍为标准,凡是本国国籍者,无论是否在国内,无论其侵害的是否为本国或其公民的权益,均适用本国刑法。但是,当非本国人在本国犯罪时则不适用本国刑法,故目前世界各国也没有独自采用该原则。

(三)保护原则

保护原则是指保护本国利益为标准,凡犯罪侵害本国或其公民权益的,无论犯罪人是否本国人,无论犯罪是否发生在本国,均适用本国刑法。但是,一国刑法认为犯罪的行为,另一国可能并不认为是犯罪,所以,此原则在适用上有一定的困难,各国刑法采用该原则时都加以限制。

(四)普遍原则

普遍原则是指无论犯罪人是否为本国人,犯罪的地点是否在本国,侵害的是否本国利益,均适用本国刑法。

(五)混合原则

混合原则是指采用属地原则为主,兼采用其他原则。目前我国多采用《中华人民共和国刑法》第六条规定:"凡在中华人民共和国领域内犯罪的,除法律有特别规定的以外,都适用本法。凡在中华人民共和国船舶或者航空器内犯罪的,也适用本法。犯罪的行为或者结果有一项发生在中华人民共和国领域内的,就认为是在中华人民共和国领域内犯罪。"《中华人民共和国刑事诉讼法》第十七条第二款规定:"对于享有外交特权和豁免权的外国人犯罪应当追究刑事责任的,通过外交途径解决。"根据有关法律规定可以看出,我国采取的是"普遍原则""混合原则"。

七、涉外仲裁的原则

(一)协议原则

协议原则,是指仲裁机构仲裁权的取得须建立在当事人自愿协议基础之上。当事人可以事先在合同中订立仲裁条款,也可以在案发后达成书面仲裁协议。没有当事人的仲裁协议,仲裁机构不能行使仲裁权。

（二）独立裁决原则

独立裁决原则，首先是指仲裁机构在仲裁案件时，只能依据客观事实和法律，实事求是地裁决，不受任何机关、团体和个人的干涉。其次是指仲裁员个人独立，基于独立的意志作出裁决意见。

（三）公平原则

公平原则建立在当事人法律地位平等的基础之上。无论是中国当事人或外国当事人，也无论当事人所在国家的大、小、强、弱，他们在仲裁程序中都处于平等的地位，仲裁机构将公平相待、公正裁决。

（四）保密审理原则

保密审理即指不公开审理，当事人、仲裁员、证人、鉴定人等承担不向外界透露案件实情和程序进行情况的义务。对涉外案件不公开仲裁是出于对当事人自由意志的尊重和商业保密的考虑。如果双方当事人申请公开审理，必须征得仲裁庭的同意和认可。

（五）参照国际惯例原则

各国在长期的商业交往中已形成若干惯例，这些惯例既涉及实体法又涉及程序法。涉外仲裁机构在仲裁时，参照这些国际惯例可以弥补我国法律法规的某些缺陷，也利于双方当事人接受裁决结果，从而合理、迅速地解决当事人间的争执。

八、仲裁和诉讼的主要区别

（一）保密性

不公开审理，法院的大多数案件可持身份证旁听，但仲裁庭开庭是不允许旁听的。当然裁决也不公开，在裁判文书网上无法查询到相关的仲裁裁决。

（二）一裁终局

对诉讼一审判决书不服可申请二审，但在仲裁程序中，裁决作出后即生效，当事人可申请法院执行裁决书。

（三）可选择审理人员

这也是仲裁程序与诉讼程序较大的不同，仲裁程序可由当事人选择审理人员，而诉讼程序则由法院分配审理人员。

（四）协议性

必须由当事人明确选择仲裁程序，否则仲裁机构无权受理。而诉讼程序无需当事人明确选择，可根据管辖规定确定法院。大多数人选择仲裁主要是因为仲裁具有保密性和一裁终局，认为能快速解决纠纷，不会让个人（公司）的纠纷公之于众。

第二节　法律的适用范围

【案例导入 13-3】

中广网成都1月25日消息（记者 邵立肃 郑轶）因发生涉外刑事案件，成都YH大酒店近日被取消四星级标志和证书。据悉，这是四川省首家被摘星的高星级酒店。据了解，2005年10月29日，YH大酒店发生一起涉外刑事案件。案件发生后，YH大酒店未向旅游行业主管部门报告相关情况。1月4日至5日，省星评委根据海外投诉对此事进行调查。调查认为，YH大酒店虽然有比较先进的监控设施和设备，也有相应的管理制度，案发后能积极配合公安部门调查侦破案件，但仍存在安全隐患。根据国家标准《旅游星级饭店的划分与评定》和四川省安全生产"一票否决制"的相关规定，省星评委决定取消该酒店星级标志和证书。

一、涉外民事关系的法律适用范围

涉外民事关系的法律适用，是指国家审理涉外民事案件时，应适用哪一个国家的法律。我国是一个独立的主权国家，在审理涉外民事案件时，应由我国确定案件所适用的法律，或者依照我国参加或缔结的国际条约、国际惯例，确定应适用的法律。《中华人民共和国宪法》第三十二条第一款规定："中华人民共和国保护在中国境内的外国人的合法权利和利益，在中国境内的外国人必须遵守中华人民共和国的法律。"

在我国的有关法律和我国参加的一些国际条约规定中，规定了一些法律适用的内容，主要包括：在我国领域内的涉外民事关系适用我国法律（法律另有规定的除外）；我国缔结或参加的国际条约同我国的民事法律有不同规定的，适用国际条约的规定，但我国声明保留的条款除外；我国法律和我国缔结或者参加的国际条约没有规定的，可以适用国际惯例。我国公民定居国外的，其民事行为能力可以适用定居国法律。不动产的所有权，适用不动产所在地法律。涉外合同当事人可以选择处理合同争议所适用的法律，当事人没有选择的，适用与合同最密切联系的国家的法律，法律未作规定的，可以适用国际惯例。我国涉外经济法规定：在中国境内执行中外合资经营企业合同、中外合作经营企业合同，只适用中国法律。行为的损害赔偿，适用侵权行为地法律；当事人双方国籍相同或在同一国家有住所的，也可以适用当事人本国法律或者住所地法律；我国法律不认为在我国领域外发生的行为是侵权行为的，不作为侵权行为处理。按以上规定适用外国法律或者国际惯例的，不得违背我国的社会公共利益。

二、涉外刑事案件的法律适用范围

根据我国法律的规定，以及我国签署或参加的国际条约中的有关规定，我国司法机关受理的涉外刑事案件的范围有以下几种：外国人在我国领域内犯罪的刑事案件；我国公民在我国领域外犯罪的刑事案件；外国人在我国领域外对我国或我国公民犯罪的刑事案件；我国公民侵犯外国人合法权利的刑事案件；危害国际社会安全和人类的生存、进步与发展的国际犯罪案件。

第五种情况应当具备两个条件：第一，这类案件必须是我国签署或参加的国际条约中所规定的应承担的义务；第二，必须是国际条约规定的罪行。《最高人民法院等部门关于外国人犯罪案件管辖问题的通知》（法〔2023〕2 号文件）规定：外国人犯罪的刑事案件的第一审刑事案件由基层人民法院管辖。

·思 考 题·

1. 哪几种情况属于具有涉外因素的民事诉讼？
2. 国际上主要有哪几种涉外民事案件管辖？
3. 我国对涉外民事案件的管辖权采取的基本原则是什么？
4. 对涉外刑事案件的管辖，国际上主要有哪些原则？
5. 涉外仲裁的原则有哪些？

附录1　相关问题分析

一、酒店宣传

（一）酒店自有网络平台发布的图片侵犯他方著作权

前不久,"黑洞图片"版权问题引发关注。国家版权局随即对图片版权保护、依法维护著作权人合法权利予以了重点关注。在信息高速发展的当今社会,大多数酒店也会通过网络进行推广和宣传。

实务中,有些酒店会与第三方公司签订相关服务合同,约定由第三方公司负责代管酒店自有的微信公众号、微博等网络平台,服务内容包括由第三方公司负责定期推送相关酒店介绍信息的文章、发布酒店销售活动及链接等。然而,经常有酒店会在第三方公司的网络平台代管服务期内,收到其他公司（以下简称"权利人"）的索赔函件或邮件,内容声称酒店未经授权,违法使用权利人图片,侵犯了权利人的著作权。

（二）核心是著作权版权问题

《中华人民共和国著作权法》第十条规定,著作权包括发行权,即以出售或者赠与方式向公众提供作品的原件或者复制件的权利;以及信息网络传播权,即以有线或者无线方式向公众提供作品,使公众可以在其选定的时间和地点获得作品的权利。著作权人可以许可他人行使前款规定的权利,并依照约定或者本法有关规定获得报酬。

《中华人民共和国著作权法》第五十四条规定,侵犯著作权或者与著作权有关的权利的,侵权人应当按照权利人因此受到的实际损失或者侵权人的违法所得给予赔偿;实际损失或者侵权人的违法所得难以计算的,可以参照该权利使用费给予赔偿。赔偿数额还应当包括权利人为制止侵权行为所支付的合理开支。权利人的实际损失、侵权人的违法所得、权利使用费难以计算的,由人民法院根据侵权行为的情节,判决给予五百元以上五百万元以下的赔偿。

应当注明的是,著作权属于作者（《中华人民共和国著作权法》另有规定的除外）。由法人或者其他组织主持,代表法人或者其他组织意志创作,并由法人或者其他组织承担责任的作品,法人或者其他组织视为作者;作者还包括创作作品的公民。

（三）酒店应注意事项之律师意见

承接上文所述,若酒店收到了权利人的索赔函件或邮件的,为避免扩大赔偿范围,我们建议酒店应先立即撤下所有涉嫌侵权的图片。同时,鉴于著作权具有专属性,我们建议酒店可以要求第三方公司提供拥有涉嫌侵权图片的版权证明文件，不建议酒店直接与权利人进行沟通调解。若确认图片版权并非归属第三方公司的，此时酒店可再与权利人进行下一步沟通，包括酒店可要求权利人提供所争图片的具体信息：包括但不限于权利人所争图片的数量和内容、使用网址、使用时间、相关版权证明文件等。

另外，在酒店与第三方公司签订网络平台代管服务合同时，我们建议酒店可以在法务人员的指导下在合同中约定可以单方解除合同的条件或添加保证金的条款（保证金条款可视具体服务相对方的经营条件而定），如可将第三方公司存在侵犯他方著作权作为解约的条件，进行风险控制。当该等条件成立时，酒店可在主张第三方公司违约责任的同时，依据合同条款选择是否解除服务合同，有效掌握解除合同的主动权，避免或最大限度地减少酒店在经济利益方面受到的损害。

最后，应当指出的是，酒店单方面在自有的任何平台上发布图片内容的，也应当注意事先核查所使用图片的来源，并应同著作权人订立许可使用合同（可供公众免费使用的图片资源除外），否则酒店可能面临被著作权人要求停止侵害、消除影响、赔礼道歉、赔偿损失等民事责任的风险。

二、三种合同解除情形的分析

合同解除可分为协商一致解除、约定解除和法定解除三种情形。《民法典》进一步完善了合同解除的相关规定，而合同解除与酒店日常经营息息相关。在酒店遇到合同解除情形时，应当如何合法处理，以尽可能避免违约解除或减少后续争议？

（一）案例介绍

案例1：

酒店与供应商签订产品销售协议，约定由供应商每月定期向酒店提供海鲜产品。在产品销售协议履行过程中，因新冠疫情原因导致酒店长期停业，酒店结合自身实际情况，与供应商协商一致，解除了该协议。

案例2：

临近中秋佳节，酒店提前与某公司签订产品供应协议，要求某公司在中秋节前一周提供月饼产品。同时酒店与该公司约定，若该公司未在约定时间提供月饼产品的，则酒店有权立即终止本协议并且无需承担任何责任。

案例3：

酒店与服务提供商签订服务协议，由服务提供商提供客房清洁服务。在合同履行过程中，服务提供商未按约定时间、约定的方式提供清洁服务，违反合同约定，并且经酒店多次警告后仍不改正，导致酒店客房经常处于无人清洁或清洁严重不到位的情况，引发诸多客人的不满与投诉。

（二）案例分析

案例1：

本案涉及的是双方协商一致解除合同的情况。在一方或酒店因自身原因需解除合同时，可以根据《民法典》第五百六十二条第一款的规定："当事人协商一致，可以解除合同。"在经得对方同意或在双方协商一致的前提下，可以终止合同的履行。

此种情形下，合同解除后，尚未履行的，终止履行；已经履行的，根据履行情况和合同性质，当事人可以请求恢复原状或者采取其他补救措施，并有权请求赔偿损失。

案例2：

本案涉及的是约定解除权的情况。《民法典》第五百六十二条第二款规定："当事人可以约定一方解除合同的事由。解除合同的事由发生时，解除权人可以解除合同。"

本案中，因某公司提供的产品具有季节性和特定性，为维护酒店自身合法利益，酒店与某公司约定，若某公司未能按照约定及时提供相应产品的，则酒店有权立即终止协议并且无需承担任何责任。若后续该公司未能在约定的时间内提供相应产品，则酒店有权按合同约定行使解除权。

但需注意，酒店行使解除权，不论是约定解除权还是法定解除权，均需依法通知对方，在通知到达对方时，合同解除。《民法典》规定了解除权的行使方式及行使期限，即应当通知对方，并且在通知到达对方时合同解除。行使该解除权还有时间限制，即双方有约定时则按约定时间行使；若无约定的，则自酒店知道或者应当知道解除事由发生之日起一年内行使该解除权，否则该解除权消灭，酒店无权再据此要求解除合同。

案例3：

本案涉及的是法定解除权的情形。《民法典》第五百六十三条规定："有下列情形之一的，当事人可以解除合同：（一）因不可抗力致使不能实现合同目的；（二）在履行期限届满前，当事人一方明确表示或者以自己的行为表明不履行主要债务；（三）当事人一方迟延履行主要债务，经催告后在合理期限内仍未履行；（四）当事人一方迟延履行债务或者有其他违约行为致使不能实现合同目的；（五）法律规定的其他情形。"

在本案中，酒店与服务提供商签订服务协议，服务提供商应按合同约定提供清洁服务，但该服务提供商未按约定提供清洁服务，或提供的清洁服务严重背离合同约定，经酒店多次警告后仍不改正，已经严重违反合同约定，导致酒店签订该服务协议的目的无法实现，酒店还因此遭受诸多客人的投诉，已经严重损害酒店的合法利益。所以，酒店可根据法律规定依法行使法定解除权。

但行使该法定解除权需注意通知对方并在规定的时间内行使（案例2中已经详述，在此不再赘述）。

（三）法律要点

案例 1 中，双方协商一致解除合同，包括解除后相关事宜的处理，这是较为理想的一种解除合同的方式。在实际操作中，若酒店因自身原因需解除合同的，可优先采取与对方协商的方式进行。

案例 2 中，涉及的是约定解除权的情况。法律允许当事双方约定合同解除的事宜。因此，酒店可根据经营情况及拟签订合同的实际情况，综合考虑，譬如对时间要求严格的大闸蟹供应合同、月饼产品销售合同等，可结合情况考虑在合同中约定供应商未在约定时间提供相关产品的，则酒店有权解除合同，从而避免酒店被认定为是无权解除甚至违约解除合同，导致酒店需承担违约责任。

案例 3 中，涉及的是法定解除权的情况。在满足法定情形下，一方有权据此要求解除合同，是法律规定的有权解除合同的情况，无需双方当事人约定。若酒店在日常经营过程中遭遇不可抗力、对方严重违约等法定情形，酒店需意识到法律赋予酒店可据此要求解除合同的权利，在行使该解除权时，亦需注意行使的方式及时间，以切实维护酒店的合法利益。

三、谈谈合同中的定金、订金、押金、保证金和违约金——以其内容、法律后果是否相同为视角

《民法典》规定了"定金罚则"，并对其进一步完善和补充，但酒店在日常经营过程中，除了使用"定金"外，还时常会使用其他"金"，譬如"押金""订金""保证金"和"违约金"等。那么，前述"五金"在内容、法律后果上是否相同？是否均能起到担保合同履行的效果？

（一）案情（假设）分析

现有五位客人均拟于 2021 年的"宪法日"举办婚礼，并分别选择了五家酒店订立婚宴合同。前述五家酒店为了更好地担保合同的履行，在各自的合同中分别约定了一笔费用。

关于这笔费用，五家酒店的约定如下：

A 酒店	要求客人支付"定金"2000 元
B 酒店	要求客人支付"订金"2000 元
C 酒店	要求客人支付"押金"2000 元
D 酒店	要求客人支付 2000 元"保证金"
E 酒店	与客人约定"违约金"为 2000 元

问：若后续客人违约，这五家酒店是否均可获得 2000 元的救济？

（二）案情分析

A 酒店与客人在合同中明确约定了"定金"，并且客人已经实际支付了"定金"，当客人违约时，并且达到"不履行债务或履行债务不符合约定，致使不能实现合同目的"的，则酒店有权没收"定金。"

定金是规范的法律术语，定金具有：①从属性，是指酒店与客人合同履行完毕后，定金合同就不存在了；②双重担保性，是指定金对双方均具有约束力——若酒店违约，导致合同目的无法实现的，需双倍返还定金，若客人违约导致合同目的无法实现的，则无权要求返还定金；③实践性，是指酒店与客人约定定金，需以书面的方式约定；④预先支付性，是指定金应在合同成立后、履行之前支付，否则定金担保不成立。

定金是法定担保方式，成立需满足法定条件，《民法典》此次明确了"定金罚则"的适用条件是必须达到"不履行债务或履行债务不符合约定，致使不能实现合同目的"（即《民法典》第五百八十七条规定：债务人履行债务的，定金应当抵作价款或者收回。给付定金的一方不履行债务或者履行债务不符合约定，致使不能实现合同目的的，无权请求返还定金；收受定金的一方不履行债务或者履行债务不符合约定，致使不能实现合同目的的，应当双倍返还定金。）如果仅有违约行为而未导致合同目的不能实现的，则不适用定金罚则。同时，《民法典》第五百八十六条规定，定金金额不得超过主合同标的额的 20%，超过部分不产生定金的效力。

B 酒店与客人在合同中仅约定了 2000 元"订金"，未约定客人违约时酒店有权没收的，则当客人违约时，酒店不能直接拒绝退还"订金。"

订金并非规范的法律概念，而是一种支付手段，无担保功能。审判实践中一般将订金视为预付款，若客人违约时，并且未约定是"定金"性质或违约可没收订金的，则客人并不因此而丧失要求酒店返还订金的权利。若客人违约时，酒店原则上需根据损害赔偿规则举证自身遭受的损失，而不能直接没收订金。建议酒店在操作中尽量使用规范的定金或明确客人违约酒店有权没收订金等。

C 酒店要求客人支付"押金"2000 元，若未约定客人违约时酒店可没收"押金"的，则当客人违约时，若合同履行中客人欠付费用的，酒店是否可从"押金"中径行扣除抵充，存在分歧；若客人未欠付费用，酒店能否扣除"押金"，亦存在争议。

押金并非规范的法律术语，在实务中往往等同于保证金、抵押金等。对于押金的作用、性质等在实践中存在不同观点，对于一方违约对方是否可没收也有分歧。因实务对此观点不一，若客人违约，酒店可能需举证证明自身损失，导致无法及时获得救济。为避免酒店遭受损失无法及时救济或增加不必要的追偿成本，建议酒店使用规范的定金或明确约定违约可没收押金等。

D酒店与客人约定了2000元的"保证金"，若酒店在合同中约定客人违约时，酒店有权没收"保证金"的，则酒店可据此没收"保证金"，无需另行举证遭受损失；若酒店在合同中未有前述约定的，则酒店不能据此没收"保证金。"

保证金并非法定的担保方式，其性质和效力都缺乏法律依据。在约定保证金并且明确约定违约可没收保证金的前提下，若发生违约情形，守约方可直接没收保证金，无需另行举证遭受损失。

为避免酒店无法及时获得救济、遭受无谓损失，建议酒店选择规范的担保方式或者予以明确违约情形下有权没收保证金。

E酒店与客人约定了"违约金"，并明确当客人违约时，客人需支付"违约金"2 000元。故在本案中，若后续客人发生违约，则酒店有权要求客人支付2 000元"违约金"。

违约金是承担民事责任的一种方式，并非合同履行的担保，并不具备定金的双倍返还功能。前述几种"金"中，若约定了违约可没收，实际是约定了"违约金"，当发生违约情形时，无需举证遭受的损失，可以根据约定的违约金条款直接获得赔偿。但需注意，民法典对违约金有最高额限制，超出损失30%标准的违约金，违约方有权请求减少。同时，若既约定违约金，又约定定金的，一方违约时，对方可以选择适用违约金或定金，两者不能同时适用，若定金不足以弥补损失的，对方可以要求违约方赔偿超过部分的损失。建议酒店结合实际情况考虑适用规范的定金或违约金。

（三）小结

如前所示，适用不同的"金"，在面临客人违约同一情形时，却可能产生不同的法律后果。为更好地维护酒店的合法利益，避免后续不应有的成本支出或损失，建议酒店在与客人约定相关费用时，结合自身实际情况，并在法务人员的指导下选择适用。

附录2　有关法律、法规

我国法律体系、诸要素的法律效力等级及其适用规则在《中华人民共和国立法法》中有明确的规定。

1. 宪法至上：宪法是具有最高法律效力的根本大法，作为根本法和母法，宪法是其他立法活动的最高法律依据，具有最高的法律效力。

2. 上位法优于下位法：在我国法律体系中，法律的效率是仅次于宪法高于其他法的形式。行政法规的法律地位和法律效力仅次于宪法和法律，高于地方性法规和部门规章。地方性法规的效力，高于本级和下级地方政府规章。省自治区人民政府制定的规章的效力，高于本行政区域内的较大的市人民政府制定的规章。部门规章之间、部门规章与地方政府规章之间具有同等效力，在各自的权限范围内施行。

3. 特别法优于一般法：立法法规定，同一机关制定的法律、行政法规、地方性法规、自治条例和单行条例、规章，特别规定与一般规定不一致，适用特别规定。

4. 新法优于旧法：新法、旧法对同一事项有不同规定时，新法的效力优于旧法。

中华人民共和国旅游法

（2013年4月25日第十二届全国人民代表大会常务委员会第二次会议通过，2016年11月7日第十二届全国人民代表大会常务委员会第二十四次会议第一次修正，2018年10月26日第十三届全国人民代表大会常务委员会第六次会议第二次修正）

第一章 总则

第一条 为保障旅游者和旅游经营者的合法权益，规范旅游市场秩序，保护和合理利用旅游资源，促进旅游业持续健康发展，制定本法。

第二条 在中华人民共和国境内的和在中华人民共和国境内组织到境外的游览、度假、休闲等形式的旅游活动以及为旅游活动提供相关服务的经营活动，适用本法。

第三条 国家发展旅游事业，完善旅游公共服务，依法保护旅游者在旅游活动中的权利。

第四条 旅游业发展应当遵循社会效益、经济效益和生态效益相统一的原则。国家鼓励各类市场主体在有效保护旅游资源的前提下，依法合理利用旅游资源。利用公共资源建设的游览场所应当体现公益性质。

第五条 国家倡导健康、文明、环保的旅游方式，支持和鼓励各类社会机构开展旅游公益宣传，对促进旅游业发展做出突出贡献的单位和个人给予奖励。

第六条 国家建立健全旅游服务标准和市场规则，禁止行业垄断和地区垄断。旅游经营者应当诚信经营，公平竞争，承担社会责任，为旅游者提供安全、健康、卫生、方便的旅游服务。

第七条 国务院建立健全旅游综合协调机制，对旅游业发展进行综合协调。县级以上地方人民政府应当加强对旅游工作的组织和领导，明确相关部门或者机构，对本行政区域的旅游业发展和监督管理进行统筹协调。

第八条 依法成立的旅游行业组织，实行自律管理。

第二章 旅游者

第九条 旅游者有权自主选择旅游产品和服务，有权拒绝旅游经营者的强制交易行为。旅游者有权知悉其购买的旅游产品和服务的真实情况。旅游者有权要求旅游经营者按照约定提供产品和服务。

第十条 旅游者的人格尊严、民族风俗习惯和宗教信仰应当得到尊重。

第十一条 残疾人、老年人、未成年人等旅游者在旅游活动中依照法律、法规和有关规定享受便利和优惠。

第十二条 旅游者在人身、财产安全遇有危险时，有请求救助和保护的权利。旅游者人身、财产受到侵害的，有依法获得赔偿的权利。

第十三条 旅游者在旅游活动中应当遵守社会公共秩序和社会公德,尊重当地的风俗习惯、文化传统和宗教信仰,爱护旅游资源,保护生态环境,遵守旅游文明行为规范。

第十四条 旅游者在旅游活动中或者在解决纠纷时,不得损害当地居民的合法权益,不得干扰他人的旅游活动,不得损害旅游经营者和旅游从业人员的合法权益。

第十五条 旅游者购买、接受旅游服务时,应当向旅游经营者如实告知与旅游活动相关的个人健康信息,遵守旅游活动中的安全警示规定。旅游者对国家应对重大突发事件暂时限制旅游活动的措施以及有关部门、机构或者旅游经营者采取的安全防范和应急处置措施,应当予以配合。旅游者违反安全警示规定,或者对国家应对重大突发事件暂时限制旅游活动的措施、安全防范和应急处置措施不予配合的,依法承担相应责任。

第十六条 出境旅游者不得在境外非法滞留,随团出境的旅游者不得擅自分团、脱团。入境旅游者不得在境内非法滞留,随团入境的旅游者不得擅自分团、脱团。

第三章 旅游规划和促进

第十七条 国务院和县级以上地方人民政府应当将旅游业发展纳入国民经济和社会发展规划。国务院和省、自治区、直辖市人民政府以及旅游资源丰富的设区的市和县级人民政府,应当按照国民经济和社会发展规划的要求,组织编制旅游发展规划。对跨行政区域且适宜进行整体利用的旅游资源进行利用时,应当由上级人民政府组织编制或者由相关地方人民政府协商编制统一的旅游发展规划。

第十八条 旅游发展规划应当包括旅游业发展的总体要求和发展目标,旅游资源保护和利用的要求和措施,以及旅游产品开发、旅游服务质量提升、旅游文化建设、旅游形象推广、旅游基础设施和公共服务设施建设的要求和促进措施等内容。根据旅游发展规划,县级以上地方人民政府可以编制重点旅游资源开发利用的专项规划,对特定区域内的旅游项目、设施和服务功能配套提出专门要求。

第十九条 旅游发展规划应当与土地利用总体规划、城乡规划、环境保护规划以及其他自然资源和文物等人文资源的保护和利用规划相衔接。

第二十条 各级人民政府编制土地利用总体规划、城乡规划,应当充分考虑相关旅游项目、设施的空间布局和建设用地要求。规划和建设交通、通信 供水、供电、环保等基础设施和公共服务设施,应当兼顾旅游业发展的需要。

第二十一条 对自然资源和文物等人文资源进行旅游利用,必须严格遵守有关法律、法规的规定,符合资源、生态保护和文物安全的要求,尊重和维护当地传统文化和习俗,维护资源的区域整体性、文化代表性和地域特殊性,并考虑军事设施保护的需要。有关主管部门应当加强对资源保护和旅游利用状况的监督检查。

第二十二条 各级人民政府应当组织对本级政府编制的旅游发展规划的执行情况进行评估,并向社会公布。

第二十三条 国务院和县级以上地方人民政府应当制定并组织实施有利于旅游业持续健康发展的产业政策，推进旅游休闲体系建设，采取措施推动区域旅游合作，鼓励跨区域旅游线路和产品开发，促进旅游与工业、农业、商业、文化、卫生、体育、科教等领域的融合，扶持少数民族地区、革命老区、边远地区和贫困地区旅游业发展。

第二十四条 国务院和县级以上地方人民政府应当根据实际情况安排资金，加强旅游基础设施建设、旅游公共服务和旅游形象推广。

第二十五条 国家制定并实施旅游形象推广战略。国务院旅游主管部门统筹组织国家旅游形象的境外推广工作，建立旅游形象推广机构和网络，开展旅游国际合作与交流。县级以上地方人民政府统筹组织本地的旅游形象推广工作。

第二十六条 国务院旅游主管部门和县级以上地方人民政府应当根据需要建立旅游公共信息和咨询平台，无偿向旅游者提供旅游景区、线路、交通、气象、住宿、安全、医疗急救等必要信息和咨询服务。设区的市和县级人民政府有关部门应当根据需要在交通枢纽、商业中心和旅游者集中场所设置旅游咨询中心，在景区和通往主要景区的道路设置旅游指示标识。旅游资源丰富的设区的市和县级人民政府可以根据本地的实际情况，建立旅游客运线或者游客中转站，为旅游者在城市及周边旅游提供服务。

第二十七条 国家鼓励和支持发展旅游职业教育和培训，提高旅游从业人员素质。

第四章 旅游经营

第二十八条 设立旅行社，招徕、组织、接待旅游者，为其提供旅游服务，应当具备下列条件，取得旅游主管部门的许可，依法办理工商登记：

（一）有固定的经营场所；

（二）有必要的营业设施引入；

（三）有符合规定的注册资本；

（四）有必要的经营管理人员和导游；

（五）法律、行政法规规定的其他条件。

第二十九条 旅行社可以经营下列业务：

（一）境内旅游；

（二）出境旅游；

（三）边境旅游；

（四）入境旅游；

（五）其他旅游业务。

旅行社经营前款第二项和第三项业务，应当取得相应的业务经营许可，具体条件由国务院规定。

第三十条 旅行社不得出租、出借旅行社业务经营许可证，或者以其他形式非法转让旅行社业务经营许可。

第三十一条 旅行社应当按照规定交纳旅游服务质量保证金，用于旅游者权益损害赔偿和垫付旅游者人身安全遇有危险时紧急救助的费用。

第三十二条 旅行社为招徕、组织旅游者发布信息，必须真实、准确，不得进行虚假宣传，误导旅游者。

第三十三条 旅行社及其从业人员组织、接待旅游者，不得安排参观或者参与违反我国法律、法规和社会公德的项目或者活动。

第三十四条 旅行社组织旅游活动应当向合格的供应商订购产品和服务。

第三十五条 旅行社不得以不合理的低价组织旅游活动，诱骗旅游者，并通过安排购物或者另行付费旅游项目获取回扣等不正当利益。旅行社组织、接待旅游者，不得指定具体购物场所，不得安排另行付费旅游项目。但是，经双方协商一致或者旅游者要求，且不影响其他旅游者行程安排的除外。发生违反前两款规定情形的，旅游者有权在旅游行程结束后三十日内，要求旅行社为其办理退货并先行垫付退货货款，或者退还另行付费旅游项目的费用。

第三十六条 旅行社组织团队出境旅游或者组织、接待团队入境旅游，应当按照规定安排领队或者导游全程陪同。

第三十七条 参加导游资格考试成绩合格，与旅行社订立劳动合同或者在相关旅游行业组织注册的人员，可以申请取得导游证。

第三十八条 旅行社应当与其聘用的导游依法订立劳动合同，支付劳动报酬，缴纳社会保险费用。旅行社临时聘用导游为旅游者提供服务的，应当全额向导游支付本法第六十条第三款规定的导游服务费用。旅行社安排导游为团队旅游提供服务的，不得要求导游垫付或者向导游收取任何费用。

第三十九条 从事领队业务，应当取得导游证，具有相应的学历、语言能力和旅游从业经历，并与委派其从事领队业务的取得出境旅游业务经营许可的旅行社订立劳动合同。

第四十条 导游和领队为旅游者提供服务必须接受旅行社委派，不得私自承揽导游和领队业务。

第四十一条 导游和领队从事业务活动，应当佩戴导游证，遵守职业道德，尊重旅游者的风俗习惯和宗教信仰，应当向旅游者告知和解释旅游文明行为规范，引导旅游者健康、文明旅游，劝阻旅游者违反社会公德的行为。导游和领队应当严格执行旅游行程安排，不得擅自变更旅游行程或者中止服务活动，不得向旅游者索取小费，不得诱导、欺骗、强迫或者变相强迫旅游者购物或者参加另行付费旅游项目。

第四十二条 景区开放应当具备下列条件，并听取旅游主管部门的意见：

（一）有必要的旅游配套服务和辅助设施；

（二）有必要的安全设施及制度，经过安全风险评估，满足安全条件；

（三）有必要的环境保护设施和生态保护措施；

（四）法律、行政法规规定的其他条件。

第四十三条　利用公共资源建设的景区的门票以及景区内的游览场所、交通工具等另行收费项目，实行政府定价或者政府指导价，严格控制价格上涨。拟收费或者提高价格的，应当举行听证会，征求旅游者、经营者和有关方面的意见，论证其必要性、可行性。利用公共资源建设的景区，不得通过增加另行收费项目等方式变相涨价；另行收费项目已收回投资成本的，应当相应降低价格或者取消收费。公益性的城市公园、博物馆、纪念馆等，除重点文物保护单位和珍贵文物收藏单位外，应当逐步免费开放。

第四十四条　景区应当在醒目位置公示门票价格、另行收费项目的价格及团体收费价格。景区提高门票价格应当提前六个月公布。将不同景区的门票或者同一景区内不同游览场所的门票合并出售的，合并后的价格不得高于各单项门票的价格之和，且旅游者有权选择购买其中的单项票。景区内的核心游览项目因故暂停向旅游者开放或者停止提供服务的，应当公示并相应减少收费。

第四十五条　景区接待旅游者不得超过景区主管部门核定的最大承载量。景区应当公布景区主管部门核定的最大承载量，制定和实施旅游者流量控制方案，并可以采取门票预约等方式，对景区接待旅游者的数量进行控制。旅游者数量可能达到最大承载量时，景区应当提前公告并同时向当地人民政府报告，景区和当地人民政府应当及时采取疏导、分流等措施。

第四十六条　城镇和乡村居民利用自有住宅或者其他条件依法从事旅游经营，其管理办法由省、自治区、直辖市制定。

第四十七条　经营高空、高速、水上、潜水、探险等高风险旅游项目，应当按照国家有关规定取得经营许可。

第四十八条　通过网络经营旅行社业务的，应当依法取得旅行社业务经营许可，并在其网站主页的显著位置标明其业务经营许可证信息。发布旅游经营信息的网站，应当保证其信息真实、准确。

第四十九条　为旅游者提供交通、住宿、餐饮、娱乐等服务的经营者，应当符合法律、法规规定的要求，按照合同约定履行义务。

第五十条　旅游经营者应当保证其提供的商品和服务符合保障人身、财产安全的要求。旅游经营者取得相关质量标准等级的，其设施和服务不得低于相应标准；未取得质量标准等级的，不得使用相关质量等级的称谓和标识。

第五十一条　旅游经营者销售、购买商品或者服务，不得给予或者收受贿赂。

第五十二条　旅游经营者对其在经营活动中知悉的旅游者个人信息，应当予以保密。

第五十三条 从事道路旅游客运的经营者应当遵守道路客运安全管理的各项制度,并在车辆显著位置明示道路旅游客运专用标识,在车厢内显著位置公示经营者和驾驶人信息、道路运输管理机构监督电话等事项。

第五十四条 景区、住宿经营者将其部分经营项目或者场地交由他人从事住宿、餐饮、购物、游览、娱乐、旅游交通等经营的,应当对实际经营者的经营行为给旅游者造成的损害承担连带责任。

第五十五条 旅游经营者组织、接待出入境旅游,发现旅游者从事违法活动或者有违反本法第十六条规定情形的,应当及时向公安机关、旅游主管部门或者我国驻外机构报告。

第五十六条 国家根据旅游活动的风险程度,对旅行社、住宿、旅游交通以及本法第四十七条规定的高风险旅游项目等经营者实施责任保险制度。

第五章 旅游服务合同

第五十七条 旅行社组织和安排旅游活动,应当与旅游者订立合同。

第五十八条 包价旅游合同应当采用书面形式,包括下列内容:

（一）旅行社、旅游者的基本信息;

（二）旅游行程安排;

（三）旅游团成团的最低人数;

（四）交通、住宿、餐饮等旅游服务安排和标准;

（五）游览、娱乐等项目的具体内容和时间;

（六）自由活动时间安排;

（七）旅游费用及其交纳的期限和方式;

（八）违约责任和解决纠纷的方式;

（九）法律、法规规定和双方约定的其他事项。

订立包价旅游合同时,旅行社应当向旅游者详细说明前款第二项至第八项所载内容。

第五十九条 旅行社应当在旅游行程开始前向旅游者提供旅游行程单。旅游行程单是包价旅游合同的组成部分。

第六十条 旅行社委托其他旅行社代理销售包价旅游产品并与旅游者订立包价旅游合同的,应当在包价旅游合同中载明委托社和代理社的基本信息。旅行社依照本法规定将包价旅游合同中的接待业务委托给地接社履行的,应当在包价旅游合同中载明地接社的基本信息。安排导游为旅游者提供服务的,应当在包价旅游合同中载明导游服务费用。

第六十一条 旅行社应当提示参加团队旅游的旅游者按照规定投保人身意外伤害保险。

第六十二条 订立包价旅游合同时,旅行社应当向旅游者告知下列事项:

（一）旅游者不适合参加旅游活动的情形;

（二）旅游活动中的安全注意事项;

（三）旅行社依法可以减免责任的信息；

（四）旅游者应当注意的旅游目的地相关法律、法规和风俗习惯、宗教禁忌，依照中国法律不宜参加的活动等；

（五）法律、法规规定的其他应当告知的事项。

在包价旅游合同履行中，遇有前款规定事项的，旅行社也应当告知旅游者。

第六十三条　旅行社招徕旅游者组团旅游，因未达到约定人数不能出团的，组团社可以解除合同。但是，境内旅游应当至少提前七日通知旅游者，出境旅游应当至少提前三十日通知旅游者。因未达到约定人数不能出团的，组团社经征得旅游者书面同意，可以委托其他旅行社履行合同。组团社对旅游者承担责任，受委托的旅行社对组团社承担责任。旅游者不同意的，可以解除合同。因未达到约定的成团人数解除合同的，组团社应当向旅游者退还已收取的全部费用。

第六十四条　旅游行程开始前，旅游者可以将包价旅游合同中自身的权利义务转让给第三人，旅行社没有正当理由的不得拒绝，因此增加的费用由旅游者和第三人承担。

第六十五条　旅游行程结束前，旅游者解除合同的，组团社应当在扣除必要的费用后，将余款退还旅游者。

第六十六条　旅游者有下列情形之一的，旅行社可以解除合同：

（一）患有传染病等疾病，可能危害其他旅游者健康和安全的；

（二）携带危害公共安全的物品且不同意交有关部门处理的；

（三）从事违法或者违反社会公德的活动的；

（四）从事严重影响其他旅游者权益的活动，且不听劝阻、不能制止的；

（五）法律规定的其他情形。

因前款规定情形解除合同的，组团社应当在扣除必要的费用后，将余款退还旅游者；给旅行社造成损失的，旅游者应当依法承担赔偿责任。

第六十七条　因不可抗力或者旅行社、履行辅助人已尽合理注意义务仍不能避免的事件，影响旅游行程的，按照下列情形处理：

（一）合同不能继续履行的，旅行社和旅游者均可以解除合同。合同不能完全履行的，旅行社经向旅游者作出说明，可以在合理范围内变更合同；旅游者不同意变更的，可以解除合同。

（二）合同解除的，组团社应当在扣除已向地接社或者履行辅助人支付且不可退还的费用后，将余款退还旅者；合同变更的，因此增加的费用由旅游者承担，减少的费用退还旅游者。

（三）危及旅游者人身、财产安全的，旅行社应当采取相应的安全措施，因此支出的费用，由旅行社与旅游者分担。

（四）造成旅游者滞留的，旅行社应当采取相应的安置措施。因此增加的食宿费用，由旅游者承担；增加的返程费用，由旅行社与旅游者分担。

第六十八条 旅游行程中解除合同的，旅行社应当协助旅游者返回出发地或者旅游者指定的合理地点。由于旅行社或者履行辅助人的原因导致合同解除的，返程费用由旅行社承担。

第六十九条 旅行社应当按照包价旅游合同的约定履行义务，不得擅自变更旅游行程安排。经旅游者同意，旅行社将包价旅游合同中的接待业务委托给其他具有相应资质的地接社履行的，应当与地接社订立书面委托合同，约定双方的权利和义务，向地接社提供与旅游者订立的包价旅游合同的副本，并向地接社支付不低于接待和服务成本的费用。地接社应当按照包价旅游合同和委托合同提供服务。

第七十条 旅行社不履行包价旅游合同义务或者履行合同义务不符合约定的，应当依法承担继续履行、采取补救措施或者赔偿损失等违约责任；造成旅游者人身损害、财产损失的，应当依法承担赔偿责任。旅行社具备履行条件，经旅游者要求仍拒绝履行合同，造成旅游者人身损害、滞留等严重后果的，旅游者还可以要求旅行社支付旅游费用一倍以上三倍以下的赔偿金。由于旅游者自身原因导致包价旅游合同不能履行或者不能按照约定履行，或者造成旅游者人身损害、财产损失的，旅行社不承担责任。在旅游者自行安排活动期间，旅行社未尽到安全提示、救助义务的，应当对旅游者的人身损害、财产损失承担相应责任。

第七十一条 由于地接社、履行辅助人的原因导致违约的，由组团社承担责任；组团社承担责任后可以向地接社、履行辅助人追偿。由于地接社、履行辅助人的原因造成旅游者人身损害、财产损失的，旅游者可以要求地接社、履行辅助人承担赔偿责任，也可以要求组团社承担赔偿责任；组团社承担责任后可以向地接社、履行辅助人追偿。但是，由于公共交通经营者的原因造成旅游者人身损害、财产损失的，由公共交通经营者依法承担赔偿责任，旅行社应当协助旅游者向公共交通经营者索赔。

第七十二条 旅游者在旅游活动中或者在解决纠纷时，损害旅行社、履行辅助人、旅游从业人员或者其他旅游者的合法权益的，依法承担赔偿责任。

第七十三条 旅行社根据旅游者的具体要求安排旅游行程，与旅游者订立包价旅游合同的，旅游者请求变更旅游行程安排，因此增加的费用由旅游者承担，减少的费用退还旅游者。

第七十四条 旅行社接受旅游者的委托，为其代订交通、住宿、餐饮、游览、娱乐等旅游服务，收取代办费用的，应当亲自处理委托事务。因旅行社的过错给旅游者造成损失的，旅行社应当承担赔偿责任。旅行社接受旅游者的委托，为其提供旅游行程设计、旅游信息咨询等服务的，应当保证设计合理、可行，信息及时、准确。

第七十五条 住宿经营者应当按照旅游服务合同的约定为团队旅游者提供住宿服务。住宿经营者未能按照旅游服务合同提供服务的，应当为旅游者提供不低于原定标准的住宿服务，因此增加的费用由住宿经营者承担；但由于不可抗力、政府因公共利益需要采取措施造成不能提供服务的，住宿经营者应当协助安排旅游者住宿。

第六章 旅游安全

第七十六条 县级以上人民政府统一负责旅游安全工作。县级以上人民政府有关部门依照法律、法规履行旅游安全监管职责。

第七十七条 国家建立旅游目的地安全风险提示制度。旅游目的地安全风险提示的级别划分和实施程序，由国务院旅游主管部门会同有关部门制定。县级以上人民政府及其有关部门应当将旅游安全作为突发事件监测和评估的重要内容。

第七十八条 县级以上人民政府应当依法将旅游应急管理纳入政府应急管理体系，制定应急预案，建立旅游突发事件应对机制。突发事件发生后，当地人民政府及其有关部门和机构应当采取措施开展救援，并协助旅游者返回出发地或者旅游者指定的合理地点。

第七十九条 旅游经营者应当严格执行安全生产管理和消防安全管理的法律、法规和国家标准、行业标准，具备相应的安全生产条件，制定旅游者安全保护制度和应急预案。旅游经营者应当对直接为旅游者提供服务的从业人员开展经常性应急救助技能培训，对提供的产品和服务进行安全检验、监测和评估，采取必要措施防止危害发生。旅游经营者组织、接待老年人、未成年人、残疾人等旅游者，应当采取相应的安全保障措施。

第八十条 旅游经营者应当就旅游活动中的下列事项，以明示的方式事先向旅游者作出说明或者警示：

（一）正确使用相关设施、设备的方法；

（二）必要的安全防范和应急措施；

（三）未向旅游者开放的经营、服务场所和设施、设备；

（四）不适宜参加相关活动的群体；

（五）可能危及旅游者人身、财产安全的其他情形。

第八十一条 突发事件或者旅游安全事故发生后，旅游经营者应当立即采取必要的救助和处置措施，依法履行报告义务，并对旅游者作出妥善安排。

第八十二条 旅游者在人身、财产安全遇有危险时，有权请求旅游经营者、当地政府和相关机构进行及时救助。中国出境旅游者在境外陷于困境时，有权请求我国驻当地机构在其职责范围内给予协助和保护。旅游者接受相关组织或者机构的救助后，应当支付应由个人承担的费用。

第七章 旅游监督管理

第八十三条 县级以上人民政府旅游主管部门和有关部门依照本法和有关法律、法规的规定，在各自职责范围内对旅游市场实施监督管理。

县级以上人民政府应当组织旅游主管部门、有关主管部门和市场监督管理、交通等执法部门对相关旅游经营行为实施监督检查。

第八十四条 旅游主管部门履行监督管理职责，不得违反法律、行政法规的规定向监督管理对象收取费用。

旅游主管部门及其工作人员不得参与任何形式的旅游经营活动。

第八十五条 县级以上人民政府旅游主管部门有权对下列事项实施监督检查：

（一）经营旅行社业务以及从事导游、领队服务是否取得经营、执业许可；

（二）旅行社的经营行为；

（三）导游和领队等旅游从业人员的服务行为；

（四）法律、法规规定的其他事项。

旅游主管部门依照前款规定实施监督检查，可以对涉嫌违法的合同、票据、账簿以及其他资料进行查阅、复制。

第八十六条 旅游主管部门和有关部门依法实施监督检查，其监督检查人员不得少于二人，并应当出示合法证件。监督检查人员少于二人或者未出示合法证件的，被检查单位和个人有权拒绝。监督检查人员对在监督检查中知悉的被检查单位的商业秘密和个人信息应当依法保密。

第八十七条 对依法实施的监督检查，有关单位和个人应当配合，如实说明情况并提供文件、资料，不得拒绝、阻碍和隐瞒。

第八十八条 县级以上人民政府旅游主管部门和有关部门，在履行监督检查职责中或者在处理举报、投诉时，发现违反本法规定行为的，应当依法及时作出处理；对不属于本部门职责范围的事项，应当及时书面通知并移交有关部门查处。

第八十九条 县级以上地方人民政府建立旅游违法行为查处信息的共享机制，对需要跨部门、跨地区联合查处的违法行为，应当进行督办。旅游主管部门和有关部门应当按照各自职责，及时向社会公布监督检查的情况。

第九十条 依法成立的旅游行业组织依照法律、行政法规和章程的规定，制定行业经营规范和服务标准，对其会员的经营行为和服务质量进行自律管理，组织开展职业道德教育和业务培训，提高从业人员素质。

第八章 旅游纠纷处理

第九十一条 县级以上人民政府应当指定或者设立统一的旅游投诉受理机构。受理机构接到投诉，应当及时进行处理或者移交有关部门处理，并告知投诉者。

第九十二条 旅游者与旅游经营者发生纠纷，可以通过下列途径解决：

（一）双方协商；

（二）向消费者协会、旅游投诉受理机构或者有关调解组织申请调解；

（三）根据与旅游经营者达成的仲裁协议提请仲裁机构仲裁；

（四）向人民法院提起诉讼。

第九十三条 消费者协会、旅游投诉受理机构和有关调解组织在双方自愿的基础上，依法对旅游者与旅游经营者之间的纠纷进行调解。

第九十四条 旅游者与旅游经营者发生纠纷，旅游者一方人数众多并有共同请求的，可以推选代表人参加协商、调解、仲裁、诉讼活动。

第九章 法律责任

第九十五条 违反本法规定，未经许可经营旅行社业务的，由旅游主管部门或者市场监督管理部门责令改正，没收违法所得，并处一万元以上十万元以下罚款；违法所得十万元以上的，并处违法所得一倍以上五倍以下罚款；对有关责任人员，处二千元以上二万元以下罚款。旅行社违反本法规定，未经许可经营本法第二十九条第一款第二项、第三项业务，或者出租、出借旅行社业务经营许可证，或者以其他方式非法转让旅行社业务经营许可的，除依照前款规定处罚外，并责令停业整顿；情节严重的，吊销旅行社业务经营许可证；对直接负责的主管人员，处二千元以上二万元以下罚款。

第九十六条 旅行社违反本法规定，有下列行为之一的，由旅游主管部门责令改正，没收违法所得，并处五千元以上五万元以下罚款；情节严重的，责令停业整顿或者吊销旅行社业务经营许可证；对直接负责的主管人员和其他直接责任人员，处二千元以上二万元以下罚款：

（一）未按照规定为出境或者入境团队旅游安排领队或者导游全程陪同的；

（二）安排未取得导游证的人员提供导游服务或者安排不具备领队条件的人员提供领队服务的；

（三）未向临时聘用的导游支付导游服务费用的；

（四）要求导游垫付或者向导游收取费用的。

第九十七条 旅行社违反本法规定，有下列行为之一的，由旅游主管部门或者有关部门责令改正，没收违法所得，并处五千元以上五万元以下罚款；违法所得五万元以上的，并处违法所得一倍以上五倍以下罚款；情节严重的，责令停业整顿或者吊销旅行社业务经营许可证；对直接负责的主管人员和其他直接责任人员，处二千元以上二万元以下罚款：

（一）进行虚假宣传，误导旅游者的；

（二）向不合格的供应商订购产品和服务的；

（三）未按照规定投保旅行社责任保险的。

第九十八条 旅行社违反本法第三十五条规定的，由旅游主管部门责令改正，没收违法所得，责令停业整顿，并处三万元以上三十万元以下罚款；违法所得三十万元以上的，并处违法所得一倍以上五倍以下罚款；情节严重的，吊销旅行社业务经营许可证；对直接负责的主管人员和其他直接责任人员，没收违法所得，处二千元以上二万元以下罚款，并暂扣或者吊销导游证。

第九十九条　旅行社未履行本法第五十五条规定的报告义务的，由旅游主管部门处五千元以上五万元以下罚款；情节严重的，责令停业整顿或者吊销旅行社业务经营许可证；对直接负责的主管人员和其他直接责任人员，处二千元以上二万元以下罚款，并暂扣或者吊销导游证。

第一百条　旅行社违反本法规定，有下列行为之一的，由旅游主管部门责令改正，处三万元以上三十万元以下罚款，并责令停业整顿；造成旅游者滞留等严重后果的，吊销旅行社业务经营许可证；对直接负责的主管人员和其他直接责任人员，处二千元以上二万元以下罚款，并暂扣或者吊销导游证：

（一）在旅游行程中擅自变更旅游行程安排，严重损害旅游者权益的；

（二）拒绝履行合同的；

（三）未征得旅游者书面同意，委托其他旅行社履行包价旅游合同的。

第一百零一条　旅行社违反本法规定，安排旅游者参观或者参与违反我国法律、法规和社会公德的项目或者活动的，由旅游主管部门责令改正，没收违法所得，责令停业整顿，并处二万元以上二十万元以下罚款；情节严重的，吊销旅行社业务经营许可证；对直接负责的主管人员和其他直接责任人员，处二千元以上二万元以下罚款，并暂扣或者吊销导游证。

第一百零二条　违反本法规定，未取得导游证或者不具备领队条件而从事导游、领队活动的，由旅游主管部门责令改正，没收违法所得，并处一千元以上一万元以下罚款，予以公告。导游、领队违反本法规定，私自承揽业务的，由旅游主管部门责令改正，没收违法所得，处一千元以上一万元以下罚款，并暂扣或者吊销导游证。导游、领队违反本法规定，向旅游者索取小费的，由旅游主管部门责令退还，处一千元以上一万元以下罚款；情节严重的，并暂扣或者吊销导游证。

第一百零三条　违反本法规定被吊销导游证的导游、领队和受到吊销旅行社业务经营许可证处罚的旅行社的有关管理人员，自处罚之日起未逾三年的，不得重新申请导游证或者从事旅行社业务。

第一百零四条　旅游经营者违反本法规定，给予或者收受贿赂的，由市场监督管理部门依照有关法律、法规的规定处罚；情节严重的，并由旅游主管部门吊销旅行社业务经营许可证。

第一百零五条　景区不符合本法规定的开放条件而接待旅游者的，由景区主管部门责令停业整顿直至符合开放条件，并处二万元以上二十万元以下罚款。景区在旅游者数量可能达到最大承载量时，未依照本法规定公告或者未向当地人民政府报告，未及时采取疏导、分流等措施，或者超过最大承载量接待旅游者的，由景区主管部门责令改正，情节严重的，责令停业整顿一个月至六个月。

第一百零六条 景区违反本法规定,擅自提高门票或者另行收费项目的价格,或者有其他价格违法行为的,由有关主管部门依照有关法律、法规的规定处罚。

第一百零七条 旅游经营者违反有关安全生产管理和消防安全管理的法律、法规或者国家标准、行业标准的,由有关主管部门依照有关法律、法规的规定处罚。

第一百零八条 对违反本法规定的旅游经营者及其从业人员,旅游主管部门和有关部门应当记入信用档案,向社会公布。

第一百零九条 旅游主管部门和有关部门的工作人员在履行监督管理职责中,滥用职权、玩忽职守、徇私舞弊,尚不构成犯罪的,依法给予处分。

第一百一十条 违反本法规定,构成犯罪的,依法追究刑事责任。

第十章 附则

第一百一十一条 本法下列用语的含义:

(一)旅游经营者,是指旅行社、景区以及为旅游者提供交通、住宿、餐饮、购物、娱乐等服务的经营者。

(二)景区,是指为旅游者提供游览服务、有明确的管理界限的场所或者区域。

(三)包价旅游合同,是指旅行社预先安排行程,提供或者通过履行辅助人提供交通、住宿、餐饮、游览、导游或者领队等两项以上旅游服务,旅游者以总价支付旅游费用的合同。

(四)组团社,是指与旅游者订立包价旅游合同的旅行社。

(五)地接社,是指接受组团社委托,在目的地接待旅游者的旅行社。

(六)履行辅助人,是指与旅行社存在合同关系,协助其履行包价旅游合同义务,实际提供相关服务的法人或者自然人。

第一百一十二条 本法自 2013 年 10 月 1 日起施行。

中华人民共和国消费者权益保护法

第一章 总则

第一条 为保护消费者的合法权益,维护社会经济秩序,促进社会主义市场经济健康发展,制定本法。

第二条 消费者为生活消费需要购买、使用商品或者接受服务,其权益受本法保护;本法未作规定的,受其他有关法律、法规保护。

第三条 经营者为消费者提供其生产、销售的商品或者提供服务,应当遵守本法;本法未作规定的,应当遵守其他有关法律、法规。

第四条 经营者与消费者进行交易,应当遵循自愿、平等、公平、诚实信用的原则。

第五条 国家保护消费者的合法权益不受侵害。国家采取措施,保障消费者依法行使权利,维护消费者的合法权益。国家倡导文明、健康、节约资源和保护环境的消费方式,反对浪费。

第六条 保护消费者的合法权益是全社会的共同责任。国家鼓励、支持一切组织和个人对损害消费者合法权益的行为进行社会监督。大众传播媒介应当做好维护消费者合法权益的宣传,对损害消费者合法权益的行为进行舆论监督。

第二章 消费者的权利

第七条 消费者在购买、使用商品和接受服务时享有人身、财产安全不受损害的权利。

消费者有权要求经营者提供的商品和服务,符合保障人身、财产安全的要求。

第八条 消费者享有知悉其购买、使用的商品或者接受的服务的真实情况的权利。

消费者有权根据商品或者服务的不同情况,要求经营者提供商品的价格、产地、生产者、用途、性能、规格、等级、主要成分、生产日期、有效期限、检验合格证明、使用方法说明书、售后服务,或者服务的内容、规格、费用等有关情况。

第九条 消费者享有自主选择商品或者服务的权利。

消费者有权自主选择提供商品或者服务的经营者,自主选择商品品种或者服务方式,自主决定购买或者不购买任何一种商品、接受或者不接受任何一项服务。

消费者在自主选择商品或者服务时,有权进行比较、鉴别和挑选。

第十条 消费者享有公平交易的权利。

消费者在购买商品或者接受服务时,有权获得质量保障、价格合理、计量正确等公平交易条件,有权拒绝经营者的强制交易行为。

第十一条 消费者因购买、使用商品或者接受服务受到人身、财产损害的,享有依法获得赔偿的权利。

第十二条 消费者享有依法成立维护自身合法权益的社会组织的权利。

第十三条 消费者享有获得有关消费和消费者权益保护方面的知识的权利。

消费者应当努力掌握所需商品或者服务的知识和使用技能，正确使用商品，提高自我保护意识。

第十四条 消费者在购买、使用商品和接受服务时，享有人格尊严、民族风俗习惯得到尊重的权利，享有个人信息依法得到保护的权利。

第十五条 消费者享有对商品和服务以及保护消费者权益工作进行监督的权利。

消费者有权检举、控告侵害消费者权益的行为和国家机关及其工作人员在保护消费者权益工作中的违法失职行为，有权对保护消费者权益工作提出批评、建议。

第三章 经营者的义务

第十六条 经营者向消费者提供商品或者服务，应当依照本法和其他有关法律、法规的规定履行义务。

经营者和消费者有约定的，应当按照约定履行义务，但双方的约定不得违背法律、法规的规定。

经营者向消费者提供商品或者服务，应当恪守社会公德，诚信经营，保障消费者的合法权益；不得设定不公平、不合理的交易条件，不得强制交易。

第十七条 经营者应当听取消费者对其提供的商品或者服务的意见，接受消费者的监督。

第十八条 经营者应当保证其提供的商品或者服务符合保障人身、财产安全的要求。对可能危及人身、财产安全的商品和服务，应当向消费者作出真实的说明和明确的警示，并说明和标明正确使用商品或者接受服务的方法以及防止危害发生的方法。

宾馆、商场、餐馆、银行、机场、车站、港口、影剧院等经营场所的经营者，应当对消费者尽到安全保障义务。

第十九条 经营者发现其提供的商品或者服务存在缺陷，有危及人身、财产安全危险的，应当立即向有关行政部门报告和告知消费者，并采取停止销售、警示、召回、无害化处理、销毁、停止生产或者服务等措施。采取召回措施的，经营者应当承担消费者因商品被召回支出的必要费用。

第二十条 经营者向消费者提供有关商品或者服务的质量、性能、用途、有效期限等信息，应当真实、全面，不得作虚假或者引人误解的宣传。

经营者对消费者就其提供的商品或者服务的质量和使用方法等问题提出的询问，应当作出真实、明确的答复。

经营者提供商品或者服务应当明码标价。

第二十一条 经营者应当标明其真实名称和标记。

租赁他人柜台或者场地的经营者，应当标明其真实名称和标记。

第二十二条 经营者提供商品或者服务,应当按照国家有关规定或者商业惯例向消费者出具发票等购货凭证或者服务单据;消费者索要发票等购货凭证或者服务单据的,经营者必须出具。

第二十三条 经营者应当保证在正常使用商品或者接受服务的情况下其提供的商品或者服务应当具有的质量、性能、用途和有效期限;但消费者在购买该商品或者接受该服务前已经知道其存在瑕疵,且存在该瑕疵不违反法律强制性规定的除外。

经营者以广告、产品说明、实物样品或者其他方式表明商品或者服务的质量状况的,应当保证其提供的商品或者服务的实际质量与表明的质量状况相符。

经营者提供的机动车、计算机、电视机、电冰箱、空调器、洗衣机等耐用商品或者装饰装修等服务,消费者自接受商品或者服务之日起六个月内发现瑕疵,发生争议的,由经营者承担有关瑕疵的举证责任。

第二十四条 经营者提供的商品或者服务不符合质量要求的,消费者可以依照国家规定、当事人约定退货,或者要求经营者履行更换、修理等义务。没有国家规定和当事人约定的,消费者可以自收到商品之日起七日内退货;七日后符合法定解除合同条件的,消费者可以及时退货,不符合法定解除合同条件的,可以要求经营者履行更换、修理等义务。

依照前款规定进行退货、更换、修理的,经营者应当承担运输等必要费用。

第二十五条 经营者采用网络、电视、电话、邮购等方式销售商品,消费者有权自收到商品之日起七日内退货,且无需说明理由,但下列商品除外:

(一)消费者定做的;

(二)鲜活易腐的;

(三)在线下载或者消费者拆封的音像制品、计算机软件等数字化商品;

(四)交付的报纸、期刊。

除前款所列商品外,其他根据商品性质并经消费者在购买时确认不宜退货的商品,不适用无理由退货。

消费者退货的商品应当完好。经营者应当自收到退回商品之日起七日内返还消费者支付的商品价款。退回商品的运费由消费者承担;经营者和消费者另有约定的,按照约定。

第二十六条 经营者在经营活动中使用格式条款的,应当以显著方式提请消费者注意商品或者服务的数量和质量、价款或者费用、履行期限和方式、安全注意事项和风险警示、售后服务、民事责任等与消费者有重大利害关系的内容,并按照消费者的要求予以说明。

经营者不得以格式条款、通知、声明、店堂告示等方式,作出排除或者限制消费者权利、减轻或者免除经营者责任、加重消费者责任等对消费者不公平、不合理的规定,不得利用格式条款并借助技术手段强制交易。

格式条款、通知、声明、店堂告示等含有前款所列内容的,其内容无效。

第二十七条 经营者不得对消费者进行侮辱、诽谤，不得搜查消费者的身体及其携带的物品，不得侵犯消费者的人身自由。

第二十八条 采用网络、电视、电话、邮购等方式提供商品或者服务的经营者，以及提供证券、保险、银行等金融服务的经营者，应当向消费者提供经营地址、联系方式、商品或者服务的数量和质量、价款或者费用、履行期限和方式、安全注意事项和风险警示、售后服务、民事责任等信息。

第二十九条 经营者收集、使用消费者个人信息，应当遵循合法、正当、必要的原则，明示收集、使用信息的目的、方式和范围，并经消费者同意。经营者收集、使用消费者个人信息，应当公开其收集、使用规则，不得违反法律、法规的规定和双方的约定收集、使用信息。

经营者及其工作人员对收集的消费者个人信息必须严格保密，不得泄露、出售或者非法向他人提供。经营者应当采取技术措施和其他必要措施，确保信息安全，防止消费者个人信息泄露、丢失。在发生或者可能发生信息泄露、丢失的情况时，应当立即采取补救措施。

经营者未经消费者同意或者请求，或者消费者明确表示拒绝的，不得向其发送商业性信息。

第四章 国家对消费者合法权益的保护

第三十条 国家制定有关消费者权益的法律、法规、规章和强制性标准，应当听取消费者和消费者协会等组织的意见。

第三十一条 各级人民政府应当加强领导，组织、协调、督促有关行政部门做好保护消费者合法权益的工作，落实保护消费者合法权益的职责。

各级人民政府应当加强监督，预防危害消费者人身、财产安全行为的发生，及时制止危害消费者人身、财产安全的行为。

第三十二条 各级人民政府工商行政管理部门和其他有关行政部门应当依照法律、法规的规定，在各自的职责范围内，采取措施，保护消费者的合法权益。

有关行政部门应当听取消费者和消费者协会等组织对经营者交易行为、商品和服务质量问题的意见，及时调查处理。

第三十三条 有关行政部门在各自的职责范围内，应当定期或者不定期对经营者提供的商品和服务进行抽查检验，并及时向社会公布抽查检验结果。

有关行政部门发现并认定经营者提供的商品或者服务存在缺陷，有危及人身、财产安全危险的，应当立即责令经营者采取停止销售、警示、召回、无害化处理、销毁、停止生产或者服务等措施。

第三十四条 有关国家机关应当依照法律、法规的规定，惩处经营者在提供商品和服务中侵害消费者合法权益的违法犯罪行为。

第三十五条 人民法院应当采取措施,方便消费者提起诉讼。对符合《中华人民共和国民事诉讼法》起诉条件的消费者权益争议,必须受理,及时审理。

第五章 消费者组织

第三十六条 消费者协会和其他消费者组织是依法成立的对商品和服务进行社会监督的保护消费者合法权益的社会组织。

第三十七条 消费者协会履行下列公益性职责:

(一)向消费者提供消费信息和咨询服务,提高消费者维护自身合法权益的能力,引导文明、健康、节约资源和保护环境的消费方式;

(二)参与制定有关消费者权益的法律、法规、规章和强制性标准;

(三)参与有关行政部门对商品和服务的监督、检查;

(四)就有关消费者合法权益的问题,向有关部门反映、查询,提出建议;

(五)受理消费者的投诉,并对投诉事项进行调查、调解;

(六)投诉事项涉及商品和服务质量问题的,可以委托具备资格的鉴定人鉴定,鉴定人应当告知鉴定意见;

(七)就损害消费者合法权益的行为,支持受损害的消费者提起诉讼或者依照本法提起诉讼;

(八)对损害消费者合法权益的行为,通过大众传播媒介予以揭露、批评。

各级人民政府对消费者协会履行职责应当予以必要的经费等支持。

消费者协会应当认真履行保护消费者合法权益的职责,听取消费者的意见和建议,接受社会监督。

依法成立的其他消费者组织依照法律、法规及其章程的规定,开展保护消费者合法权益的活动。

第三十八条 消费者组织不得从事商品经营和营利性服务,不得以收取费用或者其他牟取利益的方式向消费者推荐商品和服务。

第六章 争议的解决

第三十九条 消费者和经营者发生消费者权益争议的,可以通过下列途径解决:

(一)与经营者协商和解;

(二)请求消费者协会或者依法成立的其他调解组织调解;

(三)向有关行政部门投诉;

(四)根据与经营者达成的仲裁协议提请仲裁机构仲裁;

(五)向人民法院提起诉讼。

第四十条　消费者在购买、使用商品时,其合法权益受到损害的,可以向销售者要求赔偿。销售者赔偿后,属于生产者的责任或者属于向销售者提供商品的其他销售者的责任的,销售者有权向生产者或者其他销售者追偿。

消费者或者其他受害人因商品缺陷造成人身、财产损害的,可以向销售者要求赔偿,也可以向生产者要求赔偿。属于生产者责任的,销售者赔偿后,有权向生产者追偿。属于销售者责任的,生产者赔偿后,有权向销售者追偿。

消费者在接受服务时,其合法权益受到损害的,可以向服务者要求赔偿。

第四十一条　消费者在购买、使用商品或者接受服务时,其合法权益受到损害,因原企业分立、合并的,可以向变更后承受其权利义务的企业要求赔偿。

第四十二条　使用他人营业执照的违法经营者提供商品或者服务,损害消费者合法权益的,消费者可以向其要求赔偿,也可以向营业执照的持有人要求赔偿。

第四十三条　消费者在展销会、租赁柜台购买商品或者接受服务,其合法权益受到损害的,可以向销售者或者服务者要求赔偿。展销会结束或者柜台租赁期满后,也可以向展销会的举办者、柜台的出租者要求赔偿。展销会的举办者、柜台的出租者赔偿后,有权向销售者或者服务者追偿。

第四十四条　消费者通过网络交易平台购买商品或者接受服务,其合法权益受到损害的,可以向销售者或者服务者要求赔偿。网络交易平台提供者不能提供销售者或者服务者的真实名称、地址和有效联系方式的,消费者也可以向网络交易平台提供者要求赔偿;网络交易平台提供者作出更有利于消费者的承诺的,应当履行承诺。网络交易平台提供者赔偿后,有权向销售者或者服务者追偿。

网络交易平台提供者明知或者应知销售者或者服务者利用其平台侵害消费者合法权益,未采取必要措施的,依法与该销售者或者服务者承担连带责任。

第四十五条　消费者因经营者利用虚假广告或者其他虚假宣传方式提供商品或者服务,其合法权益受到损害的,可以向经营者要求赔偿。广告经营者、发布者发布虚假广告的,消费者可以请求行政主管部门予以惩处。广告经营者、发布者不能提供经营者的真实名称、地址和有效联系方式的,应当承担赔偿责任。

广告经营者、发布者设计、制作、发布关系消费者生命健康商品或者服务的虚假广告,造成消费者损害的,应当与提供该商品或者服务的经营者承担连带责任。

社会团体或者其他组织、个人在关系消费者生命健康商品或者服务的虚假广告或者其他虚假宣传中向消费者推荐商品或者服务,造成消费者损害的,应当与提供该商品或者服务的经营者承担连带责任。

第四十六条　消费者向有关行政部门投诉的,该部门应当自收到投诉之日起七个工作日内,予以处理并告知消费者。

第四十七条 对侵害众多消费者合法权益的行为，中国消费者协会以及在省、自治区、直辖市设立的消费者协会，可以向人民法院提起诉讼。

第七章 法律责任

第四十八条 经营者提供商品或者服务有下列情形之一的，除本法另有规定外，应当依照其他有关法律、法规的规定，承担民事责任：

（一）商品或者服务存在缺陷的；

（二）不具备商品应当具备的使用性能而出售时未作说明的；

（三）不符合在商品或者其包装上注明采用的商品标准的；

（四）不符合商品说明、实物样品等方式表明的质量状况的；

（五）生产国家明令淘汰的商品或者销售失效、变质的商品的；

（六）销售的商品数量不足的；

（七）服务的内容和费用违反约定的；

（八）对消费者提出的修理、重作、更换、退货、补足商品数量、退还货款和服务费用或者赔偿损失的要求，故意拖延或者无理拒绝的；

（九）法律、法规规定的其他损害消费者权益的情形。

经营者对消费者未尽到安全保障义务，造成消费者损害的，应当承担侵权责任。

第四十九条 经营者提供商品或者服务，造成消费者或者其他受害人人身伤害的，应当赔偿医疗费、护理费、交通费等为治疗和康复支出的合理费用，以及因误工减少的收入。造成残疾的，还应当赔偿残疾生活辅助具费和残疾赔偿金。造成死亡的，还应当赔偿丧葬费和死亡赔偿金。

第五十条 经营者侵害消费者的人格尊严、侵犯消费者人身自由或者侵害消费者个人信息依法得到保护的权利的，应当停止侵害、恢复名誉、消除影响、赔礼道歉，并赔偿损失。

第五十一条 经营者有侮辱诽谤、搜查身体、侵犯人身自由等侵害消费者或者其他受害人人身权益的行为，造成严重精神损害的，受害人可以要求精神损害赔偿。

第五十二条 经营者提供商品或者服务，造成消费者财产损害的，应当依照法律规定或者当事人约定承担修理、重作、更换、退货、补足商品数量、退还货款和服务费用或者赔偿损失等民事责任。

第五十三条 经营者以预收款方式提供商品或者服务的，应当按照约定提供。未按照约定提供的，应当按照消费者的要求履行约定或者退回预付款；并应当承担预付款的利息、消费者必须支付的合理费用。

第五十四条 依法经有关行政部门认定为不合格的商品，消费者要求退货的，经营者应当负责退货。

第五十五条 经营者提供商品或者服务有欺诈行为的,应当按照消费者的要求增加赔偿其受到的损失,增加赔偿的金额为消费者购买商品的价款或者接受服务的费用的三倍;增加赔偿的金额不足五百元的,为五百元。法律另有规定的,依照其规定。

经营者明知商品或者服务存在缺陷,仍然向消费者提供,造成消费者或者其他受害人死亡或者健康严重损害的,受害人有权要求经营者依照本法第四十九条、第五十一条等法律规定赔偿损失,并有权要求所受损失二倍以下的惩罚性赔偿。

第五十六条 经营者有下列情形之一,除承担相应的民事责任外,其他有关法律、法规对处罚机关和处罚方式有规定的,依照法律、法规的规定执行;法律、法规未作规定的,由工商行政管理部门或者其他有关行政部门责令改正,可以根据情节单处或者并处警告、没收违法所得、处以违法所得一倍以上十倍以下的罚款,没有违法所得的,处以五十万元以下的罚款;情节严重的,责令停业整顿、吊销营业执照:

(一)提供的商品或者服务不符合保障人身、财产安全要求的;

(二)在商品中掺杂、掺假,以假充真,以次充好,或者以不合格商品冒充合格商品的;

(三)生产国家明令淘汰的商品或者销售失效、变质的商品的;

(四)伪造商品的产地,伪造或者冒用他人的厂名、厂址,篡改生产日期,伪造或者冒用认证标志等质量标志的;

(五)销售的商品应当检验、检疫而未检验、检疫或者伪造检验、检疫结果的;

(六)对商品或者服务作虚假或者引人误解的宣传的;

(七)拒绝或者拖延有关行政部门责令对缺陷商品或者服务采取停止销售、警示、召回、无害化处理、销毁、停止生产或者服务等措施的;

(八)对消费者提出的修理、重作、更换、退货、补足商品数量、退还货款和服务费用或者赔偿损失的要求,故意拖延或者无理拒绝的;

(九)侵害消费者人格尊严、侵犯消费者人身自由或者侵害消费者个人信息依法得到保护的权利的;

(十)法律、法规规定的对损害消费者权益应当予以处罚的其他情形。

经营者有前款规定情形的,除依照法律、法规规定予以处罚外,处罚机关应当记入信用档案,向社会公布。

第五十七条 经营者违反本法规定提供商品或者服务,侵害消费者合法权益,构成犯罪的,依法追究刑事责任。

第五十八条 经营者违反本法规定,应当承担民事赔偿责任和缴纳罚款、罚金,其财产不足以同时支付的,先承担民事赔偿责任。

第五十九条 经营者对行政处罚决定不服的,可以依法申请行政复议或者提起行政诉讼。

第六十条 以暴力、威胁等方法阻碍有关行政部门工作人员依法执行职务的,依法追究刑事责任;拒绝、阻碍有关行政部门工作人员依法执行职务,未使用暴力、威胁方法的,由公安机关依照《中华人民共和国治安管理处罚法》的规定处罚。

第六十一条 国家机关工作人员玩忽职守或者包庇经营者侵害消费者合法权益的行为的,由其所在单位或者上级机关给予行政处分;情节严重,构成犯罪的,依法追究刑事责任。

第八章 附则

第六十二条 农民购买、使用直接用于农业生产的生产资料,参照本法执行。

第六十三条 本法自1994年1月1日起施行。

最高人民法院关于审理食品药品纠纷案件适用法律若干问题的规定

为正确审理食品药品纠纷案件，根据当时《中华人民共和国侵权责任法》《中华人民共和国合同法》《中华人民共和国消费者权益保护法》《中华人民共和国食品安全法》《中华人民共和国民事诉讼法》等法律的规定，结合审判实践，制定本规定。

第一条 消费者因食品、药品纠纷提起民事诉讼，符合民事诉讼法规定受理条件的，人民法院应予受理。

第二条 因食品、药品存在质量问题造成消费者损害，消费者可以分别起诉或者同时起诉销售者和生产者。消费者仅起诉销售者或者生产者的，必要时人民法院可以追加相关当事人参加诉讼。

第三条 因食品、药品质量问题发生纠纷，购买者向生产者、销售者主张权利，生产者、销售者以购买者明知食品、药品存在质量问题而仍然购买为由进行抗辩的，人民法院不予支持。

第四条 食品、药品生产者、销售者提供给消费者的食品或者药品的赠品发生质量安全问题，造成消费者损害，消费者主张权利，生产者、销售者以消费者未对赠品支付对价为由进行免责抗辩的，人民法院不予支持。

第五条 消费者举证证明所购买食品、药品的事实以及所购食品、药品不符合合同的约定，主张食品、药品的生产者、销售者承担违约责任的，人民法院应予支持。消费者举证证明因食用食品或者使用药品受到损害，初步证明损害与食用食品或者使用药品存在因果关系，并请求食品、药品的生产者、销售者承担侵权责任的，人民法院应予支持，但食品、药品的生产者、销售者能证明损害不是因产品不符合质量标准造成的除外。

第六条 食品的生产者与销售者应当对于食品符合质量标准承担举证责任。认定食品是否合格，应当以国家标准为依据；没有国家标准的，应当以地方标准为依据；没有国家标准、地方标准的，应当以企业标准为依据。食品的生产者采用的标准高于国家标准、地方标准的，应当以企业标准为依据。没有前述标准的，应当以食品安全法的相关规定为依据。

第七条 食品、药品虽在销售前取得检验合格证明，且食用或者使用时尚在保质期内，但经检验确认产品不合格，生产者或者销售者以该食品、药品具有检验合格证明为由进行抗辩的，人民法院不予支持。

第八条 集中交易市场的开办者、柜台出租者、展销会举办者未履行食品安全法规定的审查、检查、管理等义务，发生食品安全事故，致使消费者遭受人身损害，消费者请求集中交易市场的开办者、柜台出租者、展销会举办者承担连带责任的，人民法院应予支持。

第九条 消费者通过网络交易平台购买食品、药品遭受损害，网络交易平台提供者不能提供食品、药品的生产者或者销售者的真实名称、地址与有效联系方式，消费者请求网络交易平台提供者承担责任的，人民法院应予支持。网络交易平台提供者承担赔偿责任后，向生产者或者销售者行使追偿权的，人民法院应予支持。

网络交易平台提供者知道或者应当知道食品、药品的生产者、销售者利用其平台侵害消费者合法权益，未采取必要措施，给消费者造成损害，消费者要求其与生产者、销售者承担连带责任的，人民法院应予支持。

第十条 未取得食品生产资质与销售资质的个人、企业或者其他组织，挂靠具有相应资质的生产者与销售者，生产、销售食品，造成消费者损害，消费者请求挂靠者与被挂靠者承担连带责任的，人民法院应予支持。消费者仅起诉挂靠者或者被挂靠者的，必要时人民法院可以追加相关当事人参加诉讼。

第十一条 消费者因虚假广告推荐的食品、药品存在质量问题遭受损害，依据消费者权益保护法等法律相关规定请求广告经营者、广告发布者承担连带责任的，人民法院应予支持。社会团体或者其他组织、个人，在虚假广告中向消费者推荐食品、药品，使消费者遭受损害，消费者依据消费者权益保护法等法律相关规定请求其与食品、药品的生产者、销售者承担连带责任的，人民法院应予支持。

第十二条 食品、药品检验机构故意出具虚假检验报告，造成消费者损害，消费者请求其承担连带责任的，人民法院应予支持。食品、药品检验机构因过失出具不实检验报告，造成消费者损害，消费者请求其承担相应责任的，人民法院应予支持。

第十三条 食品认证机构故意出具虚假认证，造成消费者损害，消费者请求其承担连带责任的，人民法院应予支持。食品认证机构因过失出具不实认证，造成消费者损害，消费者请求其承担相应责任的，人民法院应予支持。

第十四条 生产、销售的食品、药品存在质量问题，生产者与销售者需同时承担民事责任、行政责任和刑事责任，其财产不足以支付，当事人依照侵权责任法等有关法律规定，请求食品、药品的生产者、销售者首先承担民事责任的，人民法院应予支持。

第十五条 生产不符合安全标准的食品或者销售明知是不符合安全标准的食品，消费者除要求赔偿损失外，向生产者、销售者主张支付价款十倍赔偿金或者依照法律规定的其他赔偿标准要求赔偿的，人民法院应予支持。

第十六条 食品、药品的生产者与销售者以格式合同、通知、声明、告示等方式作出排除或者限制消费者权利，减轻或者免除经营者责任、加重消费者责任等对消费者不公平、不合理的规定，消费者依法请求认定该内容无效的，人民法院应予支持。

第十七条 消费者与化妆品、保健品等产品的生产者、销售者、广告经营者、广告发布者、推荐者、检验机构等主体之间的纠纷，参照适用本规定。消费者协会依法提起公益诉讼的，参照适用本规定。

第十八条 本规定施行后人民法院正在审理的一审、二审案件适用本规定。本规定施行前已经终审，本规定施行后当事人申请再审或者按照审判监督程序决定再审的案件，不适用本规定。

旅馆业治安管理办法

（1987年9月23日，经国务院批准；1987年11月10日，由公安部发布；2011年1月8日第一次修订；2020年11月29日第二次修订；2022年3月29日第三次修订）

第一条 为了保障旅馆业的正常经营和旅客的生命财物安全，维护社会治安，制定本办法。

第二条 凡经营接待旅客住宿的旅馆、饭店、宾馆、招待所、客货栈、车马店、浴池等（以下统称旅馆），不论是国营、集体经营，还是合伙经营、个体经营、外商投资经营，不论是专营还是兼营，不论是常年经营，还是季节性经营，都必须遵守本办法。

第三条 开办旅馆，其房屋建筑、消防设备、出入口和通道等，必须符合《中华人民共和国消防法》等有关规定，并且要具备必要的防盗安全设施。

第四条 申请开办旅馆，应经主管部门审查批准，经当地公安机关签署意见，向工商行政管理部门申请登记，领取营业执照后，方准开业。

经批准开业的旅馆，如有歇业、转业、合并、迁移、改变名称等情况，应当在工商行政管理部门办理变更登记后3日内，向当地的县、市公安局、公安分局备案。

第五条 经营旅馆，必须遵守国家的法律，建立各项安全管理制度，设置治安保卫组织或者指定安全保卫人员。

第六条 旅馆接待旅客住宿必须登记。登记时，应当查验旅客的身份证件，按规定的项目如实登记。

接待境外旅客住宿，还应当在24小时内向当地公安机关报送住宿登记表。

第七条 旅馆应当设置旅客财物保管箱、柜或者保管室、保险柜，指定专人负责保管工作。对旅客寄存的财物，要建立登记、领取和交接制度。

第八条 旅馆对旅客遗留的物品，应当妥为保管，设法归还原主或揭示招领；经招领3个月后无人认领的，要登记造册，送当地公安机关按拾遗物品处理。对违禁物品和可疑物品，应当及时报告公安机关处理。

第九条 旅馆工作人员发现违法犯罪分子、行迹可疑的人员和被公安机关通缉的罪犯，应当立即向当地公安机关报告，不得知情不报或隐瞒包庇。

第十条 在旅馆内开办舞厅、音乐茶座等娱乐、服务场所的，除执行本办法有关规定外，还应当按照国家和当地政府的有关规定管理。

第十一条 严禁旅客将易燃、易爆、剧毒、腐蚀性和放射性等危险物品带入旅馆。

第十二条 旅馆内，严禁卖淫、嫖宿、赌博、吸毒、传播淫秽物品等违法犯罪活动。

第十三条 旅馆内，不得酗酒滋事、大声喧哗，影响他人休息，旅客不得私自留客住宿或者转让床位。

第十四条 公安机关对旅馆治安管理的职责是，指导、监督旅馆建立各项安全管理制度和落实安全防范措施，协助旅馆对工作人员进行安全业务知识的培训，依法惩办侵犯旅馆和旅客合法权益的违法犯罪分子。

公安人员到旅馆执行公务时，应当出示证件，严格依法办事，要文明礼貌待人，维护旅馆的正常经营和旅客的合法权益。旅馆工作人员和旅客应当予以协助。

第十五条 违反本办法第四条规定开办旅馆的，公安机关可以酌情给予警告或者处以200元以下罚款；未经登记，私自开业的，公安机关应当协助工商行政管理部门依法处理。

第十六条 旅馆工作人员违反本办法第九条规定的，公安机关可以酌情给予警告或者处以200元以下罚款；情节严重构成犯罪的，依法追究刑事责任。

旅馆负责人参与违法犯罪活动，其所经营的旅馆已成为犯罪活动场所的，公安机关除依法追究其责任外，对该旅馆还应当会同工商行政管理部门依法处理。

第十七条 违反本办法第六、十一、十二条规定的，依照《中华人民共和国治安管理处罚法》有关条款的规定，处罚有关人员；发生重大事故、造成严重后果构成犯罪的，依法追究刑事责任。

第十八条 当事人对公安机关的行政处罚决定不服的，按照《中华人民共和国治安管理处罚法》第一百零二条的规定办理。

第十九条 省、自治区、直辖市公安厅（局）可根据本办法制定实施细则，报请当地人民政府批准后施行，并报公安部备案。

第二十条 本办法自公布之日起施行。1951年8月15日公布的《城市旅栈业暂行管理规则》同时废止。

最高人民法院关于审理旅游纠纷案件适用法律若干问题的规定

为正确审理旅游纠纷案件，依法保护当事人合法权益，根据《中华人民共和国民法典》《中华人民共和国消费者权益保护法》《中华人民共和国民事诉讼法》等有关法律规定，结合民事审判实践，制定本规定。

第一条 本规定所称的旅游纠纷，是指旅游者与旅游经营者、旅游辅助服务者之间因旅游发生的合同纠纷或者侵权纠纷。"旅游经营者"是指以自己的名义经营旅游业务，向公众提供旅游服务的人。"旅游辅助服务者"是指与旅游经营者存在合同关系，协助旅游经营者履行旅游合同义务，实际提供交通、游览、住宿、餐饮、娱乐等旅游服务的人。旅游者在自行旅游过程中与旅游景点经营者因旅游发生的纠纷，参照适用本规定。

第二条 以单位、家庭等集体形式与旅游经营者订立旅游合同，在履行过程中发生纠纷，除集体以合同一方当事人名义起诉外，旅游者个人提起旅游合同纠纷诉讼的，人民法院应予受理。

第三条 因旅游经营者方面的同一原因造成旅游者人身损害、财产损失，旅游者选择要求旅游经营者承担违约责任或者侵权责任的，人民法院应当根据当事人选择的案由进行审理。

第四条 因旅游辅助服务者的原因导致旅游经营者违约，旅游者仅起诉旅游经营者的，人民法院可以将旅游辅助服务者追加为第三人。

第五条 旅游经营者已投保责任险，旅游者因保险责任事故仅起诉旅游经营者的，人民法院可以应当事人的请求将保险公司列为第三人。

第六条 旅游经营者以格式合同、通知、声明、告示等方式作出对旅游者不公平、不合理的规定，或者减轻、免除其损害旅游者合法权益的责任，旅游者请求依据消费者权益保护法第二十四条的规定认定该内容无效的，人民法院应予支持。

第七条 旅游经营者、旅游辅助服务者未尽到安全保障义务，造成旅游者人身损害、财产损失，旅游者请求旅游经营者、旅游辅助服务者承担责任的，人民法院应予支持。因第三人的行为造成旅游者人身损害、财产损失，由第三人承担责任；旅游经营者、旅游辅助服务者未尽安全保障义务，旅游者请求其承担相应补充责任的，人民法院应予支持。

第八条 旅游经营者、旅游辅助服务者对可能危及旅游者人身、财产安全的旅游项目未履行告知、警示义务，造成旅游者人身损害、财产损失，旅游者请求旅游经营者、旅游辅助服务者承担责任的，人民法院应予支持。旅游者未按旅游经营者、旅游辅助服务者的要求提供与旅游活动相关的个人健康信息并履行如实告知义务，或者不听从旅游经营者、旅游辅助服务者的告知、警示，参加不适合自身条件的旅游活动，导致旅游过程中出现人身损害、财产损失，旅游者请求旅游经营者、旅游辅助服务者承担责任的，人民法院不予支持。

第九条 旅游经营者、旅游辅助服务者泄露旅游者个人信息或者未经旅游者同意公开其个人信息，旅游者请求其承担相应责任的，人民法院应予支持。

第十条 旅游经营者将旅游业务转让给其他旅游经营者，旅游者不同意转让，请求解除旅游合同、追究旅游经营者违约责任的，人民法院应予支持。旅游经营者擅自将其旅游业务转让给其他旅游经营者，旅游者在旅游过程中遭受损害，请求与其签订旅游合同的旅游经营者和实际提供旅游服务的旅游经营者承担连带责任的，人民法院应予支持。

第十一条 除合同性质不宜转让或者合同另有约定之外，在旅游行程开始前的合理期间内，旅游者将其在旅游合同中的权利义务转让给第三人，请求确认转让合同效力的，人民法院应予支持。因前款所述原因，旅游经营者请求旅游者、第三人给付增加的费用或者旅游者请求旅游经营者退还减少的费用的，人民法院应予支持。

第十二条 旅游行程开始前或者进行中，因旅游者单方解除合同，旅游者请求旅游经营者退还尚未实际发生的费用，或者旅游经营者请求旅游者支付合理费用的，人民法院应予支持。

第十三条 因不可抗力等不可归责于旅游经营者、旅游辅助服务者的客观原因导致旅游合同无法履行，旅游经营者、旅游者请求解除旅游合同的，人民法院应予支持。旅游经营者、旅游者请求对方承担违约责任的，人民法院不予支持。旅游者请求旅游经营者退还尚未实际发生的费用的，人民法院应予支持。因不可抗力等不可归责于旅游经营者、旅游辅助服务者的客观原因变更旅游行程，在征得旅游者同意后，旅游经营者请求旅游者分担因此增加的旅游费用或旅游者请求旅游经营者退还因此减少的旅游费用的，人民法院应予支持。

第十四条 因旅游辅助服务者的原因造成旅游者人身损害、财产损失，旅游者选择请求旅游辅助服务者承担侵权责任的，人民法院应予支持。旅游经营者对旅游辅助服务者未尽谨慎选择义务，旅游者请求旅游经营者承担相应补充责任的，人民法院应予支持。

第十五条 签订旅游合同的旅游经营者将其部分旅游业务委托旅游目的地的旅游经营者，因受托方未尽旅游合同义务，旅游者在旅游过程中受到损害，要求作出委托的旅游经营者承担赔偿责任的，人民法院应予支持。旅游经营者委托除前款规定以外的人从事旅游业务，发生旅游纠纷，旅游者起诉旅游经营者的，人民法院应予受理。

第十六条 旅游经营者准许他人挂靠其名下从事旅游业务，造成旅游者人身损害、财产损失，旅游者请求旅游经营者与挂靠人承担连带责任的，人民法院应予支持。

第十七条 旅游经营者违反合同约定，有擅自改变旅游行程、遗漏旅游景点、减少旅游服务项目、降低旅游服务标准等行为，旅游者请求旅游经营者赔偿未完成约定旅游服务项目等合理费用的，人民法院应予支持。旅游经营者提供服务时有欺诈行为，旅游者请求旅游经营者双倍赔偿其遭受的损失的，人民法院应予支持。

第十八条 因飞机、火车、班轮、城际客运班车等公共客运交通工具延误，导致合同不能按照约定履行，旅游者请求旅游经营者退还未实际发生的费用的，人民法院应予支持。合同另有约定的除外。

第十九条 旅游者在自行安排活动期间遭受人身损害、财产损失，旅游经营者未尽到必要的提示义务、救助义务，旅游者请求旅游经营者承担相应责任的，人民法院应予支持。前款规定的自行安排活动期间，包括旅游经营者安排的在旅游行程中独立的自由活动期间、旅游者不参加旅游行程的活动期间以及旅游者经导游或者领队同意暂时离队的个人活动期间等。

第二十条 旅游者在旅游行程中未经导游或者领队许可，故意脱离团队，遭受人身损害、财产损失，请求旅游经营者赔偿损失的，人民法院不予支持。

第二十一条 旅游者提起违约之诉，主张精神损害赔偿的，人民法院应告知其变更为侵权之诉；旅游者仍坚持提起违约之诉的，对于其精神损害赔偿的主张，人民法院不予支持。

第二十二条 旅游经营者或者旅游辅助服务者为旅游者代管的行李物品损毁、灭失，旅游者请求赔偿损失的，人民法院应予支持，但下列情形除外：（一）损失是由于旅游者未听从旅游经营者或者旅游辅助服务者的事先声明或者提示，未将现金、有价证券、贵重物品由其随身携带而造成的；（二）损失是由于不可抗力、意外事件造成的；（三）损失是由于旅游者的过错造成的；（四）损失是由于物品的自然属性造成的。

第二十三条 旅游者要求旅游经营者返还下列费用的，人民法院应予支持：（一）因拒绝旅游经营者安排的购物活动或者另行付费的项目被增收的费用；（二）在同一旅游行程中，旅游经营者提供相同服务，因旅游者的年龄、职业等差异而增收的费用。

第二十四条 旅游经营者因过错致其代办的手续、证件存在瑕疵，或者未尽妥善保管义务而遗失、毁损，旅游者请求旅游经营者补办或者协助补办相关手续、证件并承担相应费用的，人民法院应予支持。因上述行为影响旅游行程，旅游者请求旅游经营者退还尚未发生的费用、赔偿损失的，人民法院应予支持。

第二十五条 旅游者在旅游行程中，因旅游经营者的原因，提前结束旅游活动，请求旅游经营者退还未实际发生的费用的，人民法院应予支持。

第二十六条 本规定施行前已经终审，本规定施行后当事人申请再审或者按照审判监督程序决定再审的案件，不适用本规定。

这是根据《民法典》颁布修改变化后的情况对原案进行的修改。新的法律规定和条文对旅游纠纷案件的处理进行了详细规定，以更好地保护旅游者和维护合同和消费者权益。根据这些新规定，人民法院将根据案情和法律规定来支持旅游者的权益，确保旅游纠纷得到妥善解决。

旅游饭店星级的划分与评定

根据《中华人民共和国星级酒店评定标准》将酒店按等级标准进行星级划分，分为一星级到五星级5个标准。星级以镀金五角星为符号，用一颗五角星表示一星级，两颗五角星表示二星级，三颗五角星表示三星级，四颗五角星表示四星级，五颗五角星表示五星级，五颗白金五角星表示白金五星级。最低为一星级，最高为白金五星级。星级越高，表示旅游饭店的档次越高。迪拜帆船和皇宫酒店自诩七星八星并不是按我国标准划分的。

前言

本标准代替GB／T 14308—2003旅游饭店星级的划分与评定。

本标准与GB／T 14308—2003相比，主要技术内容变化如下：

a）增加了对国家标准GB／T 16766、GB／T 15566.8的引用；

b）更加注重饭店核心产品，弱化配套设施；

c）将一二三星级饭店定位为有限服务饭店；

d）突出绿色环保的要求；

e）强化安全管理要求，将应急预案列入各星级的必备条件；

f）提高饭店服务质量评价的操作性；

g）增加例外条款，引导特色经营；

h）保留白金五星级的概念，其具体标准与评定办法将另行制定。

本标准的附录A、附录B、附录C均为规范性附录。

本标准由国家旅游局提出。

本标准由全国旅游标准化技术委员会归口。

本标准起草单位：国家旅游局监督管理司。

本标准主要起草人：李任芷、刘士军、余昌国、贺静、鲁凯麟、刘锦宏、徐锦祉、辛涛、张润钢、王建平。

本标准所代替标准的历次版本发布情况为：

——GB/T 14308—1993；

——GB/T 14308—1997；

——GB/T 14308—2003。

1 范围

本标准规定了旅游饭店星级的划分条件、服务质量和运营规范要求。

本标准适用于正式营业的各种旅游饭店。

2 规范性引用文件

下列文件对于本文件的应用是必不可少的。凡是注日期的引用文件，仅注日期的版本适用于本文件,凡是不注日期的引用文件,其最新版本(包括所有的修改单)适用于本文件。

GB/T 16766 旅游业基础术语

GB/T 10001.1 标志用公共信息图形符号 第1部分:通用符号

GB/T 10001.2 标志用公共信息图形符号 第2部分:旅游设施与服务符号

GB/T 10001.4 标志用公共信息图形符号 第4部分:运动健身符号

GB/T 10001.9 标志用公共信息图形符号 第9部分:无障碍设施符号

GB/T 15566.8 公共信息导向系统 设置原则与要求 第8部分:宾馆和饭店

3 术语和定义

下列术语和定义适用于本标准。

3.1

旅游饭店 tourist hotel

以间(套)夜为单位出租客房,以提供住宿服务为主,并提供商务、会议、休闲、度假等相应服务的住宿设施,按不同习惯也可能被称为宾馆、酒店、旅馆、旅社、宾舍、度假村、俱乐部、大厦、中心等。

4 星级划分及标志

4.1 用星的数量和颜色表示旅游饭店的星级。旅游饭店星级分为五个级别,即一星级、二星级、三星级、四星级、五星级(含白金五星级)。最低为一星级,最高为五星级。星级越高,表示饭店的等级越高。(为方便行文,"星级旅游饭店"简称为"星级饭店")

4.2 星级标志由长城与五角星图案构成,用一颗五角星表示一星级,两颗五角星表示二星级,三颗五角星表示三星级,四颗五角星表示四星级,五颗五角星表示五星级,五颗白金五角星表示白金五星级。

5 总则

5.1 星级饭店的建筑、附属设施设备、服务项目和运行管理应符合国家现行的安全、消防、卫生、环境保护、劳动合同等有关法律、法规和标准的规定与要求。

5.2 各星级划分的基本条件见附录A,各星级饭店应逐项达标。

5.3 星级饭店设备设施的位置、结构、数量、面积、功能、材质、设计、装饰等评价标准见附录B。

5.4 星级饭店的服务质量、清洁卫生、维护保养等评价标准见附录C。

5.5 一星级、二星级、三星级饭店是有限服务饭店,评定星级时应对饭店住宿产品进行重点评价;四星级和五星级(含白金五星级)饭店是完全服务饭店,评定星级时应对饭店产品进行全面评价。

5.6 倡导绿色设计、清洁生产、节能减排、绿色消费的理念。

5.7 星级饭店应增强突发事件应急处置能力,突发事件处置的应急预案应作为各星级饭店的必备条件。评定星级后,如饭店营运中发生重大安全责任事故,所属星级将被立即取消,相应星级标志不能继续使用。

5.8 评定星级时不应因为某一区域所有权或经营权的分离,或因为建筑物的分隔而区别对待,饭店内所有区域应达到同一星级的质量标准和管理要求。

5.9 饭店开业一年后可申请评定星级,经相应星级评定机构评定后,星级标志使用有效期为三年。三年期满后应进行重新评定。

6 各星级划分条件

6.1 必备条件

6.1.1 必备项目检查表规定了各星级应具备的硬件设施和服务项目。评定检查时,逐项打"√"确认达标后,再进入后续打分程序。

6.1.2 一星级必备项目见表 A.1;二星级必备项目见表 A.2;三星级必备项目见表 A.3;四星级必备项目见表 A.4;五星级必备项目见表 A.5。

6.2 设施设备

6.2.1 设施设备的要求见附录 B。总分 600 分。

6.2.2 一星级、二星级饭店不作要求,三星级、四星级、五星级饭店规定最低得分线:三星级 220 分,四星级 320 分,五星级 420 分。

6.3 饭店运营质量

6.3.1 饭店运营质量的要求见附录 C。总分 600 分。

6.3.2 饭店运营质量的评价内容分为总体要求、前厅、客房、餐饮、其他、公共及后台区域等 6 个大项。评分时按"优"、"良"、"中"、"差"打分并计算得分率。公式为:得分率=该项实际得分/该项标准总分×100%。

6.3.3 一星级、二星级饭店不作要求。三星级、四星级、五星级饭店规定最低得分率:三星级 70%,四星级 80%,五星级 85%。

6.3.4 如饭店不具备表 C.1 中带"*"的项目,统计得分率时应在分母中去掉该项分值。

7 服务质量总体要求

7.1 服务基本原则

7.1.1 对宾客礼貌、热情、亲切、友好,一视同仁。

7.1.2 密切关注并尽量满足宾客的需求,高效率地完成对客服务。

7.1.3 遵守国家法律法规,保护宾客的合法权益。

7.1.4 尊重宾客的信仰与风俗习惯,不损害民族尊严。

7.2 服务基本要求

7.2.1 员工仪容仪表应达到:

a）遵守饭店的仪容仪表规范，端庄、大方、整洁；

b）着工装、佩工牌上岗；

c）服务过程中表情自然、亲切、热情适度，提倡微笑服务。

7.2.2 员工言行举止应达到：

a）语言文明、简洁、清晰，符合礼仪规范；

b）站、坐、行姿符合各岗位的规范与要求，主动服务，有职业风范；

c）以协调适宜的自然语言和身体语言对客服务，使宾客感到尊重舒适；

d）对宾客提出的问题应予耐心解释，不推诿和应付。

7.2.3 员工业务能力与技能应达到掌握相应的业务知识和服务技能，并能熟练运用。

8 管理要求

8.1 应有员工手册。

8.2 应有饭店组织机构图和部门组织机构图。

8.3 应有完善的规章制度、服务标准、管理规范和操作程序。一项完整的饭店管理规范包括规范的名称、目的、管理职责、项目运作规程（具体包括执行层级、管理对象、方式与频率、管理工作内容）、管理分工、管理程序与考核指标等项目。各项管理规范应适时更新，并保留更新记录。

8.4 应有完善的部门化运作规范。包括管理人员岗位工作说明书、管理人员工作关系表、管理人员工作项目核检表、专门的质量管理文件、工作用表和质量管理记录等内容。

8.5 应有服务和专业技术人员岗位工作说明书，对服务和专业技术人员的岗位要求、任职条件、班次、接受指令与协调渠道、主要工作职责等内容进行书面说明。

8.6 应有服务项目、程序与标准说明书，对每一个服务项目完成的目标、为完成该目标所需要经过的程序，以及各个程序的质量标准进行说明。

8.7 对国家和地方主管部门和强制性标准所要求的特定岗位的技术工作如锅炉、强弱电、消防、食品加工与制作等，应有相应的工作技术标准的书面说明，相应岗位的从业人员应知晓并熟练操作。

8.8 应有其他可以证明饭店质量管理水平的证书或文件。

9 安全管理要求

9.1 星级饭店应取得消防等方面的安全许可，确保消防设施的完好和有效运行。

9.2 水、电、气、油、压力容器、管线等设施设备应安全有效运行。

9.3 应严格执行安全管理防控制度，确保安全监控设备的有效运行及人员的责任到位。

9.4 应注重食品加工流程的卫生管理，保证食品安全。

9.5 应制定和完善地震、火灾、食品卫生、公共卫生、治安事件、设施设备突发故障等各项突发事件应急预案。

10 其他

对于以住宿为主营业务，建筑与装修风格独特，拥有独特客户群体，管理和服务特色鲜明，且业内知名度较高旅游饭店的星级评定，可参照五星级的要求。

中国旅游饭店行业规范

《中国旅游饭店行业规范》，是由中国旅游饭店业协会于 2002 年 5 月 1 日起颁布实施的一项法律规定（中国旅游饭店业协会 2009 年 8 月修订版）。

第一章 总则

第一条 为了倡导履行诚信准则，保障客人和旅游饭店的合法权益，维护旅游饭店业经营管理的正常秩序，促进中国旅游饭店业的健康发展，中国旅游饭店业协会依据国家有关法律、法规，特制定《中国旅游饭店行业规范》（以下简称为《规范》）。

第二条 旅游饭店包括在中国境内开办的各种经济性质的饭店，含宾馆、酒店、度假村等（以下简称为饭店）。

第三条 饭店应当遵守国家的有关法律、法规和规章，遵守社会道德规范，诚信经营，维护中国旅游饭店行业的声誉。

第二章 预订、登记、入住

第四条 饭店应与客人共同履行住宿合同，因不可抗力不能履行双方住宿合同的，任何一方均应当及时通知对方。双方另有约定的，按约定处理。

第五条 由于饭店出现超额预订而使客人不能入住的，饭店应当主动替客人安排本地同档次或高于本饭店档次的饭店入住，所产生的有关费用由饭店承担。

第六条 饭店应当同团队、会议、长住客人签订住房合同。合同内容应包括客人进店和离店的时间、房间等级与价格、餐饮价格、付款方式、违约责任等款项。

第七条 饭店在办理客人入住手续时，应当按照国家的有关规定，要求客人出示有效证件，并如实登记。

第八条 以下情况饭店可以不予接待：

（一）携带危害饭店安全的物品入店者；

（二）从事违法活动者；

（三）影响饭店形象者；

（四）无支付能力或曾有过逃账记录者；

（五）饭店客满；

（六）法律、法规规定的其他情况。

第三章 饭店收费

第九条 饭店应当将房价表置于总服务台显著位置，供客人参考。饭店如给予客人房价折扣，应当书面约定。

第十条 饭店客房收费以"间/夜"为计算单位（钟点房除外）。按客人住一"间/夜"，计收一天房费；次日12时以后、18时以前办理退房手续者，饭店可以加收半天房费；次日18时以后退房者，饭店可以加收一天房费。

第十一条 根据国家规定，饭店可以对客房、餐饮、洗衣、电话等服务项目加收服务费，但应当在房价表及有关服务价目单上注明。客人在饭店商场内购物，不应加收服务费。

第四章 保护客人人身和财产安全

第十二条 为了保护客人的人身和财产安全，饭店客房房门应当装置防盗链、门镜、应急疏散图，卫生间内应当采取有效的防滑措施。客房内应当放置服务指南、住宿须知和防火指南。有条件的饭店应当安装客房电子门锁和公共区域安全监控系统。

第十三条 饭店应当确保健身、娱乐等场所设施、设备的完好和安全。对不按使用说明及饭店员工指导进行操作而造成伤害的，饭店不承担责任。

第十四条 对可能损害客人人身和财产安全的场所，饭店应当采取防护、警示措施。警示牌应当中外文对照。

第十五条 饭店应当采取措施，防止客人放置在客房内的财物灭失、毁损。由于饭店的原因造成客人财物灭失、毁损的，饭店应当承担责任。由于客人自己的行为造成损害的，饭店不承担责任。双方均有过错的，应当各自承担相应的责任。

第十六条 饭店应当保护客人的隐私权。饭店员工未经客人许可不得随意进入客人下榻的房间，除日常清扫卫生、维修保养设施设备或者发生火灾等紧急情况外。

第五章 保管客人贵重物品

第十七条 饭店应当在前厅处设置有双锁的客人贵重物品保险箱。贵重物品保险箱的位置应当安全、方便、隐蔽，能够保护客人的隐私。饭店应当按照规定的时限，免费提供住店客人贵重物品的保管服务。

第十八条 饭店应当对住店客人贵重物品的保管服务做出书面规定，并在客人办理入住登记时予以提示。违反第十七条和本条规定，造成客人贵重物品灭失的，饭店应当承担赔偿责任。

第十九条 客人寄存贵重物品时，饭店应当要求客人填写贵重物品寄存单，并办理有关手续。

第二十条 饭店客房内设置的保险箱仅为住店客人提供存放一般物品之用。对没有按规定将贵重物品存放在饭店前厅贵重物品保险箱内，而造成客房里客人的贵重物品灭失、毁损的，如果责任在饭店一方，可视为一般物品予以赔偿。

第二十一条 如无事先约定，在客人结账退房离开饭店以后，饭店可以将客人寄存在贵重物品保险箱内的物品取出，并按照有关规定处理。饭店应当将此条规定在客人贵重物品寄存单上明示。

第二十二条 客人如果遗失饭店贵重物品保险箱的钥匙，除赔偿锁匙成本费用外，饭店还可以要求客人承担维修保险箱的费用。

第六章 保管客人一般物品

第二十三条 饭店保管客人寄存在前厅行李寄存处的行李物品时，应当检查其包装是否完好、安全，询问有无违禁物品，并经双方当面确认后，给客人签发行李寄存牌。

第二十四条 客人在餐饮、康乐、前厅行李寄存处等场所寄存物品时，饭店应当当面询问客人寄存物品中有无贵重物品。客人寄存的物品中如有贵重物品的，应当向饭店声明，由饭店员工验收并交饭店贵重物品保管处免费保管；客人事先未声明或不同意核实而造成物品灭失、毁损的，如果责任在饭店一方，饭店按照一般物品予以赔偿；客人对寄存物品没有提出需要采取特殊保管措施的，因为物品自身的原因造成毁损或损耗的，饭店不承担赔偿责任；由于客人没有事先说明寄存物品的情况，造成饭店损失的，除饭店知道或者应当知道而没有采取补救措施的以外，饭店可以要求客人承担相应的赔偿责任。

第七章 洗衣服务

第二十五条 客人送洗衣物，饭店应当要求客人在洗衣单上注明洗涤种类及要求，并应当检查衣物状况有无破损。客人如有特殊要求或者饭店员工发现衣物破损的，双方应当事先确认并在洗衣单上注明。客人事先没有提出特殊要求，饭店按照常规进行洗涤，造成衣物损坏的，饭店不承担赔偿责任。客人送洗衣物在洗涤后即时发现破损等问题，而饭店无法证明该衣物是在洗涤以前破损的，饭店承担相应责任。

第二十六条 饭店应当在洗衣单上注明，要求客人将送洗衣物内的物品取出。对洗涤后客人衣物内物品的灭失，饭店不承担责任。

第八章 停车场管理

第二十七条 饭店应当保护停车场内饭店客人的车辆安全。由于保管不善，造成车辆灭失或者毁损的，饭店承担相应责任，但因为客人自身的原因造成车辆灭失或者毁损的除外。双方均有过错的，应当各自承担相应的责任。

第二十八条 饭店应当提示客人保管好放置在汽车内的物品。对汽车内放置的物品的灭失，饭店不承担责任。

第九章 其他

第二十九条 饭店如果谢绝客人自带酒水和食品进入餐厅、酒吧、舞厅等场所享用，应当将谢绝的告示设置于经营场所的显著位置，或者确认已将上述信息用适当方式告知客人。

第三十条 饭店有义务提醒客人在客房内遵守国家有关规定，不得私留他人住宿或者擅自将客房转让给他人使用及改变使用用途。对违反规定造成饭店损失的，饭店可以要求入住该房间的客人承担相应的赔偿责任。

第三十一条 饭店可以口头提示或书面通知客人不得自行对客房进行改造、装饰。未经饭店同意进行改造、装饰而造成损失的，饭店可以要求客人承担相应的赔偿责任。

第三十二条 饭店有义务提示客人爱护饭店的财物。由于客人的原因造成损坏的，饭店可以要求客人承担赔偿责任。由于客人原因，饭店维修受损设施、设备期间导致客房不能出租、场所不能开放而发生的营业损失，饭店可视其情况要求客人承担责任。

第三十三条 对饮酒过量的客人，饭店应恰当、及时地劝阻，防止客人在饭店内醉酒。客人醉酒后在饭店内肇事造成损失的，饭店可以要求肇事者承担相应的赔偿责任。

第三十四条 客人结账离店后，如有物品遗留在客房内，饭店应当设法同客人取得联系，将物品归还或寄还给客人，或替客人保管，所产生的费用由客人承担。三个月后仍无人认领的，饭店可登记造册，按拾遗物品处理。

第三十五条 饭店应当提供与本饭店档次相符的产品与服务。饭店所提供的产品与服务如果存在瑕疵，饭店应当采取措施及时加以改进。由于饭店的原因而给客人造成损失的，饭店应当根据损失程度向客人赔礼道歉，或给予相应的赔偿。

第十章 处理

第三十六条 中国旅游饭店业协会会员饭店违反本《规范》，造成不良后果和影响的，除按照有关规定进行处理外，中国旅游饭店业协会将对该会员饭店给予协会内部通报批评。

第三十七条 中国旅游饭店业协会会员饭店违反本《规范》，给客人的人身造成较大伤害，或者给客人的财产造成严重损失且情节严重的，除按规定进行赔偿外，中国旅游饭店业协会将对该会员饭店给予公开批评。

第三十八条 中国旅游饭店业协会会员饭店违反本《规范》，给客人人身造成重大伤害或者给客人的财产造成重大损失且情节特别严重的，除按规定进行赔偿外，经中国旅游饭店业协会常务理事会通过后，将对该会员饭店予以除名。

第十一章 附则

第三十九条 饭店公共场所的安全疏散标志等，应当符合国家的规定。饭店的图形符号，应当符合中华人民共和国旅游行业标准 LB/T001—1995 旅游饭店公共信息图形符号。

第四十条 中国旅游饭店业协会会员饭店如果同客人发生纠纷，应当参照本《规范》的有关条款协商解决；协商不成的，双方按照国家有关法律、法规和规定处理。

第四十一条 本《规范》适用于中国旅游饭店业协会会员饭店。

第四十二条 本《规范》自 2002 年 5 月 1 日起施行。

第四十三条 本《规范》由中国旅游饭店业协会常务理事会通过并负责解释。

《中华人民共和国民法典》第三编 合同

第一分编 通则
第二章 合同的订立

第四百六十九条 当事人订立合同，可以采用书面形式、口头形式或者他形式。书面形式是合同书、信件、电报、电传、传真等可以有形地表现所载内容的形式。以电子数据交换、电子邮件等方式能够有形地表现所载内容，并可以随时调取查用的数据电文，视为书面形式。

第四百七十条 合同的内容由当事人约定，一般包括下列条款：

（一）当事人的姓名或者名称和住所；

（二）标的；

（三）数量；

（四）质量；

（五）价款或者报酬；

（六）履行期限、地点和方式；

（七）违约责任；

（八）解决争议的方法。

当事人可以参照各类合同的示范文本订立合同。

第四百七十一条 当事人订立合同，可以采取要约、承诺方式或者其他方式。

第四百七十二条 要约是希望与他人订立合同的意思表示，该意思表示应当符合下列条件：

（一）内容具体确定；

（二）表明经受要约人承诺，要约人即受该意思表示约束。

第四百七十三条 要约邀请是希望他人向自己发出要约的表示。拍卖公告、招标公告、招股说明书、债券募集办法、基金招募说明书、商业广告和宣传、寄送的价目表等为要约邀请。

商业广告和宣传的内容符合要约条件的，构成要约。

第四百七十四条 要约生效的时间适用本法第一百三十七条的规定。

第四百七十五条 要约可以撤回。要约的撤回适用本法第一百四十一条的规定。

第四百七十六条 要约可以撤销，但是有下列情形之一的除外：

（一）要约人以确定承诺期限或者其他形式明示要约不可撤销；

（二）受要约人有理由认为要约是不可撤销的，并已经为履行合同做了合理准备工作。

第四百七十七条 撤销要约的意思表示以对话方式作出的，该意思表示的内容应当在受要约人作出承诺之前为受要约人所知道；撤销要约的意思表示以非对话方式作出的，应当在受要约人作出承诺之前到达受要约人。

第四百七十八条 有下列情形之一的，要约失效：

（一）要约被拒绝；

（二）要约被依法撤销；

（三）承诺期限届满，受要约人未作出承诺；

（四）受要约人对要约的内容作出实质性变更。

第四百七十九条　承诺是受要约人同意要约的意思表示。

第四百八十条　承诺应当以通知的方式作出；但是，根据交易习惯或者要约表明可以通过行为作出承诺的除外。

第四百八十一条　承诺应当在要约确定的期限内到达要约人。

要约没有确定承诺期限的，承诺应当依照下列规定到达：

（一）要约以对话方式作出的，应当即时作出承诺；

（二）要约以非对话方式作出的，承诺应当在合理期限内到达。

第四百八十二条　要约以信件或者电报作出的，承诺期限自信件载明的日期或者电报交发之日开始计算。信件未载明日期的，自投寄该信件的邮戳日期开始计算。要约以电话、传真、电子邮件等快速通讯方式作出的，承诺期限自要约到达受要约人时开始计算。

第四百八十三条　承诺生效时合同成立，但是法律另有规定或者当事人另有约定的除外。

第四百八十四条　以通知方式作出的承诺，生效的时间适用本法第一百三十七条的规定。

承诺不需要通知的，根据交易习惯或者要约的要求作出承诺的行为时生效。

第四百八十五条　承诺可以撤回。承诺的撤回适用本法第一百四十一条的规定。

第四百八十六条　受要约人超过承诺期限发出承诺，或者在承诺期限内发出承诺，按照通常情形不能及时到达要约人的，为新要约；但是，要约人及时通知受要约人该承诺有效的除外。

第四百八十七条　受要约人在承诺期限内发出承诺，按照通常情形能够及时到达要约人，但是因其他原因致使承诺到达要约人时超过承诺期限的，除要约人及时通知受要约人因承诺超过期限不接受该承诺外，该承诺有效。

第四百八十八条　承诺的内容应当与要约的内容一致。受要约人对要约的内容作出实质性变更的，为新要约。有关合同标的、数量、质量、价款或者报酬、履行期限、履行地点和方式、违约责任和解决争议方法等的变更，是对要约内容的实质性变更。

第四百八十九条　承诺对要约的内容作出非实质性变更的，除要约人及时表示反对或者要约表明承诺不得对要约的内容作出任何变更外，该承诺有效，合同的内容以承诺的内容为准。

第四百九十条　当事人采用合同书形式订立合同的，自当事人均签名、盖章或者按指印时合同成立。在签名、盖章或者按指印之前，当事人一方已经履行主要义务，对方接受时，该合同成立。

法律、行政法规规定或者当事人约定合同应当采用书面形式订立，当事人未采用书面形式但是一方已经履行主要义务，对方接受时，该合同成立。

第四百九十一条 当事人采用信件、数据电文等形式订立合同要求签订确认书的，签订确认书时合同成立。

当事人一方通过互联网等信息网络发布的商品或者服务信息符合要约条件的，对方选择该商品或者服务并提交订单成功时合同成立，但是当事人另有约定的除外。

第四百九十二条 承诺生效的地点为合同成立的地点。

采用数据电文形式订立合同的，收件人的主营业地为合同成立的地点；没有主营业地的，其住所地为合同成立的地点。当事人另有约定的，按照其约定。

第四百九十三条 当事人采用合同书形式订立合同的，最后签名、盖章或者按指印的地点为合同成立的地点，但是当事人另有约定的除外。

第四百九十四条 国家根据抢险救灾、重大卫生防疫防控或者其他需要下达国家订货任务、指令性任务的，有关民事主体之间应当依照有关法律、行政法规规定的权利和义务订立合同。

依照法律、行政法规的规定负有发出要约义务的当事人，应当及时发出合理的要约。

依照法律、行政法规的规定负有作出承诺义务的当事人，不得拒绝对方合理的订立合同要求。

第四百九十五条 当事人约定在将来一定期限内订立合同的认购书、订购书、预订书等，构成预约合同。

当事人一方不履行预约合同约定的订立合同义务的，对方可以请求其承担预约合同的违约责任。

第四百九十六条 格式条款是当事人为了重复使用而预先拟定，并在订立合同时未与对方协商的条款。

采用格式条款订立合同的，提供格式条款的一方应当遵循公平原则确定当事人之间的权利和义务，并采取合理的方式提示对方注意免除或者减轻其责任等与对方有重大利害关系的条款，按照对方的要求，对该条款予以说明。提供格式条款的一方未履行提示或者说明义务，致使对方没有注意或者理解与其有重大利害关系的条款的，对方可以主张该条款不成为合同的内容。

第四百九十七条 有下列情形之一的，该格式条款无效：

（一）具有本法第一编第六章第三节和本法第五百零六条规定的无效情形；

（二）提供格式条款一方不合理地免除或者减轻其责任、加重对方责任、限制对方主要权利；

（三）提供格式条款一方排除对方主要权利。

第四百九十八条 对格式条款的理解发生争议的，应当按照通常理解予以解释。对格式条款有两种以上解释的，应当作出不利于提供格式条款一方的解释。格式条款和非格式条款不一致的，应当采用非格式条款。

第四百九十九条 悬赏人以公开方式声明对完成特定行为的人支付报酬的，完成该行为的人可以请求其支付。

第五百条 当事人在订立合同过程中有下列情形之一，造成对方损失的，应当承担赔偿责任：

（一）假借订立合同，恶意进行磋商；

（二）故意隐瞒与订立合同有关的重要事实或者提供虚假情况；

（三）有其他违背诚信原则的行为。

第五百零一条 当事人在订立合同过程中知悉的商业秘密或者其他应当保密的信息，无论合同是否成立，不得泄露或者不正当地使用；泄露、不正当地使用该商业秘密或者信息，造成对方损失的，应当承担赔偿责任。

第八章 违约责任

第五百七十七条 当事人一方不履行合同义务或者履行合同义务不符合约定的，应当承担继续履行、采取补救措施或者赔偿损失等违约责任。

第五百七十八条 当事人一方明确表示或者以自己的行为表明不履行合同义务的，对方可以在履行期限届满前请求其承担违约责任。

第五百七十九条 当事人一方未支付价款、报酬、租金、利息，或者不履行其他金钱债务的，对方可以请求其支付。

第五百八十条 当事人一方不履行非金钱债务或者履行非金钱债务不符合约定的，对方可以请求履行，但是有下列情形之一的除外：

（一）法律上或者事实上不能履行；

（二）债务的标的不适于强制履行或者履行费用过高；

（三）债权人在合理期限内未请求履行。

有前款规定的除外情形之一，致使不能实现合同目的的，人民法院或者仲裁机构可以根据当事人的请求终止合同权利义务关系，但是不影响违约责任的承担。

第五百八十一条 当事人一方不履行债务或者履行债务不符合约定，根据债务的性质不得强制履行的，对方可以请求其负担由第三人替代履行的费用。

第五百八十二条 履行不符合约定的，应当按照当事人的约定承担违约责任。对违约责任没有约定或者约定不明确，依据本法第五百一十条的规定仍不能确定的，受损害方根据标的的性质以及损失的大小，可以合理选择请求对方承担修理、重作、更换、退货、减少价款或者报酬等违约责任。

第五百八十三条 当事人一方不履行合同义务或者履行合同义务不符合约定的,在履行义务或者采取补救措施后,对方还有其他损失的,应当赔偿损失。

第五百八十四条 当事人一方不履行合同义务或者履行合同义务不符合约定,造成对方损失的,损失赔偿额应当相当于因违约所造成的损失,包括合同履行后可以获得的利益;但是,不得超过违约一方订立合同时预见到或者应当预见到的因违约可能造成的损失。

第五百八十五条 当事人可以约定一方违约时应当根据违约情况向对方支付一定数额的违约金,也可以约定因违约产生的损失赔偿额的计算方法。

约定的违约金低于造成的损失的,人民法院或者仲裁机构可以根据当事人的请求予以增加;约定的违约金过分高于造成的损失的,人民法院或者仲裁机构可以根据当事人的请求予以适当减少。

当事人就迟延履行约定违约金的,违约方支付违约金后,还应当履行债务。

第五百八十六条 当事人可以约定一方向对方给付定金作为债权的担保。定金合同自实际交付定金时成立。

定金的数额由当事人约定;但是,不得超过主合同标的额的百分之二十,超过部分不产生定金的效力。实际交付的定金数额多于或者少于约定数额的,视为变更约定的定金数额。

第五百八十七条 债务人履行债务的,定金应当抵作价款或者收回。给付定金的一方不履行债务或者履行债务不符合约定,致使不能实现合同目的的,无权请求返还定金;收受定金的一方不履行债务或者履行债务不符合约定,致使不能实现合同目的的,应当双倍返还定金。

第五百八十八条 当事人既约定违约金,又约定定金的,一方违约时,对方可以选择适用违约金或者定金条款。

定金不足以弥补一方违约造成的损失的,对方可以请求赔偿超过定金数额的损失。

第五百八十九条 债务人按照约定履行债务,债权人无正当理由拒绝受领的,债务人可以请求债权人赔偿增加的费用。

在债权人受领迟延期间,债务人无须支付利息。

第五百九十条 当事人一方因不可抗力不能履行合同的,根据不可抗力的影响,部分或者全部免除责任,但是法律另有规定的除外。因不可抗力不能履行合同的,应当及时通知对方,以减轻可能给对方造成的损失,并应当在合理期限内提供证明。

当事人迟延履行后发生不可抗力的,不免除其违约责任。

第五百九十一条 当事人一方违约后,对方应当采取适当措施防止损失的扩大;没有采取适当措施致使损失扩大的,不得就扩大的损失请求赔偿。

当事人因防止损失扩大而支出的合理费用,由违约方负担。

第五百九十二条 当事人都违反合同的,应当各自承担相应的责任。

当事人一方违约造成对方损失，对方对损失的发生有过错的，可以减少相应的损失赔偿额。

第五百九十三条　当事人一方因第三人的原因造成违约的，应当依法向对方承担违约责任。当事人一方和第三人之间的纠纷，依照法律规定或者按照约定处理。

第五百九十四条　因国际货物买卖合同和技术进出口合同争议提起诉讼或者申请仲裁的时效期间为四年。

《中华人民共和国民法典》第七编 侵权责任

第一章 一般规定

第一千一百六十四条 本编调整因侵害民事权益产生的民事关系。

第一千一百六十五条 行为人因过错侵害他人民事权益造成损害的，应当承担侵权责任。

依照法律规定推定行为人有过错，其不能证明自己没有过错的，应当承担侵权责任。

第一千一百六十六条 行为人造成他人民事权益损害，不论行为人有无过错，法律规定应当承担侵权责任的，依照其规定。

第一千一百六十七条 侵权行为危及他人人身、财产安全的，被侵权人有权请求侵权人承担停止侵害、排除妨碍、消除危险等侵权责任。

第一千一百六十八条 二人以上共同实施侵权行为,造成他人损害的,应当承担连带责任。

第一千一百六十九条 教唆、帮助他人实施侵权行为的，应当与行为人承担连带责任。

教唆、帮助无民事行为能力人、限制民事行为能力人实施侵权行为的，应当承担侵权责任；该无民事行为能力人、限制民事行为能力人的监护人未尽到监护职责的，应当承担相应的责任。

第一千一百七十条 二人以上实施危及他人人身、财产安全的行为，其中一人或者数人的行为造成他人损害，能够确定具体侵权人的，由侵权人承担责任；不能确定具体侵权人的，行为人承担连带责任。

第一千一百七十一条 二人以上分别实施侵权行为造成同一损害,每个人的侵权行为都足以造成全部损害的，行为人承担连带责任。

第一千一百七十二条 二人以上分别实施侵权行为造成同一损害，能够确定责任大小的，各自承担相应的责任；难以确定责任大小的，平均承担责任。

第一千一百七十三条 被侵权人对同一损害的发生或者扩大有过错的,可以减轻侵权人的责任。

第一千一百七十四条 损害是因受害人故意造成的，行为人不承担责任。

第一千一百七十五条 损害是因第三人造成的，第三人应当承担侵权责任。

第一千一百七十六条 自愿参加具有一定风险的文体活动,因其他参加者的行为受到损害的，受害人不得请求其他参加者承担侵权责任；但是，其他参加者对损害的发生有故意或者重大过失的除外。

活动组织者的责任适用本法第一千一百九十八条至第一千二百零一条的规定。

第一千一百七十七条 合法权益受到侵害，情况紧迫且不能及时获得国家机关保护，不立即采取措施将使其合法权益受到难以弥补的损害的，受害人可以在保护自己合法权益的必要范围内采取扣留侵权人的财物等合理措施；但是，应当立即请求有关国家机关处理。

受害人采取的措施不当造成他人损害的，应当承担侵权责任。

第一千一百七十八条　本法和其他法律对不承担责任或者减轻责任的情形另有规定的，依照其规定。

第十章　建筑物和物件损害责任

第一千二百五十二条　建筑物、构筑物或者其他设施倒塌、塌陷造成他人损害的，由建设单位与施工单位承担连带责任，但是建设单位与施工单位能够证明不存在质量缺陷的除外。建设单位、施工单位赔偿后，有其他责任人的，有权向其他责任人追偿。

因所有人、管理人、使用人或者第三人的原因，建筑物、构筑物或者其他设施倒塌、塌陷造成他人损害的，由所有人、管理人、使用人或者第三人承担侵权责任。

第一千二百五十三条　建筑物、构筑物或者其他设施及其搁置物、悬挂物发生脱落、坠落造成他人损害，所有人、管理人或者使用人不能证明自己没有过错的，应当承担侵权责任。所有人、管理人或者使用人赔偿后，有其他责任人的，有权向其他责任人追偿。

第一千二百五十四条　禁止从建筑物中抛掷物品。从建筑物中抛掷物品或者从建筑物上坠落的物品造成他人损害的，由侵权人依法承担侵权责任；经调查难以确定具体侵权人的，除能够证明自己不是侵权人的外，由可能加害的建筑物使用人给予补偿。可能加害的建筑物使用人补偿后，有权向侵权人追偿。

物业服务企业等建筑物管理人应当采取必要的安全保障措施防止前款规定情形的发生；未采取必要的安全保障措施的，应当依法承担未履行安全保障义务的侵权责任。

发生本条第一款规定的情形的，公安等机关应当依法及时调查，查清责任人。

第一千二百五十五条　堆放物倒塌、滚落或者滑落造成他人损害，堆放人不能证明自己没有过错的，应当承担侵权责任。

第一千二百五十六条　在公共道路上堆放、倾倒、遗撒妨碍通行的物品造成他人损害的，由行为人承担侵权责任。公共道路管理人不能证明已经尽到清理、防护、警示等义务的，应当承担相应的责任。

第一千二百五十七条　因林木折断、倾倒或者果实坠落等造成他人损害，林木的所有人或者管理人不能证明自己没有过错的，应当承担侵权责任。

第一千二百五十八条　在公共场所或者道路上挖掘、修缮安装地下设施等造成他人损害，施工人不能证明已经设置明显标志和采取安全措施的，应当承担侵权责任。

窨井等地下设施造成他人损害，管理人不能证明尽到管理职责的，应当承担侵权责任。

机关、团体、企业、事业单位消防安全管理规定

第一章 总则

第一条 为了加强和规范机关、团体、企业、事业单位的消防安全管理，预防火灾和减少火灾危害，根据《中华人民共和国消防法》，制定本规定。

第二条 本规定适用于中华人民共和国境内的机关、团体、企业、事业单位（以下统称单位）自身的消防安全管理。

法律、法规另有规定的除外。

第三条 单位应当遵守消防法律、法规、规章（以下统称消防法规），贯彻预防为主、防消结合的消防工作方针，履行消防安全职责，保障消防安全。

第四条 法人单位的法定代表人或者非法人单位的主要负责人是单位的消防安全责任人，对本单位的消防安全工作全面负责。

第五条 单位应当落实逐级消防安全责任制和岗位消防安全责任制，明确逐级和岗位消防安全职责，确定各级、各岗位的消防安全责任人。

第二章 消防安全责任

第六条 单位的消防安全责任人应当履行下列消防安全职责：

（一）贯彻执行消防法规，保障单位消防安全符合规定，掌握本单位的消防安全情况；

（二）将消防工作与本单位的生产、科研、经营、管理等活动统筹安排，批准实施年度消防工作计划；

（三）为本单位的消防安全提供必要的经费和组织保障；

（四）确定逐级消防安全责任，批准实施消防安全制度和保障消防安全的操作规程；

（五）组织防火检查，督促落实火灾隐患整改，及时处理涉及消防安全的重大问题；

（六）根据消防法规的规定建立专职消防队、义务消防队；

（七）组织制定符合本单位实际的灭火和应急疏散预案，并实施演练。

第七条 单位可以根据需要确定本单位的消防安全管理人。消防安全管理人对单位的消防安全责任人负责，实施和组织落实下列消防安全管理工作：

（一）拟订年度消防工作计划，组织实施日常消防安全管理工作；

（二）组织制订消防安全制度和保障消防安全的操作规程并检查督促其落实；

（三）拟订消防安全工作的资金投入和组织保障方案；

（四）组织实施防火检查和火灾隐患整改工作；

（五）组织实施对本单位消防设施、灭火器材和消防安全标志的维护保养，确保其完好有效，确保疏散通道和安全出口畅通；

（六）组织管理专职消防队和义务消防队；

（七）在员工中组织开展消防知识、技能的宣传教育和培训，组织灭火和应急疏散预案的实施和演练；

（八）单位消防安全责任人委托的其他消防安全管理工作。

消防安全管理人应当定期向消防安全责任人报告消防安全情况，及时报告涉及消防安全的重大问题。未确定消防安全管理人的单位，前款规定的消防安全管理工作由单位消防安全责任人负责实施。

第八条 实行承包、租赁或者委托经营、管理时，产权单位应当提供符合消防安全要求的建筑物，当事人在订立的合同中依照有关规定明确各方的消防安全责任；消防车通道、涉及公共消防安全的疏散设施和其他建筑消防设施应当由产权单位或者委托管理的单位统一管理。

承包、承租或者受委托经营、管理的单位应当遵守本规定，在其使用、管理范围内履行消防安全职责。

第九条 对于有两个以上产权单位和使用单位的建筑物，各产权单位、使用单位对消防车通道、涉及公共消防安全的疏散设施和其他建筑消防设施应当明确管理责任，可以委托统一管理。

第十条 居民住宅区的物业管理单位应当在管理范围内履行下列消防安全职责：

（一）制定消防安全制度，落实消防安全责任，开展消防安全宣传教育；

（二）开展防火检查，消除火灾隐患；

（三）保障疏散通道、安全出口、消防车通道畅通；

（四）保障公共消防设施、器材以及消防安全标志完好有效。

其他物业管理单位应当对受委托管理范围内的公共消防安全管理工作负责。

第十一条 举办集会、焰火晚会、灯会等具有火灾危险的大型活动的主办单位、承办单位以及提供场地的单位，应当在订立的合同中明确各方的消防安全责任。

第十二条 建筑工程施工现场的消防安全由施工单位负责。实行施工总承包的，由总承包单位负责。分包单位向总承包单位负责，服从总承包单位对施工现场的消防安全管理。

对建筑物进行局部改建、扩建和装修的工程，建设单位应当与施工单位在订立的合同中明确各方对施工现场的消防安全责任。

第三章 消防安全管理

第十三条 下列范围的单位是消防安全重点单位，应当按照本规定的要求，实行严格管理：

（一）商场（市场）、宾馆（饭店）、体育场（馆）、会堂、公共娱乐场所等公众聚集场所（以下统称公众聚集场所）；

（二）医院、养老院和寄宿制的学校、托儿所、幼儿园；

（三）国家机关；

（四）广播电台、电视台和邮政、通信枢纽；

（五）客运车站、码头、民用机场；

（六）公共图书馆、展览馆、博物馆、档案馆以及具有火灾危险性的文物保护单位；

（七）发电厂（站）和电网经营企业；

（八）易燃易爆化学物品的生产、充装、储存、供应、销售单位；

（九）服装、制鞋等劳动密集型生产、加工企业；

（十）重要的科研单位；

（十一）其他发生火灾可能性较大以及一旦发生火灾可能造成重大人身伤亡或者财产损失的单位。

高层办公楼（写字楼）、高层公寓楼等高层公共建筑，城市地下铁道、地下观光隧道等地下公共建筑和城市重要的交通隧道，粮、棉、木材、百货等物资集中的大型仓库和堆场，国家和省级等重点工程的施工现场，应当按照本规定对消防安全重点单位的要求，实行严格管理。

第十四条 消防安全重点单位及其消防安全责任人、消防安全管理人应当报当地公安消防机构备案。

第十五条 消防安全重点单位应当设置或者确定消防工作的归口管理职能部门，并确定专职或者兼职的消防管理人员；其他单位应当确定专职或者兼职消防管理人员，可以确定消防工作的归口管理职能部门。归口管理职能部门和专兼职消防管理人员在消防安全责任人或者消防安全管理人的领导下开展消防安全管理工作。

第十六条 公众聚集场所应当在具备下列消防安全条件后，向当地公安消防机构申报进行消防安全检查，经检查合格后方可开业使用：

（一）依法办理建筑工程消防设计审核手续，并经消防验收合格；

（二）建立健全消防安全组织，消防安全责任明确；

（三）建立消防安全管理制度和保障消防安全的操作规程；

（四）员工经过消防安全培训；

（五）建筑消防设施齐全、完好有效；

（六）制定灭火和应急疏散预案。

第十七条 举办集会、焰火晚会、灯会等具有火灾危险的大型活动，主办或者承办单位应当在具备消防安全条件后，向公安消防机构申报对活动现场进行消防安全检查，经检查合格后方可举办。

第十八条 单位应当按照国家有关规定，结合本单位的特点，建立健全各项消防安全制度和保障消防安全的操作规程，并公布执行。

单位消防安全制度主要包括以下内容：消防安全教育、培训；防火巡查、检查；安全疏散设施管理；消防（控制室）值班；消防设施、器材维护管理；火灾隐患整改；用火、用电安全管理；易燃易爆危险物品和场所防火防爆；专职和义务消防队的组织管理；灭火和应急疏散预案演练；燃气和电气设备的检查和管理（包括防雷、防静电）；消防安全工作考评和奖惩；其他必要的消防安全内容。

第十九条 单位应当将容易发生火灾、一旦发生火灾可能严重危及人身和财产安全以及对消防安全有重大影响的部位确定为消防安全重点部位，设置明显的防火标志，实行严格管理。

第二十条 单位应当对动用明火实行严格的消防安全管理。禁止在具有火灾、爆炸危险的场所使用明火；因特殊情况需要进行电、气焊等明火作业的，动火部门和人员应当按照单位的用火管理制度办理审批手续，落实现场监护人，在确认无火灾、爆炸危险后方可动火施工。动火施工人员应当遵守消防安全规定，并落实相应的消防安全措施。

公众聚集场所或者两个以上单位共同使用的建筑物局部施工需要使用明火时，施工单位和使用单位应当共同采取措施，将施工区和使用区进行防火分隔，清除动火区域的易燃、可燃物，配置消防器材，专人监护，保证施工及使用范围的消防安全。

公共娱乐场所在营业期间禁止动火施工。

第二十一条 单位应当保障疏散通道、安全出口畅通，并设置符合国家规定的消防安全疏散指示标志和应急照明设施，保持防火门、防火卷帘、消防安全疏散指示标志、应急照明、机械排烟送风、火灾事故广播等设施处于正常状态。

严禁下列行为：

（一）占用疏散通道；

（二）在安全出口或者疏散通道上安装栅栏等影响疏散的障碍物；

（三）在营业、生产、教学、工作等期间将安全出口上锁、遮挡或者将消防安全疏散指示标志遮挡、覆盖；

（四）其他影响安全疏散的行为。

第二十二条 单位应当遵守国家有关规定，对易燃易爆危险物品的生产、使用、储存、销售、运输或者销毁实行严格的消防安全管理。

第二十三条 单位应当根据消防法规的有关规定，建立专职消防队、义务消防队，配备相应的消防装备、器材，并组织开展消防业务学习和灭火技能训练，提高预防和扑救火灾的能力。

第二十四条 单位发生火灾时，应当立即实施灭火和应急疏散预案，务必做到及时报警，迅速扑救火灾，及时疏散人员。邻近单位应当给予支援。任何单位、人员都应当无偿为报火警提供便利，不得阻拦报警。

单位应当为公安消防机构抢救人员、扑救火灾提供便利和条件。

火灾扑灭后,起火单位应当保护现场,接受事故调查,如实提供火灾事故的情况,协助公安消防机构调查火灾原因,核定火灾损失,查明火灾事故责任。未经公安消防机构同意,不得擅自清理火灾现场。

第四章 防火检查

第二十五条 消防安全重点单位应当进行每日防火巡查,并确定巡查的人员、内容、部位和频次。其他单位可以根据需要组织防火巡查。巡查的内容应当包括:

(一)用火、用电有无违章情况;

(二)安全出口、疏散通道是否畅通,安全疏散指示标志、应急照明是否完好;

(三)消防设施、器材和消防安全标志是否在位、完整;

(四)常闭式防火门是否处于关闭状态,防火卷帘下是否堆放物品影响使用;

(五)消防安全重点部位的人员在岗情况;

(六)其他消防安全情况。

公众聚集场所在营业期间的防火巡查应当至少每两小时一次;营业结束时应当对营业现场进行检查,消除遗留火种。医院、养老院、寄宿制的学校、托儿所、幼儿园应当加强夜间防火巡查,其他消防安全重点单位可以结合实际组织夜间防火巡查。

防火巡查人员应当及时纠正违章行为,妥善处置火灾危险,无法当场处置的,应当立即报告。发现初起火灾应当立即报警并及时扑救。

防火巡查应当填写巡查记录,巡查人员及其主管人员应当在巡查记录上签名。

第二十六条 机关、团体、事业单位应当至少每季度进行一次防火检查,其他单位应当至少每月进行一次防火检查。检查的内容应当包括:

(一)火灾隐患的整改情况以及防范措施的落实情况;

(二)安全疏散通道、疏散指示标志、应急照明和安全出口情况;

(三)消防车通道、消防水源情况;

(四)灭火器材配置及有效情况;

(五)用火、用电有无违章情况;

(六)重点工种人员以及其他员工消防知识的掌握情况;

(七)消防安全重点部位的管理情况;

(八)易燃易爆危险物品和场所防火防爆措施的落实情况以及其他重要物资的防火安全情况;

(九)消防(控制室)值班情况和设施运行、记录情况;

(十)防火巡查情况;

(十一)消防安全标志的设置情况和完好、有效情况;

(十二)其他需要检查的内容。

防火检查应当填写检查记录。检查人员和被检查部门负责人应当在检查记录上签名。

第二十七条 单位应当按照建筑消防设施检查维修保养有关规定的要求，对建筑消防设施的完好有效情况进行检查和维修保养。

第二十八条 设有自动消防设施的单位，应当按照有关规定定期对其自动消防设施进行全面检查测试，并出具检测报告，存档备查。

第二十九条 单位应当按照有关规定定期对灭火器进行维护保养和维修检查。对灭火器应当建立档案资料，记明配置类型、数量、设置位置、检查维修单位（人员）、更换药剂的时间等有关情况。

第五章 火灾隐患整改

第三十条 单位对存在的火灾隐患，应当及时予以消除。

第三十一条 对下列违反消防安全规定的行为，单位应当责成有关人员当场改正并督促落实：

（一）违章进入生产、储存易燃易爆危险物品场所的；

（二）违章使用明火作业或者在具有火灾、爆炸危险的场所吸烟、使用明火等违反禁令的；

（三）将安全出口上锁、遮挡，或者占用、堆放物品影响疏散通道畅通的；

（四）消火栓、灭火器材被遮挡影响使用或者被挪作他用的；

（五）常闭式防火门处于开启状态，防火卷帘下堆放物品影响使用的；

（六）消防设施管理、值班人员和防火巡查人员脱岗的；

（七）违章关闭消防设施、切断消防电源的；

（八）其他可以当场改正的行为。

违反前款规定的情况以及改正情况应当有记录并存档备查。

第三十二条 对不能当场改正的火灾隐患，消防工作归口管理职能部门或者专兼职消防管理人员应当根据本单位的管理分工，及时将存在的火灾隐患向单位的消防安全管理人或者消防安全责任人报告，提出整改方案。消防安全管理人或者消防安全责任人应当确定整改的措施、期限以及负责整改的部门、人员，并落实整改资金。

在火灾隐患未消除之前，单位应当落实防范措施，保障消防安全。不能确保消防安全，随时可能引发火灾或者一旦发生火灾将严重危及人身安全的，应当将危险部位停产停业整改。

第三十三条 火灾隐患整改完毕，负责整改的部门或者人员应当将整改情况记录报送消防安全责任人或者消防安全管理人签字确认后存档备查。

第三十四条 对于涉及城市规划布局而不能自身解决的重大火灾隐患，以及机关、团体、事业单位确无能力解决的重大火灾隐患，单位应当提出解决方案并及时向其上级主管部门或者当地人民政府报告。

第三十五条 对公安消防机构责令限期改正的火灾隐患,单位应当在规定的期限内改正并写出火灾隐患整改复函,报送公安消防机构。

第六章 消防安全宣传教育和培训

第三十六条 单位应当通过多种形式开展经常性的消防安全宣传教育。消防安全重点单位对每名员工应当至少每年进行一次消防安全培训。宣传教育和培训内容应当包括:

(一)有关消防法规、消防安全制度和保障消防安全的操作规程;

(二)本单位、本岗位的火灾危险性和防火措施;

(三)有关消防设施的性能、灭火器材的使用方法;

(四)报火警、扑救初起火灾以及自救逃生的知识和技能。

公众聚集场所对员工的消防安全培训应当至少每半年进行一次,培训的内容还应当包括组织、引导在场群众疏散的知识和技能。

单位应当组织新上岗和进入新岗位的员工进行上岗前的消防安全培训。

第三十七条 公众聚集场所在营业、活动期间,应当通过张贴图画、广播、闭路电视等向公众宣传防火、灭火、疏散逃生等常识。

学校、幼儿园应当通过寓教于乐等多种形式对学生和幼儿进行消防安全常识教育。

第三十八条 下列人员应当接受消防安全专门培训:

(一)单位的消防安全责任人、消防安全管理人;

(二)专、兼职消防管理人员;

(三)消防控制室的值班、操作人员;

(四)其他依照规定应当接受消防安全专门培训的人员。

前款规定中的第(三)项人员应当持证上岗。

第七章 灭火、应急疏散预案和演练

第三十九条 消防安全重点单位制定的灭火和应急疏散预案应当包括下列内容:

(一)组织机构,包括:灭火行动组、通讯联络组、疏散引导组、安全防护救护组;

(二)报警和接警处置程序;

(三)应急疏散的组织程序和措施;

(四)扑救初起火灾的程序和措施;

(五)通讯联络、安全防护救护的程序和措施。

第四十条 消防安全重点单位应当按照灭火和应急疏散预案,至少每半年进行一次演练,并结合实际,不断完善预案。其他单位应当结合本单位实际,参照制定相应的应急方案,至少每年组织一次演练。

消防演练时,应当设置明显标识并事先告知演练范围内的人员。

第八章 消防档案

第四十一条 消防安全重点单位应当建立健全消防档案。消防档案应当包括消防安全基本情况和消防安全管理情况。消防档案应当详实，全面反映单位消防工作的基本情况，并附有必要的图表，根据情况变化及时更新。

单位应当对消防档案统一保管、备查。

第四十二条 消防安全基本情况应当包括以下内容：

（一）单位基本概况和消防安全重点部位情况；

（二）建筑物或者场所施工、使用或者开业前的消防设计审核、消防验收以及消防安全检查的文件、资料；

（三）消防管理组织机构和各级消防安全责任人；

（四）消防安全制度；

（五）消防设施、灭火器材情况；

（六）专职消防队、义务消防队人员及其消防装备配备情况；

（七）与消防安全有关的重点工种人员情况；

（八）新增消防产品、防火材料的合格证明材料；

（九）灭火和应急疏散预案。

第四十三条 消防安全管理情况应当包括以下内容：

（一）公安消防机构填发的各种法律文书；

（二）消防设施定期检查记录、自动消防设施全面检查测试的报告以及维修保养的记录；

（三）火灾隐患及其整改情况记录；

（四）防火检查、巡查记录；

（五）有关燃气、电气设备检测（包括防雷、防静电）等记录资料；

（六）消防安全培训记录；

（七）灭火和应急疏散预案的演练记录；

（八）火灾情况记录；

（九）消防奖惩情况记录。

前款规定中的第（二）、（三）、（四）、（五）项记录，应当记明检查的人员、时间、部位、内容、发现的火灾隐患以及处理措施等；第（六）项记录，应当记明培训的时间、参加人员、内容等；第（七）项记录，应当记明演练的时间、地点、内容、参加部门以及人员等。

第四十四条 其他单位应当将本单位的基本概况、公安消防机构填发的各种法律文书、与消防工作有关的材料和记录等统一保管备查。

第九章 奖惩

第四十五条 单位应当将消防安全工作纳入内部检查、考核、评比内容。对在消防安全工作中成绩突出的部门（班组）和个人，单位应当给予表彰奖励。对未依法履行消防安全职责或者违反单位消防安全制度的行为，应当依照有关规定对责任人员给予行政纪律处分或者其他处理。

第四十六条 违反本规定，依法应当给予行政处罚的，依照有关法律、法规予以处罚；构成犯罪的，依法追究刑事责任。

第十章 附则

第四十七条 公安消防机构对本规定的执行情况依法实施监督，并对自身滥用职权、玩忽职守、徇私舞弊的行为承担法律责任。

第四十八条 规定自 2002 年 5 月 1 日起施行。本规定施行以前公安部发布的规章中的有关规定与本规定不一致的，以本规定为准。

参考文献

[1] 赵蕾,张敏. 酒店法律与法规[M]. 北京:旅游教育出版社,2014.

[2] 刘燕华,王益锋. 旅游法规与政策[M]. 北京:清华大学出版社,2013.

[3] 吕建中,王欣欣. 酒店管理法律制度研究[M]. 北京:中国旅游出版社,2010.

[4] 贾益民,王建军. 旅游法教程[M]. 北京: 法律出版社,2009.

[5] 张秋生,薛建红. 酒店业法规与案例分析[M]. 北京:化学工业出版社,2008.

[6] 谢晓娟,吕宏. 旅游法规教程[M]. 北京:北京大学出版社,2007.

[7] 蒋晓春,王景升. 酒店业法规与案例解析[M]. 北京:清华大学出版社,2006.

[8] 李光宪,胡绪阳. 旅游法教程[M]. 北京:法律出版社,2005.

[9] 王莉,王高职. 酒店法规与法律实务[M]. 北京:旅游教育出版社,2004.

[10] 周秀梅,王智慧. 旅游法规与政策[M]. 北京:化学工业出版社,2003.